"1+X"汽车专业领域职业技能等级证书课证融通

汽车发动机机械系统检修

主　编　吴正乾

副主编　程　艳　周李洪　胡元波　孔祥次

参　编　邓集雄　朱　仲

主　审　刘健林

高等教育出版社·北京

内容简介

本书为任务驱动的项目式教材，有机融合了"1+X"证书汽车运用与维修职业技能等级标准汽车动力与驱动系统综合分析技术（中级）技能与知识，以国产主流轿车为载体，系统地介绍了工作安全与作业准备，进、排气系统检测维修，配气机构检测维修，曲柄连杆机构检测维修，润滑系统检测维修，冷却系统检测维修，发动机总装调试 7 个项目 18 个工作任务。

本书提供了丰富的教学、学习资源，包括微课视频、教学课件等。视频类资源可通过扫描书上的二维码在线学习，完整资源可通过智慧职教（www.icve.com.cn）平台上的"汽车发动机机械系统检修"课程进行学习。

本书既可作为高职高专院校汽车制造与实验技术、汽车检测与维修技术、汽车技术服务与营销、汽车电子技术等相关专业教材，还可以作为汽车维修、汽车运输等工程技术人员的参考用书。

授课教师如需要本书配套的教学课件等资源或是有其他需求，可发送邮件至邮箱 gzjx@ pub. hep. cn 联系索取。

图书在版编目（CIP）数据

汽车发动机机械系统检修／吴正乾主编. -- 北京：高等教育出版社，2021.8

ISBN 978-7-04-054426-8

Ⅰ．①汽… Ⅱ．①吴… Ⅲ．①汽车-发动机-机械系统-车辆检修-高等职业教育-教材 Ⅳ．①U472.43

中国版本图书馆 CIP 数据核字（2020）第 111422 号

策划编辑	姚　远	责任编辑	姚　远　张值胜	封面设计	姜　磊	版式设计　杨　树
插图绘制	于　博	责任校对	刘　莉	责任印制	韩　刚	

出版发行	高等教育出版社	网　　址	http://www.hep.edu.cn
社　　址	北京市西城区德外大街 4 号		http://www.hep.com.cn
邮政编码	100120	网上订购	http://www.hepmall.com.cn
印　　刷	北京华联印刷有限公司		http://www.hepmall.com
开　　本	787mm×1092mm　1/16		http://www.hepmall.cn
印　　张	17.25		
字　　数	350 千字	版　　次	2021 年 8 月第 1 版
购书热线	010-58581118	印　　次	2021 年 8 月第 1 次印刷
咨询电话	400-810-0598	定　　价	46.80 元

本书如有缺页、倒页、脱页等质量问题，请到所购图书销售部门联系调换

版权所有　侵权必究

物　料　号　54426-00

"智慧职教"是由高等教育出版社建设和运营的职业教育数字教学资源共建共享平台和在线课程教学服务平台，包括职业教育数字化学习中心平台（www.icve.com.cn）、职教云平台（zjy2.icve.com.cn）和云课堂智慧职教 App。用户在以下任一平台注册账号，均可登录并使用各个平台。

● **职业教育数字化学习中心平台（www.icve.com.cn）：为学习者提供本教材配套课程及资源的浏览服务。**

登录中心平台，在首页搜索框中搜索"汽车发动机机械系统检修"，找到对应作者主持的课程，加入课程参加学习，即可浏览课程资源。

● **职教云（zjy2.icve.com.cn）：帮助任课教师对本教材配套课程进行引用、修改，再发布为个性化课程（SPOC）。**

1. 登录职教云，在首页单击"申请教材配套课程服务"按钮，在弹出的申请页面填写相关真实信息，申请开通教材配套课程的调用权限。

2. 开通权限后，单击"新增课程"按钮，根据提示设置要构建的个性化课程的基本信息。

3. 进入个性化课程编辑页面，在"课程设计"中"导入"教材配套课程，并根据教学需要进行修改，再发布为个性化课程。

● **云课堂智慧职教 App：帮助任课教师和学生基于新构建的个性化课程开展线上线下混合式、智能化教与学。**

1. 在安卓或苹果应用市场，搜索"云课堂智慧职教"App，下载安装。

2. 登录 App，任课教师指导学生加入个性化课程，并利用 App 提供的各类功能，开展课前、课中、课后的教学互动，构建智慧课堂。

"智慧职教"使用帮助及常见问题解答请访问 help.icve.com.cn。

配套资源索引

续表

《国家职业教育改革实施方案》中指出：从 2019 年开始，在职业院校、应用型本科高校启动"学历证书+若干职业技能等级证书"制度试点（简称"1+X"证书制度试点）工作。汽车运用与维修（含智能新能源汽车）职业技能等级证书是国家首批试点证书之一。为了顺应新时代汽车类专业职业教育改革的要求，落实"教育部关于印发《中小学教材管理办法》《职业院校教材管理办法》和《普通高等学校教材管理办法》的通知"教材〔2019〕3 号文件精神，编写本书。

主编通过北京中车行高新技术有限公司（第三方培训评价组织）参与汽车运用与维修（含智能新能源汽车）职业技能等级标准工作。本书是汽车运用与维修职业技能等级证书与汽车检测与维修技术专业技能抽查标准的重要部分，包含工作安全与作业准备，进、排气系统检测维修，配气机构检测维修，曲柄连杆机构检测维修，润滑系统检测维修，冷却系统检测维修、发动机总装调试 7 个项目 18 个工作任务，包含项目内容→项目概述→课前测试→任务描述→任务解析→任务目标→知识准备→任务实施→任务考核→任务拓展→练习与思考等环节，适合于作为高职高专院校汽车类相关专业使用，也可供本科及相关专业师生作为教辅资源，还可供汽车维修、汽车运输等工程技术人员自学和作为参考资源。

本书特点：

1. 标准引领，课证融通。本书建设以国家汽车检测与维修技术专业教学标准、"1+X"证书汽车运用与维修职业技能等级标准为引领，将汽车动力与驱动系统综合分析技术（中级）证书内容与教材项目任务内容融通。

2. 校企双元，产教融合。本书与行业企业专家合作开发，以真实生产项目、典型工作任务等为载体组织教学单元的教材，将大众 EA888 第三代的新技术作为任务拓展纳入教材内容。

3. 线上线下，混合互动。本书采用活页装订，将书本项目任务内容数字化、颗粒化，满足新时代学习者的学习需求，数字资源存放信息化平台，通过手机 App，实现线上线下"教"与"学"互动。

本书由湖南机电职业技术学院吴正乾任主编，湖南机电职业技术学院刘建林教授任主审，湖南机电职业技术学院胡元波编写项目 1，湖南机电职业技术学院程艳编写项目 2 和项目 3，湖南机电职业技术学院吴正乾编写项目 4 和项目 5，湖南机电职业技术学院周李洪编写项目 6，湖南机电职业技术学院孔祥次编写项目 7。一汽大众培训专家、湖南永通汽车集团技术总监邓集雄，湖南心拓汽车集团技术经理朱仲为本书的编写提供了技术支持，收集和整理企业典型工作案例。

限于编者的水平和经验有限，书中难免存在不足之处，敬请读者给予批评指正。

编 者

2021 年 1 月

目录

绪 论

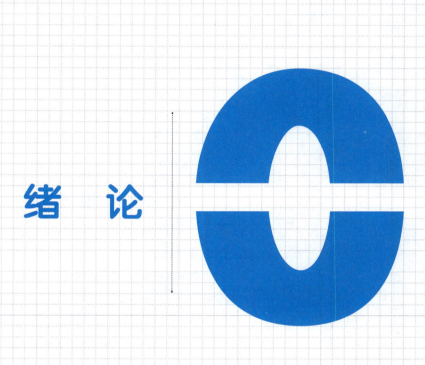

一、汽车运用与维修职业技能等级证书体系介绍

汽车运用与维修职业技能等级证书分为基础能力项目模块证书和专项能力项目模块证书，基础能力项目模块证书包含 5 个模块：1-1、1-2、1-3、1-4、1-5，每个模块分为初级、中级、高级，其中模块 1-5 无初级，如表 0-1 所示；专项能力项目模块证书包含 6 个模块：1-6、1-7、1-8、1-9、1-10、1-11，每个模块分为初级、中级、高级，其中模块 1-6 无初级，如表 0-2 所示。初级证书考核检查保养能力，中级证书考核检测维修能力，高级证书考核诊断分析能力。

表 0-1   汽车运用与维修职业技能等级证书基础能力项目模块

（一）汽车运用与维修职业技能等级证书（基础能力项目模块）		等级
1-1	1-1. 汽车动力与驱动系统综合分析技术	高级
	1-2. 汽车动力与驱动系统综合分析技术	中级
	1-3. 汽车动力与驱动系统综合分析技术	初级
1-2	2-1. 汽车转向悬架与制动安全系统技术	高级
	2-2. 汽车转向悬架与制动安全系统技术	中级
	2-3. 汽车转向悬架与制动安全系统技术	初级
1-3	3-1. 汽车电子电气与空调舒适系统技术	高级
	3-2. 汽车电子电气与空调舒适系统技术	中级
	3-3. 汽车电子电气与空调舒适系统技术	初级
1-4	4-1. 汽车全车网关控制与娱乐系统技术	高级
	4-2. 汽车全车网关控制与娱乐系统技术	中级
1-5	5-1. 汽车 I/M 检测与排放控制治理技术	高级
	5-2. 汽车 I/M 检测与排放控制治理技术	中级
合计		13

表 0-2   汽车运用与维修职业技能等级证书基础能力项目模块

（一）汽车运用与维修职业技能等级证书（专项能力项目模块）		等级
1-6	6-1. 汽车维修企业运营与项目管理技术	高级
	6-2. 汽车维修企业运营与项目管理技术	中级
1-7	7-1. 汽车营销评估与金融保险服务技术	高级
	7-2. 汽车营销评估与金融保险服务技术	中级
	7-3. 汽车营销评估与金融保险服务技术	初级
1-8	8-1. 汽车美容装饰与加装改装服务技术	高级
	8-2. 汽车美容装饰与加装改装服务技术	中级
	8-3. 汽车美容装饰与加装改装服务技术	初级
1-9	9-1. 汽车车身漆面养护与涂装喷漆技术	高级
	9-2. 汽车车身漆面养护与涂装喷漆技术	中级
	9-3. 汽车车身漆面养护与涂装喷漆技术	初级
1-10	10-1. 汽车车身钣金修护与车架调校技术	高级
	10-2. 汽车车身钣金修护与车架调校技术	中级
	10-3. 汽车车身钣金修护与车架调校技术	初级
1-11	11-1. 摩托车检查保养检测维修诊断技术	高级
	11-2. 摩托车检查保养检测维修诊断技术	中级
	11-3. 摩托车检查保养检测维修诊断技术	初级
合计		17

二、专业课程体系与职业技能等级证书体系融通

以高职汽车检测与维修技术专业为例，介绍专业课程体系与职业技能等级证书体系的融通，如图0-1所示。专业核心课程与汽车运用与维修职业技能等级证书模块1-1、1-2、1-3中级融通。《汽车发动机机械系统检修》《汽车传动系统检修》《汽车发动机电控系统检修》课程与1-1汽车动力与驱动系统综合分析技术中级模块证书融通，《汽车底盘检修》课程与1-2汽车转向悬架与制动安全系统技术中级模块证书融通，《汽车电气与电子系统检修》《汽车空调与舒适系统》课程与1-3汽车电子电气与空调舒适系统技术中级模块证书融通。其他专业课程与证书的融通作为学生拓展或社会学员的培训。

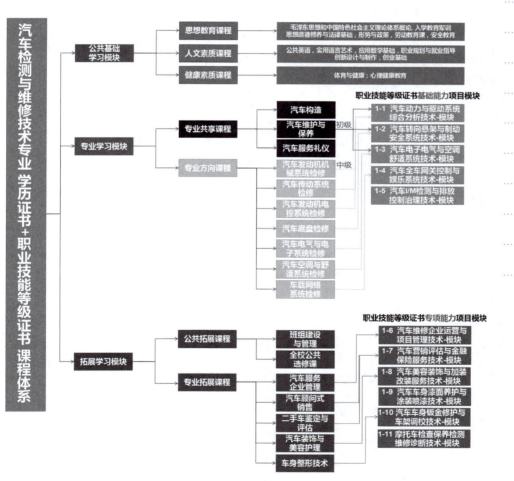

图0-1　汽车检测与维修技术专业课证融通体系

三、课程教材与职业技能等级标准融通

以《汽车发动机机械系统检修》教材为例，介绍课程教材内容与职业技能等级标准的融通。1-1 汽车动力与驱动系统综合分析技术中级标准技能要求、知识要求及权重如表 0-3 所示，《汽车发动机机械系统检修》教材内容与 1-1 汽车动力与驱动系统综合分析技术中级证书强化训练项目的对应关系表如表 0-4 所示。

表 0-3　汽车动力与驱动系统综合分析技术中级标准技能要求、知识要求及权重

汽车动力与驱动系统综合分析技术（中级）-工作任务	技能要求	知识要求	权重
1. 工作安全与作业准备	16	16	8%
2. 动力系统检测与维修	85	85	43%
3. 变速器系统检测维修	56	56	28%
4. 分动器系统检测维修	19	19	9%
5. 传动系统检测与维修	15	15	8%
6. 差速器系统检测维修	7	7	4%
合计	198	198	100%

表 0-4　教材内容与证书强化训练项目对应表

汽车动力与驱动系统综合分析技术中级证书强化培训项目			《汽车发动机机械系统检修》教材相对应的内容		
序号	任务	作业项目	序号	项目	任务内容
1	发动机机械部件检修	1）配气机构拆装检修 2）活塞连杆组拆装检修 3）曲轴飞轮组拆装检修	1	项目 3　配气机构检测维修	任务 3.1　正时带的更换 任务 3.2　气门传动组检测维修 任务 3.3　气门组检测维修
			2	项目 4　曲柄连杆机构检测维修	任务 4.1　机体组检测维修 任务 4.2　活塞连杆组检测维修 任务 4.3　曲轴飞轮组检测维修
2	润滑冷却系统部件检修	1）机油油泵、机油压力传感器、机油滤清器拆装 2）节温器、冷却液温度传感器、水泵拆装 3）冷却风扇、散热器、水管拆装	3	项目 5　润滑系统检测维修	任务 5.1　润滑油路检查 任务 5.2　润滑系统部件检测维修
			4	项目 6　冷却系统检测维修	任务 6.1　冷却系统循环路线检查 任务 6.2　冷却系统部件检测维修

四、教材使用与课程教学实施方案

1. 教材使用方法

本教材中的课前测试、教学视频（原创）、实操视频（原创）、拓展视频（转载）、课后习题等资源存放在信息化平台上，均可以通过手机 App 进行立体化资源"教"与"学"，信息化平台能记录、统计"教"与"学"的过程，提升课程教学质量。

2. 课程教学实施方案

［课程实施方案说明］

（1）总课时 = 96 学时

理实一体化教学：6 学时 ×8 周 = 48 学时

（2）［40 学时］

五个项目，共 20 个任务，每个任务 2 学时，分两大组实训，共进行 2 轮，每轮 20 学时。第 1 轮训练任务 1–10，第 2 轮训练任务 11–20。

20 学时 ×2 轮 = 40 学时

（3）［8 学时］

第 1 轮训练完成后开始项目考核，考核和第 2 轮训练同时进行，考核没有通过的利用 8 学时进行补救教学考核，恢复清理设备和场地。

【教学实施方案】

（1）学员与师资

1）分两大组，每大组 15 人，每小组 3 人 ×10 组 = 30 人，教师两位，助理教师两位，每大组 3 名组长，共 6 名。组长协助老师指导并为设备工具管理员。

2）每个项目提供操作示范学习课件、视频，学生按学习课件步骤操作。

3）教师或助理教师对有问题的设备进行调试。

（2）教学场地规划

1）规划 2 个实训区域，每个区域 5 个工位。

2）每个工位 1 台电脑，共 10 台电脑。

3）每个任务的设备和工具至少备用一套，用于强化补救教学考核用。

3. 课程项目任务强化训练教学安排表

《汽车发动机机械系统检修》强化训练教学安排表如表 0–5 所示，以 30 名学员为例。

表 0-5　《汽车发动机机械系统检修》强化训练教学安排表

《汽车发动机机械系统检修》课程项目任务教学安排表（1~30号学员）

教学项目（资料数据参数／仪器量具使用／拆装量具调试）

工作	一　进排气系统检测维修			二　配气机构检修					三　曲柄连杆机构检修						四　润滑系统检修			五　冷却系统检修		
任务分解要项	1	2	3	4	5	6	7	8	9	10	11	12	13	14	15	16	17	18	19	20
教学项目	发动机附件拆装	进排气系统拆检	节气门系统拆装检测	正时带调整更换	凸轮轴拆卸安装	凸轮轴的检测	气门组的拆装	气门组的检测	气缸盖拆装检测	活塞连杆组拆装	活塞连杆组检测	曲轴飞轮组拆装	曲轴与轴瓦检测	气缸体的检测	机油压力检测	油底壳拆装与检查	机油泵拆装检测	冷却系统密封性检测	节温器拆装检测	冷却系统部件拆检
单组时间	2	2	2	2	2	2	2	2	2	2	2	2	2	2	2	2	2	2	2	2

三人为1个小组，小组学员用○□◇+小组序号表示，每个小组2学时完成1个训练项目，按顺序进行轮换

序号																				
1-1	○1	○2	○3	○4	○5	○6	○7	○8	○9	○T	○1	○2	○3	○4	○5	○6	○7	○8	○9	○T
1-2	□1	□2	□3	□4	□5	□6	□7	□8	□9	□T	□1	□2	□3	□4	□5	□6	□7	□8	□9	□T
1-3	◇1	◇2	◇3	◇4	◇5	◇6	◇7	◇8	◇9	◇T	◇1	◇2	◇3	◇4	◇5	◇6	◇7	◇8	◇9	◇T
2-1	○T	○1	○2	○3	○4	○5	○6	○7	○8	○9	○T	○1	○2	○3	○4	○5	○6	○7	○8	○9
2-2	□T	□1	□2	□3	□4	□5	□6	□7	□8	□9	□T	□1	□2	□3	□4	□5	□6	□7	□8	□9
2-3	◇T	◇1	◇2	◇3	◇4	◇5	◇6	◇7	◇8	◇9	◇T	◇1	◇2	◇3	◇4	◇5	◇6	◇7	◇8	◇9
3-1	○9	○T	○1	○2	○3	○4	○5	○6	○7	○8	○9	○T	○1	○2	○3	○4	○5	○6	○7	○8
3-2	□9	□T	□1	□2	□3	□4	□5	□6	□7	□8	□9	□T	□1	□2	□3	□4	□5	□6	□7	□8
3-3	◇9	◇T	◇1	◇2	◇3	◇4	◇5	◇6	◇7	◇8	◇9	◇T	◇1	◇2	◇3	◇4	◇5	◇6	◇7	◇8
4-1	○8	○9	○T	○1	○2	○3	○4	○5	○6	○7	○8	○9	○T	○1	○2	○3	○4	○5	○6	○7
4-2	□8	□9	□T	□1	□2	□3	□4	□5	□6	□7	□8	□9	□T	□1	□2	□3	□4	□5	□6	□7
4-3	◇8	◇9	◇T	◇1	◇2	◇3	◇4	◇5	◇6	◇7	◇8	◇9	◇T	◇1	◇2	◇3	◇4	◇5	◇6	◇7
5-1	○7	○8	○9	○T	○1	○2	○3	○4	○5	○6	○7	○8	○9	○T	○1	○2	○3	○4	○5	○6
5-2	□7	□8	□9	□T	□1	□2	□3	□4	□5	□6	□7	□8	□9	□T	□1	□2	□3	□4	□5	□6
5-3	◇7	◇8	◇9	◇T	◇1	◇2	◇3	◇4	◇5	◇6	◇7	◇8	◇9	◇T	◇1	◇2	◇3	◇4	◇5	◇6
6-1	○6	○7	○8	○9	○T	○1	○2	○3	○4	○5	○6	○7	○8	○9	○T	○1	○2	○3	○4	○5
6-2	□6	□7	□8	□9	□T	□1	□2	□3	□4	□5	□6	□7	□8	□9	□T	□1	□2	□3	□4	□5
6-3	◇6	◇7	◇8	◇9	◇T	◇1	◇2	◇3	◇4	◇5	◇6	◇7	◇8	◇9	◇T	◇1	◇2	◇3	◇4	◇5
7-1	○5	○6	○7	○8	○9	○T	○1	○2	○3	○4	○5	○6	○7	○8	○9	○T	○1	○2	○3	○4
7-2	□5	□6	□7	□8	□9	□T	□1	□2	□3	□4	□5	□6	□7	□8	□9	□T	□1	□2	□3	□4
7-3	◇5	◇6	◇7	◇8	◇9	◇T	◇1	◇2	◇3	◇4	◇5	◇6	◇7	◇8	◇9	◇T	◇1	◇2	◇3	◇4
8-1	○4	○5	○6	○7	○8	○9	○T	○1	○2	○3	○4	○5	○6	○7	○8	○9	○T	○1	○2	○3
8-2	□4	□5	□6	□7	□8	□9	□T	□1	□2	□3	□4	□5	□6	□7	□8	□9	□T	□1	□2	□3
8-3	◇4	◇5	◇6	◇7	◇8	◇9	◇T	◇1	◇2	◇3	◇4	◇5	◇6	◇7	◇8	◇9	◇T	◇1	◇2	◇3
9-1	○3	○4	○5	○6	○7	○8	○9	○T	○1	○2	○3	○4	○5	○6	○7	○8	○9	○冷	○1	○冷
9-2	□3	□4	□5	□6	□7	□8	□9	□T	□1	□2	□3	□4	□5	□6	□7	□8	□9	□冷	□1	□冷2
9-3	◇3	◇4	◇5	◇6	◇7	◇8	◇9	◇T	◇1	◇2	◇3	◇4	◇5	◇6	◇7	◇8	◇9	◇冷	◇T	◇冷2
T-1	○2	○3	○4	○5	○6	○7	○8	○9	○T	○1	○2	○3	○4	○5	○6	○7	○8	○9	○T	○1
T-2	□2	□3	□4	□5	□6	□7	□8	□9	□T	□1	□2	□3	□4	□5	□6	□7	□8	□9	□T	□1
T-3	◇2	◇3	◇4	◇5	◇6	◇7	◇8	◇9	◇T	◇1	◇2	◇3	◇4	◇5	◇6	◇7	◇8	◇9	◇T	◇1

五、证书考核与试考评样题

1. 证书考核

（1）考核形式

1）实务笔试：依据技能知识教材。

2）实操考核：依据培训准则项目（考试时长为200min）。

3）培训任务考核报告：作为学习过程考核，经培训教师评定为A+可免该项目实操考核。

（2）试题来源

试题来源是采用北京中车行高新技术有限公司汽车职业技能培训评价中心题库的试题，占60%。中车行联合校企三方共同制定编写题库的试题，占40%。

（3）实务笔试

实务笔试：考试时长为90min，80道笔试题目，60分及格。

1）[初级] 题型有判断题，单选题和多选题三种。

2）[中级] 题型有判断题，单选题，多选题，填空题和简答题五种。

3）[高级] 题型有判断题，单选题，多选题，填空题，简答题和论述题六种。

（4）实操考核

实操考核：考试时长为200min，考核4个模块，75分及格。

1）考场每两个工位1名监考老师。

2）[初级、中级、高级] 分别考核4个小模块（依据职业技能等级考核项目）。

3）每个模块考试时间为50min，依次轮换工位考试。

2. 试考评样题

以汽车动力与驱动系统综合分析技术中级证书试考评项目一（汽车发动机机械系统检修试题）为例。

（1）汽车动力与驱动系统综合分析技术中级证书试考评项目一样题

姓名：		准考证号：		身份证号码：		
考试开始时间：		考试结束时间：		总计（分）：		

（汽车动力与驱动系统综合分析技术）中级考题

模块：汽车动力与驱动系统综合分析技术（中级）			考核时间：50min	
姓名：		班级：	学号：	考评员签字：
初评：□ 合格　□ 不合格		复评：□ 合格　□ 不合格	师评：□ 合格　□ 不合格	
日期：		日期：	日期：	

考核项目一：动力系统部件检测与维修【实操考核报告】

一、查询并记录发动机信息

发动机类型		发动机排量		选装代码	
缸径		压缩比		点火顺序	

二、按照维修手册的标准流程拆装和检查气缸盖及指定的气门

1. 拆装步骤及紧固规格（拆卸后需向考官报备）

气缸盖拆装步骤	第＿＿章＿＿节＿＿页	气缸盖螺栓扭力规格	气缸盖拆装步骤

2. 气门检查及测量

检查项目	气门座宽度	气门杆直径	进气凸轮升程	排气凸轮升程	气门弹簧高度
标准值					
测量值					
判断	正常□　异常□	正常□　异常□	正常□　异常□	正常□　异常□	正常□　异常□

三、查询维修手册测量发动机活塞环的数据

1. 拆装步骤及紧固规格（拆卸后需向考官报备）

活塞连杆拆装步骤	第＿＿章＿＿节＿＿页	连杆盖螺栓扭力规格	

2. 活塞环检查及测量

检查项目		第一道	第二道	油环
活塞环类型				
活塞环开口间隙	标准值			
	测量值			
活塞环侧隙	标准值			
	测量值			
活塞环厚度	标准值			
	测量值			
判断		正常□　异常□	正常□　异常□	正常□　异常□

（2）汽车动力与驱动系统综合分析技术中级考题–配分评分表

考核项目一：动力系统部件检测与维修【配分评分表】（请扫描下方二维码观看）。

配分评分表
动力系统部件检测与维修

项目1

工作安全与作业准备

🔔【项目内容】

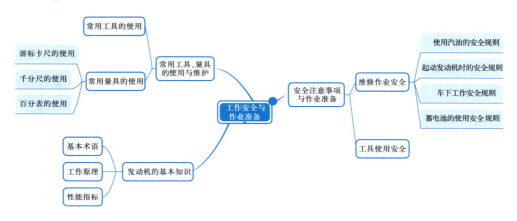

📋【项目概述】

本项目融合汽车运用与维修职业技能等级标准工作安全与作业准备内容，主要阐述了安全注意事项与作业准备，常用工具、量具的使用与维护，汽车维修资料使用；发动机的基本知识：基本术语、工作原理与性能指标，发动机机械系统维修工作安全与作业准备。

✏️【课前测试】

课前可完成在线测试（请扫描下方二维码在线答题）。

 课前测试
项目1 工作安全与作业准备

■ 任务 1.1　安全注意事项与作业准备

任务描述

　　4S 店汽车机电维修新员工入职，技术经理需要对新员工进行入职培训，本次任务为车间安全生产与作业准备。

任务解析

　　汽车机电维修新员工入职，首先要熟悉汽车维修作业安全规程和汽车维修工具安全，掌握车间安全行为、环境、标志和 PPE 急救常识。

任务目标

知识目标：

1. 熟悉车间日常安全规定和作业流程（中级）。

2. 熟悉安全管理条例（中级）。

3. 熟悉车间的通风措施要求（中级）。

4. 熟悉安全区域标识符号（中级）。

5. 熟悉疏散路线的标识符号（中级）。

6. 掌握车间护目镜、耳塞、手套和工作靴的要求及规范（中级）。

7. 熟悉车间服装的要求及规范（中级）。

8. 熟悉车间发型的要求（中级）。

能力目标：

1. 能遵守车间日常安全规定和作业流程（中级）。

2. 能按照安全管理条例整理工具和设备（中级）。

3. 能检查车间的通风措施是否良好（中级）。

4. 能识别安全区域标识（中级）。

5. 能确认灭火器和其他消防设备的位置和类型，并能正确使用灭火器和其他消防设备（中级）。

6. 能识别疏散路线的标识物（中级）。

7. 能使用符合要求的护目镜、耳塞、手套和车间活动工作靴（中级）。

8. 能在车间内穿着符合工作要求的服装（中级）。

9. 能根据车间作业要求，留符合安全性的发型，并且不佩戴首饰（中级）。

素质目标：

1. 爱国守法、崇德向善、诚实守信。
2. 爱岗敬业、积极进取、团结协作。
3. 热爱劳动、沟通流畅、勇于创新。
4. 精益求精、工匠精神、7S 管理。

微课

维修车辆准备事项

知识准备

1.1.1   汽车维修作业安全规程

1. 使用汽油的安全规则

1）维修车间和场地必须充分通风。

2）修理汽油箱前，应使用专用溶液和水清除油箱内的残余油气，在清洗时不得吸烟，不得在旁边烘烤零件。

3）应尽量避免用嘴吹、吸汽油管和燃料系统孔道。

4）存放汽油的地方标明"易燃"字样。

5）废油应倒入指定废油桶收集，不得随地倒流或倒入排水沟内，防止废油污染，如图 1-1-1 所示。

图 1-1-1   禁止随地倒流废弃液

2. 起动发动机时的安全规则

1）发动机起动前，应首先检查各部件的装配工作是否已全部结束，检查油底壳内的机油、散热器的冷却液是否加足，检查变速杆是否为空档并拉紧驻车制动器。

2）被调试的发动机应当具有完好的起动装置。

3）在车间里调试发动机时，应打开门窗，使空气畅通，并尽可能将排气管排放的废气接到室外。

4）发动机起动后，应及时检查各仪表工作是否正常。

5）在发动机运转中，操作者应防止风扇叶片伤人，发动机过热时，不得打开散热器盖，谨防沸水喷出烫伤操作人员，汽车路试后进行底盘检修时，要防止排气管烫伤。

3. 车下工作安全规则

1）正在维修的汽车，应挂"正在维修"的牌子，如不是维修制动系统，应拉紧驻车制动器，并用三角木垫好车轮。

2）用千斤顶顶车进行底盘作业时，千斤顶要放平稳，人在车的外侧位置，并应事先准备好驾车工具，严禁用砖头等易碎物品垫车，同时严禁单纯用千斤顶顶起车辆在车底作业。

3）不能在用千斤顶顶起的已卸去车轮的汽车下工作，用千斤顶放下汽车时，打开液压开关的动作要慢，打开前观察周围是否有障碍物。

4）在调试发动机时，不得在车下工作。

4. 蓄电池使用的安全规则

1）蓄电池应轻搬轻放，不可歪斜，以防电解液洒出腐蚀人体皮肤和衣服，如溅到皮肤应立即用水冲洗。

2）检查电解液密度和电解液高度时，不要将仪器提得过高，以免电解液滴溅到人体或其他物体上。

3）禁止将油料容器及各种金属物放在蓄电池壳体上。

4）在配置电解液时，应使用陶瓷或玻璃容器，将硫酸慢慢倒入水中，绝对禁止将水倒入硫酸中。

1.1.2　汽车维修工具使用安全

1）工作前应检查所使用的工具是否完好。施工时工具必须摆放整齐，不得随地乱放，工作后应将工具清点检查并擦干净，按要求放入工具车或工具箱内。

2）拆装零部件时，必须使用合适的工具或专用工具，不得大力蛮干，不得用硬物、锤子直接敲出零件。所有零件拆卸后要按顺序摆放整齐，不得随地堆放。

3）做刺激或危害维修工作人员眼睛的工作时，维修人员在维修时应使用相应的保护工具，如护目镜等。

1.1.3　车间安全

1. 行为

车间安全行为是指在汽车维修车间内有可能造成事故或伤害的人为因素，个人防护如图 1-1-2 所示。一些示例如下：

1）不注意/未留神听。

2）跑动。

3）在车间内进食/饮水。

4）在非指定区域内吸烟。

5）培训不充分。

6）听声音大的音乐。

7）忽略个人防护设备（PPE）的使用。

2. 环境

1）照明不良或不充足。

2）设备未得到正确保养。

3）废气、灰尘和过度喷涂的受污染/质量不良的空气。

4）储存不当的零部件、产品或设备。

5）嘈杂的设备或流程。

6）移动的车辆。

7）地板潮湿或溢溅、其他绊倒/滑倒危险，有害的产品。

图1-1-2　个人防护

3. 标志

全球化学品统一分类和标签制度（GHS），使用可在容器上找到的象形图（用于提供信息的图片）来提高对其所含成分的认识。这些图通常称为危险标志。

2011年，国际标准化组织（ISO）规定了用于事故预防、消防、健康危害信息和紧急疏散的安全标志，也称为ISO 7010。常用的危险标志和安全标志如图1-1-3所示。

4. 燃烧

维持燃烧所需的三个要素是燃料、氧气和热量，如图1-1-4所示。车间常见燃料如纸、木材和织物（固体），汽油、柴油和油漆溶剂（液体）。

危险标志

安全标志

安全状况和急救

强制标志

消防安全

禁止标志

图1-1-3　常用的危险标志和安全标志

图1-1-4　燃烧三要素

1.1.4　PPE急救意识

1. 急救的优先顺序（评估情景和环境）

1）伤员的沟通和护理。

2）照顾自己和伤员。

3）轻微出血和烧伤的治疗。

4）无意识伤员的治疗。

5）窒息伤员的治疗。

6）休克伤员的治疗。

7）事故报告和所需措施。

2. 基本急救箱

基本急救箱包含绷带、丁腈手套、胶带、消毒湿巾、手指敷料和大型敷料等。

3. 基本急救员的职责

帮助受伤或生病的人员，保证他们的安全，直至更高级的救护人员到达。

4. 钣金车间环境中的三种呼吸保护

钣金车间环境中的三种呼吸保护指防尘（防微粒）面罩、滤盒式面罩、空气注入式修补涂装面罩。

1.1.5 车间安全工作流程

1. 车间火灾安全操作流程

保持冷静，进行逻辑性思考→向人们发出警报并使用最近的火灾报警按钮，以便鸣响报警器→确保立即通知消防队→关闭所有设备，但仅在确保安全的情况下这样做→仅尝试扑灭小型火灾→利用常识进行判断，如果不安全，则离开建筑物→冷静地遵照标志步行至最近的紧急出口→前往最近的应急避难所→如果坚信有人困在建筑物中，请通知消防负责人→待在集合地点并等待进一步指示。

2. 灭火器使用流程

选择使用于火灾类型的正确灭火器→如果无法确定，则检查象形图或说明书→检查灭火器是否存在损坏迹象→确保铅封处于原位并且压力表处于绿色区域→如果灭火器通过了这些检查，拆下铅封→到达距离火焰约 2.5~3.5m 的位置→拔掉安全销→将灭火器对准火焰的根部→压下压把，以喷射灭火剂→从一侧向另一侧喷洒灭火剂，直至所有火焰都被扑灭。

任务实施

按任务工作单分组完成以下任务。

1）列举维持燃烧所需的三个要素。

2）检查车间有无灭火装置，并确认信号。

3）检查并登记汽车维修车间内的标志与操作安全注意事项。

4）列举发生在汽车维修车间内的五种不同的危险行为，并针对每种行为给出一个示例。

5）列举可在汽车维修车间环境内发现的五种危险，并分别针对会造成伤害的每种危险给出场景。

任务工单 1.1　安全注意事项与作业准备

项目 1　工作安全与作业准备	小组人员：	
班级：	学号：	指导教师签字：
日期：		

任务 1.1　安全注意事项与作业准备【实训任务工作表】

作业要求：1. 正确掌握汽车维修作业安全规程

2. 正确掌握汽车维修工具安全规程

3. 正确掌握车间安全作业流程

4. 培养观察分析问题的能力

5. 良好的 7S 工作习惯

1. 工具、量具准备：

2. 维修资料准备：

3. 辅助材料与耗材：

4. 制订工作计划及组员分工：

作业内容

（1）列举维持燃烧所需的三个要素。

（2）按照灭火剂和火灾类型对四种主要灭火器进行分类。

（3）总结汽车维修车间内所用的六种不同类型的标志。

（4）列举发生在汽车维修车间内的五种不同的危险行为，并针对每种行为给出一个示例。

（5）列举可在汽车维修车间环境内发现的五种危险，并分别针对会造成伤害的每种危险给出场景。

5. 总结本次活动重点和要点：

6. 本次活动存在的问题及解决方法：

任务考核

任务 1.1 安全注意事项与作业准备评分细则

项目 1 工作安全与作业准备			实训日期：			
姓名：		班级：	学号：		指导教师签字：	
自评：□ 熟练 □ 不熟练		互评：□ 熟练 □ 不熟练	师评：□ 熟练 □ 不熟练			
日期：		日期：	日期：			

			任务 1.1 安全注意事项与作业准备【评分细则】				
序号	评分项	得分条件	分值	评分要求	自评	互评	师评
1	安全/7S/态度	□ 1）能进行工位 7S 操作 □ 2）能进行设备和工具安全检查 □ 3）能进行车辆安全防护操作 □ 4）能进行工具清洁校准存放操作 □ 5）能进行三不落地操作	15 分	未完成 1 项扣 3 分，扣分不得超 15 分	□ 熟练 □ 不熟练	□ 熟练 □ 不熟练	□ 合格 □ 不合格
2	专业技能能力	□ 1）能在车间安全使用汽油 □ 2）能安全使用汽车维修工具 □ 3）能按正确的车间安全规则作业 □ 4）能按正确的车间安全环境作业 □ 5）能正确解读车间安全标志 □ 6）能正确查找疏散安全通道 □ 7）具备车间安全燃烧意识 □ 8）能正确处理车间急救 □ 9）能正确使用灭火器 □ 10）能正确按车间火灾流程作业	50 分	未完成 1 项扣 5 分，扣分不得超 50 分	□ 熟练 □ 不熟练	□ 熟练 □ 不熟练	□ 合格 □ 不合格
3	工具及设备的使用能力	□ 1）能正确使用维修工具 □ 2）能正确识别灭火器的类型与性能 □ 3）能正确识别车间安全标志	10 分	未完成 1 项扣 5 分，扣分不得超 10 分	□ 熟练 □ 不熟练	□ 熟练 □ 不熟练	□ 合格 □ 不合格
4	资料、信息查询能力	□ 1）能正确使用维修手册查询资料 □ 2）能在规定时间内查询所需资料 □ 3）能正确记录所需维修信息	10 分	未完成 1 项扣 5 分，扣分不得超 10 分	□ 熟练 □ 不熟练	□ 熟练 □ 不熟练	□ 合格 □ 不合格
5	数据、判读和分析能力	□ 1）能判断车间安全是否正常 □ 2）能判断灭火器是否正常	10 分	未完成 1 项扣 5 分，扣分不得超 10 分	□ 熟练 □ 不熟练	□ 熟练 □ 不熟练	□ 合格 □ 不合格
6	表单填写与报告的撰写能力	□ 1）字迹清晰 □ 2）语句通顺 □ 3）无错别字 □ 4）无涂改 □ 5）无抄袭	5 分	未完成 1 项扣 1 分，扣分不得超 5 分	□ 熟练 □ 不熟练	□ 熟练 □ 不熟练	□ 合格 □ 不合格
		总分：100 分					

任务拓展

如果感兴趣，扫描下方二维码学习车间安全教育。

任务拓展
车间安全教育

练习与思考

一、单选题

1. 现场管理"7S"中不包括（   ）。

A. 整理、清扫   B. 整齐、完整   C. 清洁、安全   D. 以上都不对

2. 螺栓拧紧时，有扭力要求的工具，应选用（   ）。

A. 定扭工具   B. 非定扭工具   C. 均可   D. 以上都不对

3. 用台虎钳夹紧时，只允许（   ）。

A. 用锤子敲击   B. 用手扳   C. 两人同时扳   D. 以上都不对

4. 安装曲轴时，用（   ）检查曲轴轴向间隙。

A. 百分表   B. 塑料塞尺   C. 千分尺   D. 以上都不对

5. 常用千分尺测量范围每隔（   ）mm 为一档规格。

A. 25   B. 50   C. 100   D. 以上都不对

6. 对于发动机车间的设备操作不应该（   ）。

A. 任其运转，偶尔看看   B. 专人负责

C. 有操作规程   D. 以上都不对

7. 安全生产方针是（   ）。

A. 安全第一，预防为主   B. 预防为主，防消结合

C. 迅速报警   D. 以上都不对

8. 不属于易燃、易爆物质的是（   ）。

A. 汽油   B. 炸药   C. 松香水   D. 以上都不对

9. 为了防止火灾，车间抹过油的废布、废棉丝应（   ）。

A. 扔到垃圾桶   B. 现场烧掉

C. 放在有沙的铁桶内   D. 以上都不对

10. 清除废料碎屑，不可用（   ）。

A. 湿布擦   B. 吸尘机吸

C. 用压缩空气或风机吹走   D. 以上都不对

二、多选题

1. 不安全的操作包括（　　　）。

A. 工作时打闹或开玩笑　　　　　　B. 操作工具过急、过猛

C. 工具用完后，立即清洁、整理工具

D. 按个人习惯、喜好操作工具和设备

E. 按个人习惯、喜好着装

2. 以下所列工具中，属于扭转旋具类工具的有（　　　）。

A. 活扳手　　　B. 扭力扳手　　C. 丝锥　　　　D. 梅花扳手　　E. 板牙

3. 不安全的工作环境包括（　　　）。

A. 工作环境光线较暗　　　　　　B. 维修车间采取自然通风

C. 开放式空压机站　　　　　　　D. 废油回收设备置放在维修车间

E. 发动机台架设备无防护罩

■ 任务 1.2　常用工具、量具的使用与维护

任务描述

4S 店汽车机电维修新员工入职，技术经理需要对新员工进行入职培训，本次任务为常用工具、量具的使用与维护。

任务解析

汽车机电维修新员工入职，在汽车维修作业前需要掌握举升机的使用与保养、常用工具设备的使用与保养和常用量具的使用与保养。

任务目标

知识目标：

1. 掌握卧式千斤顶和千斤顶支架的安全使用规范（中级）。

2. 掌握举升机的安全使用规范（中级）。

3. 掌握维修工具的用途和使用规范（中级）。

4. 掌握工具和设备的维修要求及管理规范（中级）。

5. 掌握精密量具（如外径千分尺、百分表、游标卡尺）的使用规范和读数方法（中级）。

能力目标：

1. 能正确使用卧式千斤顶和千斤顶支架（中级）。

2. 能正确使用举升机举升车辆（中级）。

3. 能识别维修工具的名称及其在汽车维修中的用途，并正确使用（中级）。

4. 能正确地清洁、储存及维修工具和设备（中级）。

5. 能正确地使用精密量具（如外径千分尺、百分表），并读数（中级）。

素质目标：

1. 爱国守法、崇德向善、诚实守信。

2. 爱岗敬业、积极进取、团结协作。

3. 热爱劳动、沟通流畅、勇于创新。

4. 精益求精、工匠精神、7S 管理。

常用工具的使用

知识准备

1.2.1 拆装工具

1. 扳手

扳手用以紧固或拆卸带有棱边的螺母和螺栓，常用的扳手有呆扳手、梅花扳手、套筒扳手、活扳手和管子扳手等。

（1）呆扳手

呆扳手是最常见的一种扳手，又称为开口扳手，如图 1-2-1 所示。其开口的中心平面和本体中心平面成 15°，这样既能适应人手的操作方向，又可降低对操作空间的要求。其规格是以两端开口的宽度 s（mm）来表示的，如 8-10、12-14 等；通常是成套装备，有八件一套、十件一套等；通常用 45 号、50 号钢锻造，并经热处理。

图 1-2-1　呆扳手

（2）梅花扳手

梅花扳手同呆扳手的用途相似。其两端是花环式的，孔壁一般是 12 边形，可将螺栓和螺母头部套住，扭转力矩大，工作可靠，不易滑脱，携带方便，如图 1-2-2 所示。使用时，扳动 30°后，即可换位再套，因而适用于狭窄场合下操作。与呆扳手相比，梅花扳手强度高，使用时不易滑脱，但套上、取下不方便。其规格以闭口尺寸 s（mm）来表示，如 8～10、12～14 等；通常是成套装备，有八件一套、十件一套等；通常用 45 号钢或 40Cr 钢锻造，并经热处理。

（3）套筒扳手

套筒扳手的材料、环孔形状与梅花扳手相同，适用于拆装位置狭窄或需要一定扭矩的螺栓或螺母，如图 1-2-3 所示。套筒扳手主要由套筒头、棘轮手柄、接头和接杆等组成，各种手柄适用于各种场合，以操作方便或提高效率为原则，常用套筒扳手的规格为 10 ~ 32mm。

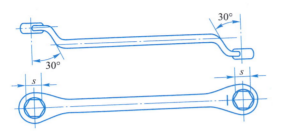

图 1-2-2　梅花扳手

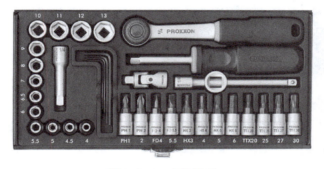

图 1-2-3　套筒扳手

（4）活扳手

活扳手的开口尺寸能在一定的范围内任意调整，使用场合与呆扳手相同，但活扳手操作起来不太灵活。如图 1-2-4 所示，其规格是以最大开口宽度表示的，常用的有 150mm、300mm 等，通常是由碳素钢（T）或铬钢（Cr）制成的。

图 1-2-4　活扳手

（5）扭力扳手

扭力扳手主要用于有规定扭矩值的螺栓和螺母的装配，如气缸盖、连杆和曲轴等。汽车维修常用的有指针式扭力扳手和预置式扭力扳手。

1）指针式扭力扳手结构比较简单，它有一个刻度盘，当紧固螺栓时，扭力扳手的杆身在力的作用下发生弯曲，这样就可以通过指针的偏转角度大小表示螺栓、螺母的旋转程度，其数值可通过刻度盘读出，汽车维修中常用扭力扳手的规格为 300N·m，如图 1-2-5 所示。

2）预置式扭力扳手（图 1-2-6）可通过旋转手柄，预先调整设定扭矩时，该扳手会发出警告声响，以提示用户。当听到"咔嗒"声响后，立即停止旋力，以保证扭矩正确，当扳手设在比较低的扭力值时，警告声可能很小，所以应特别注意。预置式扭力扳手具有预设扭矩数值和声响装置。使用时，首先设定好一个需要的扭矩值上限，当施加的扭矩达到设定值时，扳手会发出"咔嗒"声响或者扳手连接处折弯一点角度，同时伴有明显的手感振动，这就代表已经紧固不要再加力了，提示完成工作。解除作用力后，扭力扳手各相关零件能自动复位。

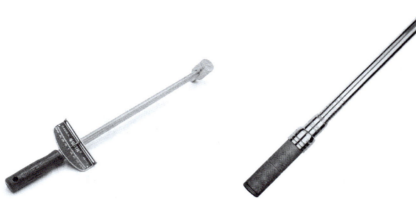

图1-2-5　指针式扭力扳手　　　　　图1-2-6　预置式扭力扳手

使用方法如下：

1）设定扭力值。

a. 逆时针方向旋转锁紧手柄，松开调整轮。

b. 转动调整轮，使尺身与游标（调整轮刻度）示值相加之和等于所需要设定的扭力值。

c. 扭力值设定后，顺时针方向旋紧锁紧手柄，扭力值设置工作完毕。

2）将扳手方隼套入相应尺寸规格的套筒。

3）将套筒套入螺母或螺栓头上。

4）顺时针方向均匀施力。

5）当听到"咔嗒"声或感到扳手有卸力感时，即已达到所设定的扭力值。

6）当拧长螺栓或油管一类的螺母，套筒在无法工作情况下，此时，需要更换开口头。

a. 压下定位销，沿脱力方向施力，即可取下扳手头。

b. 将选取后相应尺寸的开口头插入扳手杆旋转，使定位销弹入扳手头小孔内定位即可。

（6）内六角扳手

内六角扳手也叫作艾伦扳手，它体现了内六角扳手和其他常见工具（比如一字螺钉旋具和十字螺钉旋具）之间最重要的差别，它通过扭矩施加对螺钉的作用力，大大降低了使用者的用力强度，如图1-2-7所示。规格：1.5、2、2.5、3、

4、5、6、8、10、12、14、17、19、22、27mm，汽车维修作业中使用成套内六角扳手拆装 M4~M30 的内六角头螺栓。

2. 螺钉旋具

螺钉旋具俗称为螺丝刀，主要用于旋松或旋紧有槽螺钉。螺钉旋具（以下简称旋具）有很多类型，其区别主要是尖部形状，每种类型的旋具都按长度不同分为若干规格。常用的旋具有一字螺钉旋具和十字槽螺钉旋具。

1）一字螺钉旋具又称为一字起子、平口改锥，用于旋紧或松开头部开一字槽的螺钉，如图 1-2-8a 所示。一般工作部分用碳素工具钢制成，并经淬火处理。其规格以刀体部分的长度表示，常用的规格有 100mm、150mm、200mm 和 300mm 等几种。使用时，应根据螺钉沟槽的宽度选用相应的规格。

2）十字槽螺钉旋具又称为十字形起子、十字改锥，用于旋紧或松开头部带十字沟槽的螺钉，材料和规格与一字螺钉旋具相同，如图 1-2-8b 所示。

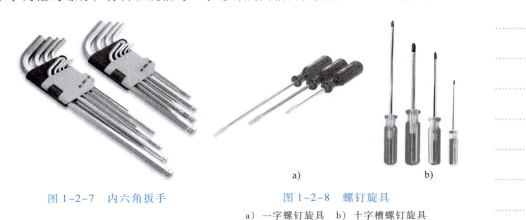

a)　　　　　　　　　b)

图 1-2-7　内六角扳手　　　　　图 1-2-8　螺钉旋具

a）一字螺钉旋具　b）十字槽螺钉旋具

3. 钳子

钳子是一种用于夹持、固定加工工件或者扭转、弯曲、剪断金属丝线的手工工具。钳子的外形呈 V 形，通常包括手柄、钳腮和钳嘴三个部分。钳子一般用碳素结构钢制造，先锻压成钳胚形状，然后经过磨铣、抛光等金属切削加工，最后进行热处理。

钳子的手柄依握持形式而设计成直柄、弯柄和弓柄三种式样。钳子使用时常与电线之类的带电导体接触，故其手柄上一般都套有以聚氯乙烯等绝缘材料制成的护管，以确保操作者的安全。钳嘴的形式很多，常见的有尖嘴、平嘴、扁嘴、圆嘴和弯嘴等样式，可适应对不同形状工件的作业需要。按其主要功能和使用性质，钳子可分为夹持式钳子、钢丝钳、剥线钳和管子钳等。

（1）钢丝钳

钢丝钳由钳头和钳柄组成，钳头包括钳口、齿口、刀口和铡口。钳子各部位的作用是：① 齿口可用来紧固或拧松螺母；② 刀口可用来剖切软电线的橡皮或塑料绝缘层，也可用来剪切电线和钢丝；③ 铡口可以用来切断电线和钢丝等较硬的金属线；④ 钳子的绝缘塑料管耐压 500V 以上，有了它可以带电剪切电线。使用中，切忌乱扔，以免损坏绝缘塑料管。电工常用的钢丝钳有 150mm、175mm、200mm 及 250mm 等多种规格，如图 1-2-9 所示。

（2）尖嘴钳

尖嘴钳又叫作修口钳，主要用来剪切线径较细的单股与多股线，以及给单股导线接头弯圈、剥塑料绝缘层等，它也是电工（尤其是内线电工）常用的工具之一。它是由尖头、刀口和钳柄组成的。电工用尖嘴钳的钳柄上套有额定电压 500V 的绝缘套管。尖嘴钳由于头部较尖，适用于狭小空间的操作。使用尖嘴钳弯导线接头的操作方法是：先将线头向左折，然后紧靠螺杆依顺时针方向向右弯即成，如图 1-2-10 所示。

图 1-2-9　钢丝钳　　　　　　图 1-2-10　尖嘴钳

（3）鲤鱼钳

鲤鱼钳因外形酷似鲤鱼而得名，其特点是钳口的开口宽度有两档调节位置，可放大或缩小使用。主要用于夹持圆形零件，也可代替扳手旋小螺母和小螺栓，钳口后部刃口可用于切断金属丝，如图 1-2-11 所示。

（4）卡簧钳

卡簧钳是一种用来安装内簧环和外簧环的专用工具，外形上属于尖嘴钳的一类，钳头可采用内直、外直、内弯和外弯等形式。卡簧钳不仅可以用于安装簧环，也能用于拆卸簧环。卡簧钳分为外卡簧钳和内卡簧钳两大类，分别用来拆装轴外用卡簧和孔内用卡簧。其中外卡簧钳又叫作轴用卡簧钳，内卡簧钳又叫作穴用卡簧钳，如图 1-2-12 所示。

4. 锤子

汽车维修中常用的锤子有手锤、木槌和橡胶槌。手锤通常用工具钢制成，规格按锤头质量划分。使用时应使锤头安装牢靠，手握锤柄末端，用锤头正面击打物体。木槌和橡胶槌主要用于击打零件加工表面，以保护零件不被损坏，如图 1-2-13 和图 1-2-14 所示。

图 1-2-11　鲤鱼钳

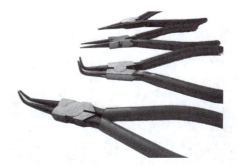

图 1-2-12　卡簧钳

图 1-2-13　手锤

图 1-2-14　橡胶槌

5. 活塞环拆装钳

活塞环拆装钳是一种专门用于拆装活塞环的工具，如图 1-2-15 所示。维修发动机时，必须使用活塞环拆装钳拆装活塞环。

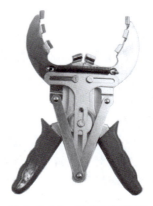

使用活塞环拆装钳时，将拆装钳上的环卡住活塞环开口，握住手把稍稍均匀地用力，使拆装钳手把慢慢地收缩，环卡将活塞环徐徐地张开，使活塞环能从活塞环槽中取出或装入。使用活塞环拆装钳拆装活塞环时，用力必须均匀，避免用力过猛而导致活塞环折断，同时能避免伤手事故。

图 1-2-15　活塞环拆装钳

6. 气门弹簧拆装钳

气门弹簧拆装钳是一种专门用于拆装顶置气门弹簧的工具，如图 1-2-16 所示。使用时，将拆装钳抵住气门，压环对正气门弹簧座，然后压下手柄，使气门弹簧被压缩。这时可取下气门弹簧锁销或锁片，慢慢地松抬手柄，即可取出气门弹簧座、气门弹簧和气门等。

7. 拉拔器

拉拔器是用于拆卸过盈配合安装在轴上的齿轮或轴承等零件的专用工具。常用的拉拔器为手动式，在一杆式弓形叉上装有压力螺杆和拉爪。使用时，在轴端与压力螺杆之间垫一垫板，用拉拔器的拉爪拉住齿轮或轴承，然后拧紧压力螺杆，即可从轴上拉下齿轮等过盈配合零件，如图1-2-17所示。

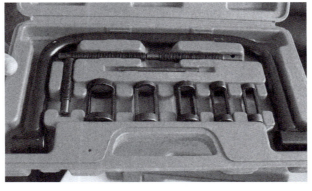
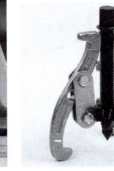

图1-2-16   气门弹簧拆装钳   图1-2-17   拉拔器

8. 滑脂枪

滑脂枪又称为黄油枪，如图1-2-18所示，是一种专门用来加注润滑脂（黄油）的工具。使用方法如下：

（1）填装润滑脂

1）拉出拉杆使柱塞后移，拧下滑脂枪缸筒前盖。

2）把干净润滑脂分成团状，徐徐装入缸筒内，且使润滑脂团之间尽量相互贴紧，便于缸筒内的空气排出。

3）装回前盖，推回拉杆，柱塞在弹簧的作用下前移，使润滑脂处于压缩状态。

（2）加注润滑脂的方法

1）把滑脂枪接头对正被润滑的滑脂嘴，直进直出，不能偏斜，以免影响润滑脂加注，减少润滑脂的浪费。

2）如注不进润滑脂，应立即停止，并查明堵塞的原因，排除后再加注润滑脂。

（3）加注润滑脂时加注不进润滑脂的主要原因

1）滑脂枪缸筒内无润滑脂或压力缸筒内的润滑脂间有空气。

2）滑脂枪压油阀堵塞或注油接头堵塞。

3）滑脂枪弹簧疲劳过软而造成弹力不足或弹簧折断而失效。

4）柱塞磨损过甚而导致漏润滑脂。

5）滑脂嘴被泥污堵塞而不能注入润滑脂。

千斤顶是一种最常用、最简单的起重工具，按照其工作原理可分为机械丝杆式和液压式，如图1-2-19所示。按照所能顶起的质量可分为3000kg、5000kg和9000kg等多种不同规格，目前广泛使用的是液压式千斤顶。

千斤顶的使用如下：

1）顶升作业时，要选择合适的千斤顶：起重量不超负荷，一般选择千斤顶的起重能力大于重物重力的1.5倍；千斤顶最低高度合适，为了便于取出，选用千斤顶的最小高度应与重物底部施力处的净空间相适应，起落过程中垫枕木垛支持重物时，千斤顶的起升高度要大于枕木厚度与枕木垛变形之和。

图 1-2-18　滑脂枪

a)　　　　　　　　　　b)

图 1-2-19　千斤顶

a）机械丝杆式　b）液压式

2）若使用几台千斤顶联合顶升同一设备时，应选用同一型号的千斤顶，且每台千斤顶的额定起重量不得小于所承担设备重力的 1.2 倍。

3）千斤顶在使用前应擦拭干净，并应检查各部件是否灵活，有无损伤。检查液压千斤顶的油阀、活塞和皮碗是否完好，油液是否干净。

4）使用时，千斤顶应放置平整，在千斤顶底座及顶托垫坚韧的枕木、木板或钢板来扩大承压面积，以免陷落或滑动而发生事故。注意不能用沾油污的木板或钢板作为衬垫，以防受力时打滑。重物的被顶升处必须是坚实的部位，以防损坏设备。千斤顶的位置应放正，不能歪斜，严防地基偏沉或载荷偏移而使千斤顶偏斜或翻倒。

5）操作时，应先将重物稍微顶起一些，仔细检查无异常后，再继续顶升重物。若发现垫板受压后不平整、不牢固或千斤顶有偏斜时，必须将千斤顶松下，及时处理好后方可继续向上顶升。

6）在顶升过程中，应随重物的不断上升及时在其下面铺垫保险枕木架，以防千斤顶倾斜或回油引起活塞突然下降而造成事故。下放重物时要逐步向外抽出枕木，枕木与重物间的距离不得超过一块枕木的厚度，以防发生意外。

7）液压千斤顶需要松放时，只需微开回油阀，使其缓慢下放，不能突然下降，以免损坏内部皮碗而导致千斤顶损坏。

8）齿条千斤顶松放时，不能突然下放，如突然下放会使内部装置受冲击力，致使摇把跳动而伤人。

9）应严格遵守千斤顶的各项技术指标：手柄长度、操作人数、顶升高度。不得随意加长操作手柄，也不准增加操作人数来施强力硬压。起重高度不能超出规定界限，螺旋千斤顶的套筒及液压千斤顶的活塞上均标有红线，当红线露出时，应立即停止操作。若无标记，则每次顶升高度不得超过螺母套筒或活塞总高的 3/4。

若重物的起升高度需超出千斤顶额定高度时，必须先在顶起的重物下垫好枕木，降下千斤顶，垫高其底部，重复顶升，直至需要的起升高度。

10）千斤顶不可作为永久支撑。如需长时间支撑，应在重物下边增加支撑部分，以保证千斤顶不损坏。

11）若顶升重物一端只用一只千斤顶时，则应将千斤顶放置在重物的对称轴线上，并使千斤顶底座长的方向和重物易倾倒的方向一致。若重物一端使用两台千斤顶时，其底座的方向应略呈八字形对称放置于重物对称轴线两侧。

12）使用两台或多台千斤顶同时顶升一重物时，必须统一指挥，协调一致，同时升降，速度基本相同。

13）千斤顶应存放在干燥、无尘的地方，不能放在室外日晒雨淋。

9. 举升机

汽车举升机是指汽车维修行业用于汽车举升的汽保设备。举升机在汽车维修养护中发挥着至关重要的作用，无论整车大修，还是小修保养，都离不开它，其产品性质、质量好坏直接影响维修人员的人身安全，如图 1-2-20 所示。

图 1-2-20　举升机

举升机的操作规程如下：

1）使用前应清除举升机附近妨碍作业的器具及杂物，并检查操作手柄是否正常。

2）操作机构灵敏有效，液压系统不允许有爬行现象。

3）支车时，四个支角应在同一平面上，调整支角胶垫高度使其接触车辆底盘支撑部位。

4）支车时，车辆不可支得过高，支起后四个托架要锁紧。

5）待举升车辆驶入后，应将举升机支撑块调整移动对正该车型规定的举升点。

6）举升时人员应离开车辆，举升到需要高度时，必须插入保险锁销，并确保安全可靠才可开始车底作业。

7）除保养及小修项目外，其他烦琐笨重作业不得在举升机上操作修理。

8）举升机不得频繁起落。

9）支车时举升要稳，降落要慢。

10）有人作业时严禁升降举升机。

11）发现操作机构不灵、电动机不同步、托架不平或液压部分漏油，应及时报修，不得带病操作。

12）作业完毕应清除杂物，打扫举升机周围，以保持场地整洁。

13）定期（半年）排除举升机油缸积水，并检查油量，油量不足应及时加注相同牌号的液压油。同时应检查润滑、举升机传动齿轮及缝条。

1.2.2　发动机维修常用量具

1. 钢直尺

钢直尺一般是合金钢量具，碳的质量分数为 0.9%～1.5%，通常是淬火后立即进行 -80℃ 左右的冷处理，使残留奥氏体转化为马氏体，然后进行低温回火，最后磨削加工后，进行应力回火，使钢直尺的残留应力降低到最小。钢直尺的规格有 0～50mm、0～150mm、0～600mm、0～1000mm，如图 1-2-21 所示。

图 1-2-21　钢直尺

2. 游标卡尺

游标卡尺主要用来测量零件的内外直径和孔（槽）的深度等，其分度值为 0.10mm、0.02mm、0.05mm 三种：游标尺为 10 等分刻度，其总长为 9mm，游标尺上每一分度和尺身上的最小分度相差 0.1mm，分度值为 0.10mm；游标尺为 20 等分刻度，其总长为 19mm，游标尺上每一分度和尺身上的最小分度相差 0.02mm，分度值为 0.02mm；游标尺上每一分度和尺身上的最小分度相差 0.05mm，分度值为 0.05mm，游标尺为 50 等分刻度，其总长为 49mm。

游标卡尺由尺身、游标、活动卡脚和固定卡脚等组成。常用分度值为 0.10mm 的游标卡尺如图 1-2-22 所示，其尺身上每一刻度表示 1mm，游标上每一刻度表示 0.10mm。

游标卡尺的使用如下。

1）游标卡尺是将一微小量加以放大，然后进行读数。

2）常用的游标卡尺可以精确到 0.1mm，有的可以精确到 0.05mm 和 0.02mm。

3）用游标卡尺可以测量物体的厚度或外径、孔的内径或槽宽、容器的深度。

4）游标卡尺的读数方法如下。

a. 在尺身上读取整毫米数（看游标尺的零刻线位置）。

b. 在游标尺上读取毫米以下的小数。

微课

游标卡尺的使用

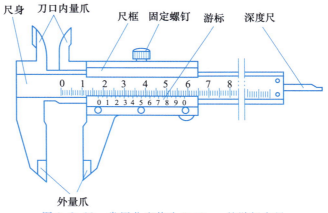

图1-2-22   常用分度值为0.10mm的游标卡尺

具体方法：观察游标尺，如第 n 条刻线（零刻线除外）与尺身上某一刻度对齐，故毫米以下为：$n \times$ 精确度。

c. 总的读数=毫米整数+毫米小数。

强调：使用游标卡尺不需要估读。

使用游标卡尺的注意事项如下：

1）游标卡尺的正确手持方法。右手正面握尺，用拇指推动游标，左手持物。

2）测量前要检查零点。

3）要弄清读数方法。

4）使用刻度尺需估读。

5）使用游标卡尺不需要估读。

6）使用游标卡尺时，要注意力度，不要用力加压，以免物体变形。

7）使用游标卡尺时先松动固定游标的制动螺钉，轻推游标。

8）读数时，先将游标固定，取下被测物体再进行读数。

3. 外径千分尺

外径千分尺是比游标卡尺更精密的量具，其精度为0.01mm。外径千分尺的规格按量程划分，常用的有0-25mm、25-50mm、50-75mm、75-100mm、100-125mm等，使用时应按零件尺寸选择相应规格。外径千分尺的结构如图1-2-23所示。

外径千分尺的工作原理如下：

如果螺距为0.5mm的螺栓通过固定螺母拧进去一圈，将看到螺栓进入长度为0.5mm，如图1-2-24所示。

注意：测量时应擦净两个砧座和工件表面，旋动砧座接触工件，直至棘轮发出两三声"咔咔"的响声时方可读数。

外径千分尺校零位方法：用测力装置使量面与标准棒两端面接触，观察微分筒前端面与固定套管零线、微分筒零线与固定套管基线是否重合，如不重合，应通过附带的专用小扳手转动固定套管进行调整，如图1-2-25所示。

微课

千分尺的使用

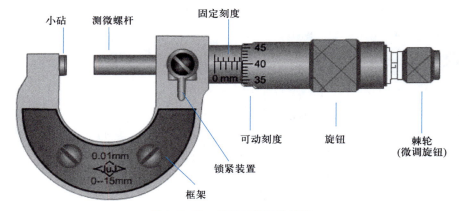

图 1-2-23　外径千分尺的结构

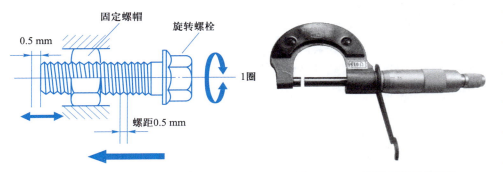

图 1-2-24　外径千分尺的工作原理图　　　　图 1-2-25　外径千分尺校零位

使用外径千分尺的注意事项如下：

1）测量时，外径千分尺应摆正，先用手转动活动套管，当测量面接近工件时，改用测力装置的螺母转动，直到听到"咔咔"声为止。

2）读数时，要特别注意不要读错 0.5mm。

3）不准测量毛坯或表面粗糙的工件，不准测量正在旋转发热的工件，以免损伤测量面或得不到正确的读数。

外径千分尺的使用方法如下：

1）使用前应先检查零点：缓缓转动微调旋钮，使测杆和测砧接触，到棘轮发出声音为止，此时可动尺（活动套筒）上的零刻线应当和固定套筒上的基准线（长横线）对正，否则有零误差。

2）左手持尺架，右手转动粗调旋钮使测杆与测砧间距稍大于被测物，放入被测物，转动保护旋钮到夹住被测物，直到棘轮发出声音为止，拨动固定旋钮使测杆固定后读数。

外径千分尺的读数方法如下：

1）先读固定刻度。

2）再读半刻度，若半刻度线已露出，记作 0.5mm；若半刻度线未露出，记作 0.0mm。

3）再读可动刻度（注意估读）。记作 $n×0.01$mm。

4）最终读数结果为固定刻度+半刻度+可动刻度+估读。

4. 百分表

百分表主要用于测量零件的形状误差（如曲轴弯曲变形量、轴颈或孔的圆度误差等）或配合间隙（如曲轴轴向间隙），如图 1-2-26 所示。常见的百分表有 0-3mm、0-5mm 和 0-10mm 三种规格。百分表的刻度盘一般为 100 格，大指针转动一格表示 0.01mm，转动一圈为 1mm，小指针可指示大指针转过的圈数。

图 1-2-26　百分表

使用百分表时，必须注意以下几点：

1）使用前，应检查测量杆活动的灵活性，即轻轻推动测量杆时，测量杆在套筒内的移动要灵活，没有任何轧卡现象，且每次放松后，指针能恢复到原来的刻度位置。

2）使用百分表或千分表时，必须把它固定在可靠的夹持架上（如固定在万能表架或磁性表座上），夹持架要安放平稳，以免使测量结果不准确或摔坏百分表。

用夹持百分表的套筒来固定百分表时，夹紧力不要过大，以免因套筒变形而使测量杆活动不灵活。

3）用百分表或千分表测量零件时，测量杆必须垂直于被测量表面。即使测量杆的轴线与被测量尺寸的方向一致，否则会使测量杆活动不灵活或使测量结果不准确。

4）测量时，不要使测量杆的行程超过它的测量范围；不要使测头突然撞在零件上；不要使百分表或千分表受到剧烈振动和撞击，也不要把零件强迫推入测头下，免得损坏百分表或千分表的机件。因此，用百分表测量表面粗糙或有显著凹凸不平的零件是错误的。

5）用百分表校正或测量零件时，应当使测量杆有一定的初始测力，即在测头与零件表面接触时，测量杆应有 0.3 ~ 1mm 的压缩量（千分表可小一点，有 0.1mm 即可），使指针转过半圈左右，然后转动表圈，使表盘的零位刻线对准指针。轻轻地拉动手提测量杆的圆头，拉起和放松几次，检查指针所指的零位有无改变。当指针的零位稳定后，再开始测量或校正零件的工作。如果是校正零件，此时开始改变零件的相对位置，读出指针的偏摆值，就是零件安装的偏差数值。

6）检查工件平整度或平行度时，将工件放在平台上，使测头与工件表面接触，调整指针使摆动 1 转，然后把刻度盘零位对准指针，接着慢慢地移动表座或工件，当指针顺时针摆动时，说明了工件偏高；当指针反时针摆动时，则说明了工件偏低。

当进行轴测时，就是以指针摆动最大数字为读数（最高点）；当测量孔时，就是以指针摆动最小数字（最低点）为读数。

检验工件的偏心度时，如果偏心距较小，把被测轴装在两顶尖之间，使百分表的测头接触在偏心部位上（最高点），用手转动轴，百分表上指示出的最大数字和最小数字（最低点）之差就等于偏心距的实际尺寸。偏心套的偏心距也可用上述方法来测量，但必须将偏心套装在心轴上。

5. 量缸表

微课
量缸表的使用

量缸表又称为内径百分表，主要用来测量孔的内径，如气缸直径、轴承孔直径等，量缸表主要由百分表、表杆和一套不同长度的接杆等组成，如图 1-2-27 所示。

测量时首先根据气缸（或轴承孔）直径选择长度尺寸合适的接杆，并将接杆固定在量缸表下端的接杆座上；然后校正量缸表，将外径千分尺调到被测气缸（或轴承孔）的标准尺寸，再将量缸表校正到外径千分尺的尺寸，并使伸缩杆有 2mm 左右的压缩行程，旋转表盘使指针对准零位后即可进行测量。

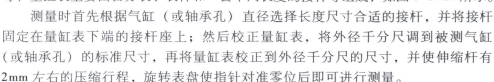

图 1-2-27   量缸表

注意：在测量过程中，必须前后摆动量缸表，以确定读数最小时的直径位置，同时还应在一定角度内转动量缸表，以确定读数最大时的直径位置。

6. 塞尺

塞尺又叫作厚薄规，如图 1-2-28 所示，主要用来测量两平面之间的间隙。塞尺由多片不同厚度的钢片组成，每片钢片的表面刻有表示其厚度的尺寸值。塞尺的规格以长度和每组片数来表示，常见的长度有 100mm、150mm、200mm、300mm 四种，每组片数有 2~17 等多种。在汽车

图 1-2-28   塞尺

维修中，塞尺常用来测量零件之间的配合间隙，如气门间隙、曲轴轴向间隙等。

任务实施

按任务工作单分组完成以下任务：

1）游标卡尺的测量步骤。

2）游标卡尺维护注意事项。

3）选用合适的游标卡尺测量发动机零部件。

4）外径千分尺的测量步骤。

5）外径千分尺如何校零位。

6）外径千分尺维护注意事项。

任务工单 1.2 常用工具、量具的使用与维护

项目 1 工作安全与作业准备		小组人员：	
班级：	学号：		指导教师签字：
日期：			

任务 1.2 常用工具、量具的使用与维护【实训任务工作表】

作业要求：1. 正确掌握汽车维修常用工具的使用与维护方法

2. 正确掌握汽车维修常用量具的使用与维护方法

3. 正确掌握汽车维修设备的使用与维护方法

4. 培养观察分析问题的能力

5. 良好的 7S 工作习惯

1. 工具、量具准备：

2. 维修资料准备：

3. 辅助材料与耗材：

4. 制订工作计划及组员分工：

作业一：游标卡尺的使用与维护

（1）游标卡尺的测量步骤：

（2）游标卡尺的维护注意事项：

（3）选用合适的游标卡尺测量发动机零部件，并将读数写在下面表格中。

测量部位	测量内容	读数	测量部位	测量内容	读数

作业二：外径千分尺的使用与维护

（1）外径千分尺的测量步骤：

（2）外径千分尺如何校零位：

（3）外径千分尺的维护注意事项：

（4）选用合适的外径千分尺测量发动机零部件，并将读数写在下面表格中。

测量部位	测量内容	读数	测量部位	测量内容	读数

5. 总结本次活动重点和要点：

🗎 **任务考核**

任务 1.2　常用工具、量具的使用与维护评分细则

项目 1　工作安全与作业准备			实训日期：			
姓名：		班级：	学号：		指导教师签字：	
自评：□ 熟练　□ 不熟练		互评：□ 熟练　□ 不熟练	师评：□ 熟练　□ 不熟练			
日期：		日期：	日期：			

任务 1.2　常用工具、量具的使用与维护【评分细则】

序号	评分项	得分条件	分值	评分要求	自评	互评	师评
1	安全/7S/态度	□ 1）能进行工位 7S 操作 □ 2）能进行设备和工具的安全检查 □ 3）能进行车辆安全防护操作 □ 4）能进行工具清洁校准存放操作 □ 5）能进行三不落地操作	15 分	未完成 1 项扣 3 分，扣分不得超 15 分	□ 熟练 □ 不熟练	□ 熟练 □ 不熟练	□ 合格 □ 不合格
2	专业技能能力	作业 1： □ 1）能正确清洁校对游标卡尺 □ 2）能正确使用游标卡尺测量长度 □ 3）能正确使用游标卡尺测量深度 □ 4）能正确使用游标卡尺测量外径 □ 5）能正确使用游标卡尺测量内径 □ 6）能正确维护游标卡尺 作业 2： □ 1）能正确清洁校对外径千分尺 □ 2）能正确清洁被测零部件 □ 3）能正确使用外径千分尺测量外径 □ 4）能正确维护外径千分尺	50 分	未完成 1 项扣 5 分，扣分不得超 50 分	□ 熟练 □ 不熟练	□ 熟练 □ 不熟练	□ 合格 □ 不合格
3	工具及设备的使用能力	□ 1）能正确使用游标卡尺 □ 2）能正确使用外径千分尺 □ 3）能正确识别游标卡尺的分度值 □ 4）能正确识别外径千分尺的分度值	10 分	未完成 1 项扣 5 分，扣分不得超 10 分	□ 熟练 □ 不熟练	□ 熟练 □ 不熟练	□ 合格 □ 不合格
4	资料、信息查询能力	□ 1）能正确使用维修手册查询资料 □ 2）能在规定时间内查询所需资料 □ 3）能正确记录所需维修信息	10 分	未完成 1 项扣 5 分，扣分不得超 10 分	□ 熟练 □ 不熟练	□ 熟练 □ 不熟练	□ 合格 □ 不合格
5	数据、判读和分析能力	□ 1）能判断游标卡尺测量数据是否正常 □ 2）能判断外径千分尺测量数据是否正常	10 分	未完成 1 项扣 5 分，扣分不得超 10 分	□ 熟练 □ 不熟练	□ 熟练 □ 不熟练	□ 合格 □ 不合格
6	表单填写与报告的撰写能力	□ 1）字迹清晰 □ 2）语句通顺 □ 3）无错别字 □ 4）无涂改 □ 5）无抄袭	5 分	未完成 1 项扣 1 分，扣分不得超 5 分	□ 熟练 □ 不熟练	□ 熟练 □ 不熟练	□ 合格 □ 不合格
总分：100 分							

任务拓展

如果感兴趣，可扫描下方二维码学习外径千分尺制造过程。

 | **任务拓展**
外径千分尺制造过程

练习与思考

一、单选题

1. 测量外尺寸时，应先使游标卡尺量爪间距略大于被测工件的尺寸，再使工件与固定量爪贴合，然后使活动量爪与被测工件表面接触，稍微游动一下活动量爪，找出（　　）尺寸。

A. 平均　　　　　B. 合适　　　　　C. 最小　　　　　D. 最大

2. 测量内孔尺寸时，应使游标卡尺量爪间距略小于被测工件尺寸，将量爪沿着孔的中心线放入，使固定量爪与孔边接触，然后使活动量爪在被测工件孔内表面稍微游动一下，找出（　　）尺寸。

A. 最大　　　　　B. 合适　　　　　C. 最小　　　　　D. 平均

3. 使用时，要掌握好量爪面同工件表面接触好的压力，即刚好使测量面与工件接触，同时量爪还能沿着工件表面自由（　　）。

A. 转动　　　　　B. 滑动　　　　　C. 走动　　　　　D. 活动

4. 读数时，应把游标卡尺水平地拿着朝亮光的方向，使视线尽可能地和表盘垂直，以免由于视线歪斜而引起（　　）误差。

A. 测量　　　　　B. 视觉　　　　　C. 读数　　　　　D. 估读

5. 测量前，对好"0"位，正确的零位是：当外径千分尺两测量面接触时，微分筒棱边接触固定套管零刻线，固定套管上的（　　）对准微分筒上零刻线。

A. 纵刻线　　　　B. 零位　　　　　C. 横刻线　　　　D. 刻线

6. 外径千分尺两测量面将与工件接触时，要使用（　　），不要直接转动微分筒。

A. 螺杆　　　　　B. 外径千分尺　　C. 测力装置　　　D. 固定套管

7. 下列不属于手动工具的是（　　）。

A. 扳手　　　　　B. 钳子　　　　　C. 电钻　　　　　D. 铰刀

8. 下列属于旋具类工具的是（　　）。

A. 套筒扳手　　　B. 剥线钳　　　　C. 锯子　　　　　D. 铰刀

9. 下列属于呆扳手用途不当的是（　　）。

  A. 用于拧紧或拧松标准规格的螺栓或螺母

  B. 可以从上、下或横向插入的部位

  C. 用于拧紧力矩较大的螺栓或螺母

  D. 只能在一个有限的空间扳动螺栓或螺母

二、判断题

1. 外径千分尺制造精度分为 0 级和 1 级两种，其中 1 级精度较高。（　　）

2. 量缸表是用来测量内径及槽宽等尺寸的一种量具。（　　）

3. 常用量具在使用过程中可以和工具、刃具放在一起。（　　）

4. 螺纹拧紧工具根据使用条件分为手动、气动和电动。（　　）

5. 冲击扳手、呆扳手、棘轮扳手、螺钉旋具等均为非定扭工具。（　　）

6. 拧紧检具必须定期标定。（　　）

■ 任务 1.3　发动机的基本知识

任务描述

  一台 2007 款帕萨特轿车行驶里程近 300 000 km，因在行车过程中冒黑烟，油耗高进站维修，进厂检验后确定需要大修，你是新来的学徒，你的师傅安排你先了解发动机的基本信息。

任务解析

  汽车的行驶里程长，发动机冒黑烟，油耗高，这是发动机需要大修的典型指标，作为新来的学徒，首先要熟知该车发动机的基本术语、性能指标等基本信息，其次要掌握发动机的工作原理。

任务目标

知识目标：

1. 掌握发动机的基本结构（中级）。

2. 掌握汽油发动机的工作原理（中级）。

3. 掌握柴油发动机的工作原理（中级）。

4. 掌握汽车发动机基本术语与性能指标的含义（中级）。

能力目标：

1. 能正确解读发动机的基本参数（中级）。

2. 能正确描述发动机的工作原理（中级）。

素质目标：

1. 爱国守法、崇德向善、诚实守信。

2. 爱岗敬业、积极进取、团结协作。

3. 热爱劳动、沟通流畅、勇于创新。

4. 精益求精、工匠精神、7S 管理。

知识准备

1.3.1　发动机总体结构

1. 作用

发动机的作用主要是将燃料燃烧的热能转化成机械能，并对外输出。

2. 组成

汽油发动机由两大机构和五大系统组成。两大机构：曲柄连杆机构、配气机构，五大系统：燃料供给系统、润滑系统、冷却系统、点火系统和起动系统，如图 1-3-1 所示。柴油发动机由两大机构和四大系统组成。两大机构：曲柄连杆机构、配气机构，四大系统：燃料供给系统、润滑系统、冷却系统和起动系统，柴油发动机无点火系统，如图 1-3-2 所示。

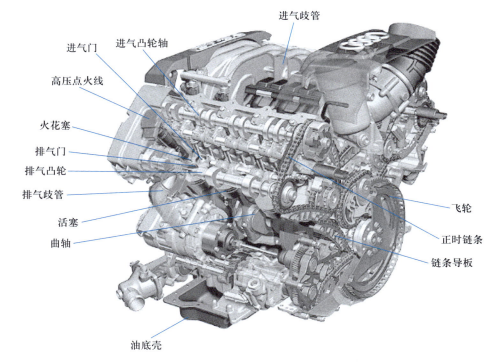

图 1-3-1　汽油发动机的结构

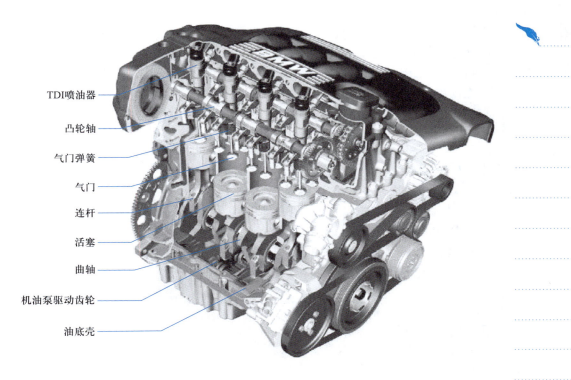

TDI喷油器

凸轮轴

气门弹簧

气门

连杆

活塞

曲轴

机油泵驱动齿轮

油底壳

图 1-3-2　柴油发动机的结构

1.3.2　发动机常用的基本术语

发动机常用的基本术语有上止点、下止点、活塞行程、压缩比和曲柄半径等，如图 1-3-3 所示。

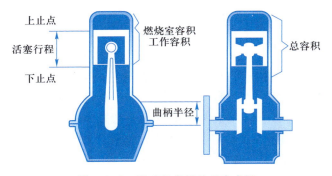

上止点

活塞行程

下止点

燃烧室容积

工作容积

总容积

曲柄半径

图 1-3-3　发动机常用的基本术语

1）上止点：活塞上下往复运动时活塞顶离曲轴旋转中心最远处，即活塞最高位置。

2）下止点：活塞上下往复运动时活塞顶离曲轴旋转中心最近处，即活塞最低位置。

3）活塞行程（s）：活塞上、下止点间的距离称为活塞行程。曲轴每转动半圈（即 180°）相当于一个行程。若用 R 表示曲轴半径（等于曲轴臂长度），则活塞行程等于曲轴臂长度的两倍，即 $s = 2R$。

4）气缸工作容积（V_h）：活塞从上止点到下止点所扫过的气缸容积，称为气缸工作容积。

计算公式为

$$V_h = \frac{\pi}{4}D^2 s \times 10^{-6}$$

式中　D——气缸直径，单位为 mm；

s——活塞行程，单位为 mm。

5）发动机工作容积（V_L）：简称排量，是发动机各缸工作容积的总和，单缸排量 V_h 和缸数 i 的乘积。

计算公式为

$$V_L = V_h i$$

$$V_L = V_h i = \frac{\pi}{4}D^2 s \times 10^{-6} i$$

式中　i——气缸数。

发动机排量是发动机的重要参数之一。排量越大，进入气缸的可燃混合气或空气量就越多，发动机输出的功率就越大。

6）燃烧室及燃烧室容积（V_c）：活塞位于上止点时，活塞顶上方的空间称为燃烧室，其容积称为燃烧室容积。

7）气缸总容积（V_a）：活塞位于下止点时，活塞顶上方的整个空间称为气缸总容积。

$$V_a = V_h + V_c$$

8）压缩比（ε）：气缸总容积与燃烧室容积之比，称为压缩比。通常用符号 ε 表示。

$$\varepsilon = V_a / V_c$$

通常来说，提高压缩比可以提高发动机的输出功率，节省燃料，提高转换效率，但过高的压缩比会产生严重的爆燃，这将会影响发动机的工作。现代汽油发动机的压缩比为 8～12，现代柴油机的压缩比一般在 12～22 范围内。

9）工作循环：对于往复活塞式发动机，每进行一次能量转换，均要经过进气、压缩、做功、排气四个过程。这种周而复始的连续过程，称为发动机的一个工作循环。发动机之所以能连续运转，就因为各气缸内不断进行着这种周而复始的工作循环。凡是活塞往复四个行程完成一个工作循环的发动机，称为四冲程发动机；活塞往复两个行程完成一个工作循环的发动机，称为二冲程发动机。

1.3.3　发动机有关技术参数

1. 动力性指标

1）发动机有效转矩：发动机通过飞轮对外输出的转矩称为发动机的有效转矩，用 T_e 表示，单位为牛［顿］·米（N·m）。

2）发动机有效功率：是发动机曲轴上所输出的净功率，即发动机扣除本身机械摩擦损失和带动其他辅助装置的外部损耗后向外有效输出的功率。用 Pe 表示，单位为瓦［特］（W）或马力。

单位换算：1kW ≈ 1.36 马力，1 马力 ≈ 0.735kW。

例如：大众（迈腾）EA888 系列发动机，1.8TSI 最大的功率为 118kW（5000～6200r/min），即 118kW×1.36 ≈ 160 马力。

3）发动机转速：指发动机曲轴每分钟的转动圈数，单位为 r/min。发动机产品铭牌上标明的功率及相应转速称为额定功率和额定转速。

4）平均有效压力：单位气缸工作容积发出的有效功称为平均有效压力，记作 p_{me}，单位为 MPa。显然，平均有效压力越大，发动机的做功能力越强。

2. 经济性指标

燃油消耗率：指发动机每发出 1kW 有效功率，在 1h 内所消耗的燃油质量，称为燃油消耗率，用 b_e 表示。

3. 强化指标

强化指标是指发动机承受热负荷和机械负荷能力的评价指标，一般包括升功率和强化系数等。

1）升功率：发动机在标定工况下，单位发动机排量输出的有效功率称为升功率。升功率大，表明每升气缸工作容积发出的有效功率大，发动机的热负荷和机械负荷都高。

2）强化系数：平均有效压力与活塞平均速度的乘积称为强化系数，记作 $p_{me}V_m$。活塞平均速度是指发动机在标定转速下工作时，活塞往复运动速度的平均值。它与发动机转速的关系为

$$V_m = \frac{sn}{30} \times 10^{-3}$$

式中　V_m——活塞平均速度，单位为 m/s；

s——活塞行程，单位为 mm；

n——发动机标定转速，单位为 r/min。

4. 紧凑性指标

紧凑性指标是用来表征发动机总体结构紧凑程度的指标，通常用比容积和比质量衡量。

1）比容积：发动机外廓体积与其标定功率的比值称为比容积。

2）比质量：发动机的干质量与其标定功率的比值称为比质量。干质量是指未加注燃油、润滑油和冷却液的发动机质量。

5. 环境指标

环境指标用来评价发动机排气品质和噪声水平。由于它关系到人类的健康及其赖以生存的环境，因此各国政府都制定出严格的控制法规，以消减发动机废气中有害气体（CO、HC、NO_x）的排放量和噪声对环境的污染。当前排放性和噪声水平已成为发动机的重要性能指标。

6. 可靠性指标

可靠性指标是表征发动机在规定的使用条件下，正常持续工作能力的指标。可靠性有多种评价方法，如首发故障行驶里程、平均故障间隔里程、主要零件的损坏率等。

7. 耐久性指标

耐久性指标是指发动机主要零件磨损到不能继续正常工作的极限时间。通常用发动机的大修里程，即发动机从出厂到第一次大修之间汽车行驶的里程数来衡量。

8. 工艺性指标

工艺性指标是指评价发动机制造工艺性和维修工艺性好坏的指标。发动机结构工艺性好，则便于制造，便于维修，就可以降低生产成本和维修费用。

1.3.4 发动机工作原理

微课
发动机工作原理

1. 四冲程汽油机的工作原理

汽油机是将空气与汽油以一定的比例混合成良好的混合气，在吸气行程被吸入气缸，混合气经压缩点火燃烧而产生热能，高温高压的气体作用于活塞顶部，推动活塞做往复直线运动，通过连杆、曲轴飞轮机构对外输出机械能。

四冲程汽油机的每个工作循环均经过以下四个行程，如图1-3-4所示。

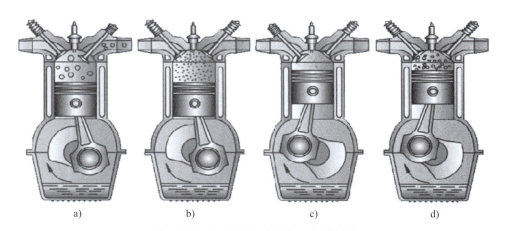

图1-3-4   四冲程汽油机的工作原理图

a）进气行程   b）压缩行程   c）做功行程   d）排气行程

（1）进气行程

在进气行程中，进气门开启，排气门关闭，如图1-3-4a所示。活塞由上止点向下止点移动，活塞上方容积增大，气缸内产生一定的真空度。可燃混合气被吸入气缸。活塞行至下止点时，曲轴转过半周，进气门关闭，进气行程结束。由于进气道的阻力，进气终了时气缸内的气体压力稍低于大气压力，约为 0.07 ~ 0.09MPa。可燃混合气进入气缸后，与气缸壁、活塞等高温机件接触，并与上一循环的高温残余废气相混合，所以温度上升到 370 ~ 400K。

（2）压缩行程

进气行程结束后，进气门、排气门同时关闭，如图 1-3-4b 所示。曲轴继续旋转，活塞由下止点向上止点移动，活塞上方的容积缩小，进入气缸中的混合气逐渐被压缩，使其温度、压力升高。活塞到上止点时，压缩行程结束。压缩终了时，混合气温度约为 600 ~ 700K，压力一般为 0.6 ~ 1.2MPa。混合气被压缩之后，密度增大，压力和温度迅速升高，为燃烧创造了良好条件。

（3）做功行程

当压缩行程临近终了时，火花塞发出电火花，点燃可燃混合气，如图 1-3-4c 所示。由于混合气迅速燃烧膨胀，在极短时间内压力可达到 3 ~ 5MPa，最高温度约为 2200 ~ 2800K。高温、高压的燃气推动活塞迅速下行，并通过连杆使曲轴旋转而对外做功。

在做功行程中，活塞自上止点移至下止点，曲轴转至一周半。随着活塞下移，活塞上方容积增大，燃气温度、压力逐渐降低。做功行程终了时，燃气温度降至 1300 ~ 1600K，压力降至 0.3 ~ 0.5kPa。

（4）排气行程

混合气燃烧后成了废气，为了便于下一个工作循环，这些废气应及时排出气缸，所以在做功行程终了时，排气门开启，活塞向上移动，废气便排到大气中，如图 1-3-4d 所示。当活塞到达上止点时，排气门关闭，曲轴转至两周，完成一个工作循环。

由于废气受到流动阻力及燃烧室容积的影响，不可能完全排尽。所以排气终了时，气缸内废气压力总是高于大气压力，约为 0.105 ~ 0.115MPa，温度为 900 ~ 1200K。留在缸内的废气称为残余废气，它对下一循环的进气行程是有妨碍的，因此要求排气尽可能干净。

综上所述，四冲程汽油机经过进气、压缩、做功和排气四个过程，完成一个工作循环。这期间活塞在上、下止点间往复移动了四个行程，相应地曲轴旋转了两周。

2. 二冲程汽油机的工作原理

二冲程汽油机的工作循环是在两个活塞行程即曲轴旋转一周的时间内完成的。如图 1-3-5 所示。

（1）第一行程　活塞在曲轴带动下由下止点移至上止点

当活塞处于下止点时进气孔被活塞关闭，排气孔和扫气孔开启，曲轴箱内的可燃混合气经扫气孔进入气缸，扫除其中的废气，随着活塞向上止点运动，活塞头部首先将扫气孔关闭，扫气终止，但此时排气孔尚未关闭，仍有部分废气和可燃混合气经排气孔继续排出。当活塞将排气孔也关闭之后，气缸内的可燃混合气开始被压缩，直至活塞到上止点，压缩过程结束。

（2）第二行程　活塞由上止点移到下止点

在压缩过程终了时，火花塞产生电火花，将气缸内的可燃混合气点燃，燃烧气体膨胀做功。此时排气孔和扫气孔均被活塞关闭，唯有进气孔开启。空气和汽油经进气孔继续流入曲轴箱，直到活塞裙部将进气孔关闭为止。随着活塞继续向下止点运动，曲轴箱容积变小，混合气被预压缩。此后，活塞头部先将排气孔开启，膨胀后的燃烧气体已成废气经排气孔排出，做功过程结束，开始先期排气，随后活塞又将扫气孔开启，经预压缩的可燃混合气从曲轴箱经扫气孔进入气缸，扫除气缸中的废气，开始扫气过程，这一过程直到扫气孔被关闭为止。

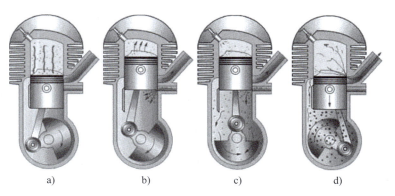

a)　　　　　b)　　　　　c)　　　　　d)

图 1-3-5　二冲程汽油机的工作原理图

a）压缩　b）进气　c）燃烧　d）排气

3. 四冲程柴油机的工作原理

四冲程柴油机和汽油机一样，每个工作循环也是由进气行程、压缩行程、做功行程和排气行程组成的。由于柴油机以柴油作为燃料，与汽油相比，柴油自燃温度低，黏度大不易蒸发，因而柴油机采用压缩终点压燃着火，也叫作压燃式点火，其工作过程及系统结构与汽油机有所不同，如图 1-3-6a 所示。

（1）进气行程

进入气缸的工质是纯空气。由于柴油机进气系统阻力较小，进气终点压力比汽油机高。进气终点温度为 300～340K，比汽油机低，如图 1-3-6a 所示。

（2）压缩行程

由于压缩的工质是纯空气，因此柴油机的压缩比比汽油机高。压缩终点的压力为 3000～5000kPa，压缩终点的温度为 750～1000K，大大超过了柴油的自燃温度（约为 520K），如图 1-3-6b 所示。

（3）做功行程

当压缩行程接近终了时，在高压油泵的作用下，将柴油以 10MPa 以上的高压通过喷油器喷入气缸燃烧室中，在很短的时间内与空气混合后立即自行发火燃烧。气缸内气体的压力急速上升，最高达 5000～9000kPa，最高温度可达 1800～2000K。由于柴油机是靠压缩自行着火燃烧的，故称柴油机为压燃式发动机，如图 1-3-6c 所示。

（4）排气行程

柴油机的排气与汽油机基本相同，只是排气温度比汽油机低，如图 1-3-6d 所示，一般为 700~900K。对于单缸发动机来说，其转速不均匀，发动机工作不平稳，振动大。这是因为四个行程中只有一个行程是做功的，其他三个行程是消耗动力为做功做准备的行程。为了解决这个问题，飞轮必须具有足够大的转动惯量，这样又会导致整个发动机质量和尺寸增加。采用多缸发动机可以弥补上述不足。

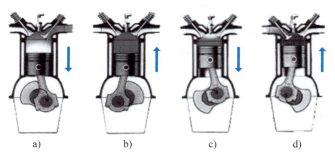

图 1-3-6　四冲程柴油机的工作原理图

a）进气行程　b）压缩行程　c）做功行程　d）排气行程

4. 二冲程柴油机的工作原理（图 1-3-7）

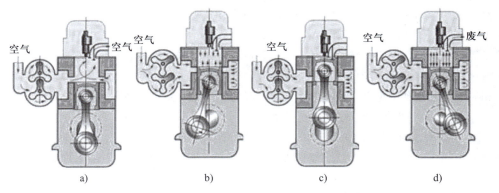

图 1-3-7　二冲程柴油机的工作原理图

a）换气　b）压缩　c）燃烧　d）排气

（1）第一行程：活塞由下止点移至上止点

当活塞还处于下止点位置时，进气孔和排气门均已开启。扫气泵将纯净的空气增压到 0.12~0.14MPa 后，经空气室和进气孔送入气缸，扫除其中的废气。废气经气缸顶部的排气门排出。当活塞上移将进气孔关闭的同时，排气门也关闭，进入气缸内的空气开始被压缩。活塞运动至上止点，压缩过程结束。

（2）第二行程：活塞由上止点移至下止点

当压缩过程终了时，高压柴油经喷油器喷入气缸，并自行着火燃烧。高温高压的燃烧气体推动活塞做功。当活塞下移 2/3 行程时，排气门开启，废气经排气门排出。活塞继续下移，进气孔开启，来自扫气泵的空气经进气孔进入气缸进行扫气。扫气过程将持续到活塞上移时将进气孔关闭为止。

5. 汽油机与柴油机的工作比较

（1）四冲程汽油机与柴油机的比较

汽油和柴油在蒸发性和流动性上的差别使得两种发动机的混合气形成方式不同。除了缸内汽油直接喷射的汽油机外，目前绝大部分汽油机的可燃混合气是在气缸外部形成的，而柴油机的可燃混合气是在气缸内部形成的。

两种发动机在可燃混合气着火方式上不同。汽油机的可燃混合气由电火花强制点火燃烧（点燃），而柴油机的可燃混合气在高温高压环境下自行着火燃烧（压燃）。

汽油机的压缩比受到汽油爆燃的限制，而柴油机压缩的是空气，压缩比比汽油机高，燃气膨胀充分，膨胀终了的气体温度较低，热量利用率高，所以柴油机燃油消耗相对较低。由于柴油机压缩比高，不仅造成起动困难，同时零件所受的机械负荷也大。与相同功率的汽油机相比，柴油机的体积大、质量大，制造和维修成本高，运转时振动和噪声较大。

由于柴油机的柴油与空气在气缸内混合的时间极短，通常需要比理论空气量多的过量空气，因此废气中的CO（一氧化碳）含量比汽油机低。由于柴油在气缸内能充分燃烧，所以总的HC（碳氢化合物）排放量比汽油机低得多，但柴油机的NO_x（氮氧化合物）和PM（颗粒）排放量较高。此外，由于柴油机的燃油经济性好，相应的CO_2（二氧化碳）排放量也比汽油机低。

汽油机具有质量小、体积小、升功率高、噪声小、起动性能好、制造和维修成本低等特点，在汽车上，特别在轿车上得到广泛应用。自20世纪70年代以来，人们对环境污染和能源问题的日益重视，低油耗、低排放（主要指CO、HC和CO_2）的柴油机在各种货车和中型以上客车上得到越来越多的应用，并且在轿车上也有应用。

（2）二冲程与四冲程发动机的比较

二冲程发动机曲轴每转一周完成一个工作循环，做功一次。当曲轴转速相同时，二冲程发动机单位时间的做功次数是四冲程发动机的两倍，由于曲轴每转一周做功一次，因此曲轴旋转的角速度比较均匀。

二冲程发动机的换气过程时间短，仅为四冲程发动机的1/3左右。另外，进、排气过程几乎同时进行，利用新气扫除废气，新气可能流失，废气也不易清除干净。因此，二冲程发动机的换气质量较差。

曲轴箱换气式二冲程发动机因为没有进、排气门，而使结构大为简化。

任务实施

按任务工作单分组完成以下任务：

1）查找发动机编号并解读编号含义。

2）查找发动机特征参数。

3）根据发动机实物或发动机解剖台架确认发动机术语。

4）观看发动机运转情况，描述发动机工作过程。

任务工单 1.3 发动机的基本知识

项目 1 工作安全与作业准备	小组人员：	
班级：	学号：	指导教师签字：
日期：		

任务 1.3 发动机的基本知识【实训任务工作表】

作业要求：1. 正确掌握汽车发动机的基本术语

2. 正确掌握汽车发动机的工作原理

3. 正确掌握汽车发动机的性能指标

4. 培养观察分析问题的能力

5. 良好的 7S 工作习惯

1. 工具、量具准备：

2. 维修资料准备：

3. 辅助材料与耗材：

4. 制订工作计划及组员分工：

作业一：查找发动机特征参数

（1）查找发动机编号并解读编号含义：

（2）发动机特征参数：

排量： 功率：

转矩： 行程：

压缩比： 点火顺序：

增压： 防爆燃控制：

作业二：发动机术语与工作原理

（1）根据发动机实物或发动机解剖台架确认发动机术语：

（2）观看发动机运转情况，描述发动机工作过程。

5. 总结本次活动重点和要点：

6. 本次活动存在的问题及解决方法：

任务考核

任务 1.3 发动机的基本知识评分细则

项目 1 工作安全与作业准备			实训日期：		
姓名：	班级：		学号：		指导教师签字：
自评：□ 熟练 □ 不熟练	互评：□ 熟练 □ 不熟练		师评：□ 熟练 □ 不熟练		
日期：	日期：		日期：		

<table>
<tr><td colspan="9" align="center">任务 1.3 发动机的基本知识【评分细则】</td></tr>
<tr><td>序号</td><td>评分项</td><td>得分条件</td><td>分值</td><td>评分要求</td><td colspan="1">自评</td><td colspan="1">互评</td><td colspan="1">师评</td></tr>
<tr>
<td>1</td>
<td>安全/7S/
态度</td>
<td>□ 1）能进行工位 7S 操作
□ 2）能进行设备和工具安全检查
□ 3）能进行车辆安全防护操作
□ 4）能进行工具清洁校准存放操作
□ 5）能进行三不落地操作</td>
<td>15 分</td>
<td>未完成 1 项扣 3 分，
扣分不得超 15 分</td>
<td>□ 熟练
□ 不熟练</td>
<td>□ 熟练
□ 不熟练</td>
<td>□ 合格
□ 不合格</td>
</tr>
<tr>
<td>2</td>
<td>专业技能能力</td>
<td>作业 1：
□ 1）能正确查找发动机编号
□ 2）能正确解读发动机编号含义
□ 3）能正确查找发动机特征参数
作业 2：
□ 1）能正确确认发动机上止点
□ 2）能正确确认发动机下止点
□ 3）能正确确认发动机行程
□ 4）能正确确认曲柄半径
□ 5）能正确认识发动机总成
□ 6）能正确描述发动机工作原理
□ 7）能正确描述汽油发动机与柴油发动机的区别</td>
<td>50 分</td>
<td>未完成 1 项扣 5 分，
扣分不得超 50 分</td>
<td>□ 熟练
□ 不熟练</td>
<td>□ 熟练
□ 不熟练</td>
<td>□ 合格
□ 不合格</td>
</tr>
<tr>
<td>3</td>
<td>工具及设备
的使用能力</td>
<td>□ 1）能正确固定发动机台架
□ 2）能正确摇转发动机台架</td>
<td>10 分</td>
<td>未完成 1 项扣 5 分，
扣分不得超 10 分</td>
<td>□ 熟练
□ 不熟练</td>
<td>□ 熟练
□ 不熟练</td>
<td>□ 合格
□ 不合格</td>
</tr>
<tr>
<td>4</td>
<td>资料、信息
查询能力</td>
<td>□ 1）能正确使用维修手册查询资料
□ 2）能在规定时间内查询所需资料
□ 3）能正确记录所需维修信息</td>
<td>10 分</td>
<td>未完成 1 项扣 5 分，
扣分不得超 10 分</td>
<td>□ 熟练
□ 不熟练</td>
<td>□ 熟练
□ 不熟练</td>
<td>□ 合格
□ 不合格</td>
</tr>
<tr>
<td>5</td>
<td>数据、判读
和分析能力</td>
<td>□ 1）能判断发动机编号与维修资料是否一致
□ 2）能判断发动机台架运转是否正常</td>
<td>10 分</td>
<td>未完成 1 项扣 5 分，
扣分不得超 10 分</td>
<td>□ 熟练
□ 不熟练</td>
<td>□ 熟练
□ 不熟练</td>
<td>□ 合格
□ 不合格</td>
</tr>
<tr>
<td>6</td>
<td>表单填写
与报告的
撰写能力</td>
<td>□ 1）字迹清晰
□ 2）语句通顺
□ 3）无错别字
□ 4）无涂改
□ 5）无抄袭</td>
<td>5 分</td>
<td>未完成 1 项扣 1 分，
扣分不得超 5 分</td>
<td>□ 熟练
□ 不熟练</td>
<td>□ 熟练
□ 不熟练</td>
<td>□ 合格
□ 不合格</td>
</tr>
<tr><td colspan="5" align="center">总分：100 分</td><td></td><td></td><td></td></tr>
</table>

任务拓展

如果感兴趣，可扫描下方二维码学习转子发动机工作原理、斯特林发动机工作原理和涡轮增压发动机工作原理。

　任务拓展
　　转子发动机工作原理

　任务拓展
　　斯特林发动机工作原理

　任务拓展
　　涡轮增压发动机工作原理

 练习与思考

一、单选题

1. 汽车发动机中的两大机构是曲柄连杆机构和（　　　）。

A. 配气机构　　　B. 双曲柄机构　　　C. 双摇杆机构　　　D. 曲柄滑块机构

2. 汽车发动机中的五大系统是指润滑系统、冷却系统、燃料供给系统、起动系统和（　　　）。

A. 控制系统　　　B. 舒适系统　　　C. 点火系统　　　D. 安全系统

3. 发动机各个机构和系统的装配基体是（　　　）。

A. 气缸　　　B. 机体组　　　C. 曲轴箱　　　D. 缸盖

4. 发动机按照进气系统是否采用增压方式可分为增压式和（　　　）发动机。

A. 水冷式　　　B. 电动式　　　C. 机械式　　　D. 非增压式

5. 柴油机由于用的柴油黏度比汽油大，不易蒸发，且自燃温度又较汽油低，所以采用的是（　　　）。

A. 压缩自燃式点火　　　　　　B. 火花塞点火

C. 电子点火　　　　　　　　　D. 都不是

6. 汽车动力性指标主要有最高车速、（　　　）和最大爬坡度。

A. 平均车速　　　B. 加速时间　　　C. 平均加速度　　　D. 制动协调速度

7. 汽车耗油量最少的行驶速度是（　　　）。

A. 低速　　　B. 全速　　　C. 中速　　　D. 超速

二、判断题

1. 由于柴油机的压缩比大于汽油机的压缩比，因此在压缩终了时的压力及

燃烧后产生的气体压力比汽油机压力高。（　　）

2. 多缸发动机各气缸的总容积之和称为发动机排量。（　　）

3. 发动机的燃油消耗率越小，经济性越好。（　　）

4. 发动机总容积越大，它的功率也就越大。（　　）

5. 汽油机的组成部分有点火系统，而柴油机没有点火系统。（　　）

6. 配气机构的作用按照发动机的工作循环和点火顺序的要求，定时开启和关闭各气缸的进、排气门，使新鲜的可燃混合气或空气及时进入气缸，废气及时从气缸排出。在压缩与做功行程中，关闭气门保证燃烧室的密封。（　　）

项目2

进、排气系统检测维修

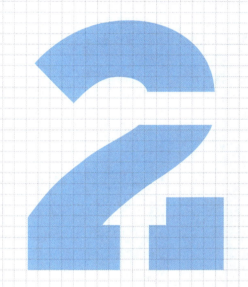

🔔【项目内容】 ⋯⋯→

📋【项目概述】 ⋯⋯→

本项目融合汽车运用与维修职业技能等级标准进、排气系统检测维修（中级）内容，主要阐述了发动机附件检测维修，进、排气系统（机械部分）检测维修和节气门检测维修。然后结合发动机实物及相应技术资料能正确检测发动机附件，进、排气系统机械部分和节气门，并根据检测结果提出维修和调整方案。

✏️【课前测试】 ⋯⋯→

课前可完成在线测试（请扫描下方二维码在线答题）。

 课前测试
项目2　进、排气系统检测维修

■ 任务 2.1　发动机附件检测维修

任务描述

一辆 2009 款的帕萨特领驭，搭载 1.8T 发动机，累计行驶 210 000km，发动机传动带附近出现异响，经诊断需更换张紧轮和发动机传动带。

任务解析

首先要能找到汽车发动机传动带的连接部件与张紧方式，学习了解发动机附件的位置与作用，并通过查找相应技术资料正确拆卸和更换张紧轮和发动机传动带。

任务目标

知识目标：

1. 掌握发动机传动带的类型与作用。
2. 掌握起动机总成的位置与作用。
3. 掌握发电机总成的位置与作用。
4. 掌握空调压缩机总成的位置与作用。
5. 掌握转向助力泵总成的位置与作用。

能力目标：

1. 能检查、更换发动机传动带。
2. 能检查、拆卸和更换起动机总成。
3. 能检查、拆卸和更换发电机总成。
4. 能检查、拆卸和更换空调压缩机总成。
5. 能检查、拆卸和更换转向助力泵总成。

素质目标：

1. 爱国守法、崇德向善、诚实守信。
2. 爱岗敬业、积极进取、团结协作。
3. 热爱劳动、沟通流畅、勇于创新。
4. 精益求精、工匠精神、7S 管理。

2.1.1　发动机附件

在维持发动机基本运转所需之外还有一些机件，而这些机件由发动机传动带驱动，称为发动机附件。不同厂家的定义有所差异，通常有压缩机、发电机、起动机、转向助力泵、张紧轮、惰轮和传动带等，如图2-1-1所示。

2.1.2　发动机附件名称、安装的位置及其作用

1. 空调压缩机

1）安装位置。如图2-1-2所示，安装在发动机前端，与带轮平行。

2）作用。压缩机是制冷回路的"泵"，俗称为"空调泵"，它由发动机通过传动带和电磁离合器驱动，对制冷剂进行加压，使其循环，达到制冷的目的。

图2-1-1　发动机附件图示

2. 起动机

1）安装位置。起动机如图2-1-3所示，安装在曲轴输出端与离合器的中间位置，也就是飞轮的位置。

图2-1-2　空调压缩机

图2-1-3　起动机

2）作用。起动发动机，起动机上的齿轮工作时和发动机曲轴相连的飞轮咬合，驱动飞轮，带动发动机。

3. 发电机

1）安装位置。发电机如图2-1-4所示，安装在发动机前端。

2）作用。发电机是汽车的主要电源，由汽车发动机驱动。发电机正常工作时，向除起动机以外的所有用电设备供电，还向蓄电池充电，以补充蓄电池在使用中所消耗的电能，即将发动机的部分机械能变成电能。

4. 转向助力泵

1）安装位置。转向助力泵如图 2-1-5 所示，安装在发动机前端。

图 2-1-4　发电机　　　　　图 2-1-5　转向助力泵

2）作用。将发动机输入的机械能转化为液压能向外输出。

5. 张紧轮

1）安装位置。张紧轮如图 2-1-6 所示，安装在发动机前端，与带轮平行。

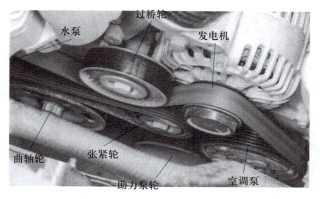

图 2-1-6　张紧轮、惰轮、传动带

2）作用。调整传动带的松紧度。

6. 惰轮

1）安装位置。惰轮如图 2-1-6 所示，安装在发动机前端，与带轮平行。

2）作用。起辅助连接作用。

7. 传动带

1）安装位置。传动带如图 2-1-6 所示，安装在发动机前端。

2）作用。将各个附件连接在一起。

3）常见的发动机传动带分为 V 带、多楔带和同步带。

V 带和多楔带分别由顶层织物、张力线和底层橡胶三部分组成，多楔带相当于多个微型 V 带组成，较宽且较薄，从而使其环绕较小的传动轮时具有较大的柔韧度，就使多楔带能够在复杂的传动装置中传递动力。

任务实施

用套筒扳手转动减振器/带轮上的发动机。检查多楔带是否具有：

1）基层裂纹（裂纹、中心断裂、截面断裂）。

2）层离（表层、加强筋）。

3）基层破裂。

4）加强筋散开。

5）齿面磨损（材料磨蚀、齿面散开、齿面硬化、玻璃状齿面、表面裂纹）。

6）机油和油脂痕迹。

注意：如果确定有故障，则必须更换多楔带，从而避免失灵或功能故障。更换多楔带是一种维修措施。

以帕萨特B5发动机为例，作业步骤如下：

1）用17号套筒和17号呆扳手拆卸起动机总成两颗紧固螺栓，然后拆下起动机总成，如图2-1-7所示。

2）用17号呆扳手按图2-1-8所示方向转动多楔带张紧器。松开多楔带，取下多楔带，如图2-1-9所示。

图2-1-7　拆卸起动机总成　　　　　图2-1-8　转动多楔带张紧器

3）用17号、13号呆扳手松开图2-1-10中的发电机总成紧固螺栓A和B，拆下发电机总成。

4）用13号套筒和HW6（世达）拆下水泵、转向助力泵总成及支架的6颗紧固螺栓，依次取下水泵与转向助力泵传动带，水泵、转向助力泵总成及支架，如图2-1-11所示。

5）依次装上水泵与转向助力泵传动带，水泵、转向助力泵总成及支架；用13号套筒和HW6（世达）拧紧水泵、转向助力泵总成及支架的6颗紧固螺栓，拧紧力矩为45N·m。

图 2-1-9　取下多楔带

图 2-1-10　拆卸发电机总成

6）装上发电机总成，用 17 号、13 号呆扳手拧紧图 2-1-10 中的发电机总成紧固螺栓 A 和 B，A 拧紧力矩为 46N·m，B 拧紧力矩为 23N·m。

7）装上多楔带，用 17 号呆扳手逆时针方向转动多楔带张紧器，张紧多楔带。

8）装上起动机总成，用 17 号套筒和 17 号呆扳手拧紧起动机总成 2 颗紧固螺栓，拧紧力矩为 65N·m。

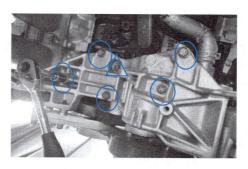

图 2-1-11　拆下固定支架

更换多楔带张紧器与多楔带后试车，发动机无异响，问题解决。

微课
发动机附件拆卸

微课
发动机附件安装

任务工单 2.1　发动机附件检测维修

项目二　进、排气系统检测维修	小组人员：		
班级：	学号：		指导教师签字：
日期：			
任务 2.1　发动机附件检测维修【实训任务工作表】			
车型：	年款：	发动机型号：	
底盘型号：	VIN：	变速器型号：	
作业要求：1. 正确掌握发动机附件的拆装流程 2. 正确掌握发动机附件的测量 3. 正确掌握发动机附件查询 4. 培养观察分析问题的能力 5. 良好的 7S 工作习惯			
1. 工具、量具准备：			
2. 维修资料准备：			

续表

3. 辅助材料与耗材：

4. 制订工作计划及组员分工：

5. 外观目测损坏部件：

6. 工作现场安全准备、检查：

作业：发动机附件拆装检测

拆卸步骤（装配反序）	拆装技术要求、注意点及标记（顺序方向）	结果判断
驱动带		正常□ 损坏□
空调压缩机		正常□ 泄漏□
起动机		正常□ 损坏□
发电机		正常□ 损坏□
转向助力泵		正常□ 泄漏□
张紧轮		正常□ 损坏□
惰轮		正常□ 损坏□

7. 零部件基本清洁

（1）需清洗的部件：

（2）清洗剂种类：

（3）清洗要求：

8. 总结本次活动重点和要点：

9. 本次活动存在的问题及解决方法：

任务考核

任务 2.1　发动机附件检测维修评分细则

项目二　进、排气系统检测维修			实训日期：			
姓名：		班级：	学号：		指导教师签字：	
自评：□ 熟练　□ 不熟练		互评：□ 熟练　□ 不熟练	师评：□ 熟练　□ 不熟练			
日期：		日期：	日期：			

任务 2.1　发动机附件检测维修【评分细则】

序号	评分项	得分条件	分值	评分要求	自评	互评	师评
1	安全/7S/态度	□ 1）能进行工位 7S 操作 □ 2）能进行设备和工具安全检查 □ 3）能进行车辆安全防护操作 □ 4）能进行工具清洁校准存放操作 □ 5）能进行三不落地操作	15 分	未完成 1 项扣 3 分，扣分不得超 15 分	□ 熟练 □ 不熟练	□ 熟练 □ 不熟练	□ 合格 □ 不合格
2	专业技能能力	□ 1）能正确检查传动带 □ 2）能正确拆装传动带 □ 3）能正确拆卸起动机总成 □ 4）能正确拆卸发电机总成 □ 5）能正确拆卸空调压缩机总成 □ 6）能正确拆卸转向助力泵总成 □ 7）能正确安装转向助力泵总成 □ 8）能正确安装空调压缩机总成 □ 9）能正确安装发电机总成 □ 10）能正确安装起动机总成	50 分	未完成 1 项扣 5 分，扣分不得超 50 分	□ 熟练 □ 不熟练	□ 熟练 □ 不熟练	□ 合格 □ 不合格
3	工具及设备的使用能力	□ 1）能正确使用维修工具 □ 2）能正确固定发动机台架	10 分	未完成 1 项扣 5 分，扣分不得超 10 分	□ 熟练 □ 不熟练	□ 熟练 □ 不熟练	□ 合格 □ 不合格
4	资料、信息查询能力	□ 1）能正确使用维修手册查询资料 □ 2）能在规定时间内查询所需资料 □ 3）能正确记录所需维修信息	10 分	未完成 1 项扣 5 分，扣分不得超 10 分	□ 熟练 □ 不熟练	□ 熟练 □ 不熟练	□ 合格 □ 不合格
5	数据、判读和分析能力	□ 1）能判断发动机传动带是否正常 □ 2）能判断发动机附件是否正常	10 分	未完成 1 项扣 5 分，扣分不得超 10 分	□ 熟练 □ 不熟练	□ 熟练 □ 不熟练	□ 合格 □ 不合格
6	表单填写与报告的撰写能力	□ 1）字迹清晰 □ 2）语句通顺 □ 3）无错别字 □ 4）无涂改 □ 5）无抄袭	5 分	未完成 1 项扣 1 分，扣分不得超 5 分	□ 熟练 □ 不熟练	□ 熟练 □ 不熟练	□ 合格 □ 不合格
总分：100 分							

任务拓展

如果感兴趣，可扫描下方二维码学习发动机传动带噪声的三大原因和隐患。

任务拓展
发动机传动带噪声的三大原因和隐患

练习与思考

一、单选题

1. 汽车发电机不给汽车（   ）供电。

A. 起动机   B. 蓄电池   C. 前照灯   D. 收音机

2. 以下（   ）不是发动机常用的传动带。

A. V 带   B. 多楔带   C. 同步带   D. 平带

3. 发电机将发动机的部分机械能转化为（   ）。

A. 动能   B. 电能   C. 势能   D. 热能

4. 迈腾 B7 发动机传动带采用（   ）。

A. V 带   B. 多楔带   C. 同步带   D. 三角带

5. 以下（   ）不属于多楔带齿面磨损。

A. 材料磨蚀   B. 齿面散开   C. 齿面硬化   D. 截面断裂

二、判断题

1. 在维持发动机基本运转所需外还有一些机件，而这些机件由发动机附件传动带驱动，称为发动机附件。（   ）

2. 发电机上的齿轮工作时和发动机曲轴相连的飞轮咬合，驱动飞轮，带动发动机。（   ）

3. 起动机安装位置在曲轴输出端与离合器的中间位置，也就是飞轮的位置。（   ）

4. 发动机起动时，由发电机给起动机供电。（   ）

5. 汽车空调压缩机只能制冷，不能制热。（   ）

6. 汽车空调压缩机的工作情况由电磁离合器控制。（   ）

■ 任务2.2　进、排气系统（机械部分）检测维修

任务描述

一辆搭载 1.8TSI 发动机和 6 挡 DSG 双离合变速器的 2012 年大众帕萨特轿车

用户反映：该车在行驶过程中有顿挫感，在车辆顿挫时发动机故障警告灯会随之点亮，并且伴随有动力输出不足和燃油消耗过高的现象。经诊断是进气系统与废气涡轮增压器连接的进气管路的故障。

任务解析

　　首先学习发动机进、排气系统（机械部分）的组成与作用，废气涡轮增压器功用与进气系统的关系。并通过查找相应技术资料正确拆装进、排气系统（机械部分）部件，检测进、排气系统真空度。

任务目标

知识目标：

1. 掌握可变进气系统的拆卸和清洗方法（中级）。

2. 掌握涡轮增压的检查、检测、清洗、维修和更换方法（中级）。

3. 掌握进气系统真空度的检测和分析方法（中级）。

4. 掌握排气系统的部件检查、维修或更换的技术规范及安全注意事项（中级）。

5. 掌握排气系统真空度检测流程（中级）。

能力目标：

1. 能检查、拆卸、清洗和更换可变长度进气道等（中级）。

2. 能检查、检测、清洗、维修和更换废气涡轮增压器或增压系统部件（中级）。

3. 能检测进气系统真空度，分析数据是否正常（中级）。

4. 能检查、维修或更换排气歧管、排气管、消声器和三元催化转化器（中级）。

5. 能检测排气系统真空度，确认排气系统是否堵塞，确认维修项目（中级）。

素质目标：

1. 爱国守法、崇德向善、诚实守信。

2. 爱岗敬业、积极进取、团结协作。

3. 热爱劳动、沟通流畅、勇于创新。

4. 精益求精、工匠精神、7S管理。

知识准备

2.2.1　汽车发动机进气系统

　　把空气或混合气导入发动机气缸的零部件集合体称为发动机进气系统。

　　发动机进气系统由空气滤清器、空气流量传感器、进气管、节气门体、怠速控制阀和进气歧管等组成，如图 2-2-1 所示。

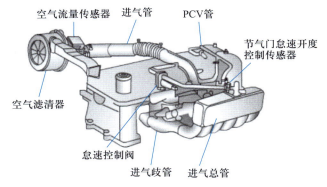

空气流量传感器　进气管　PCV管

节气门怠速开度
控制传感器

空气滤清器

怠速控制阀

进气歧管　进气总管

图 2-2-1　进气系统的组成

进气系统的主要功用是为发动机输送清洁、干燥、充足而稳定的空气，以满足发动机的需求，避免空气中杂质及大颗粒粉尘进入发动机燃烧室造成发动机异常磨损。进气系统的另一个重要功能是降低噪声，进气噪声不仅影响整车通过噪声，而且影响车内噪声，这对乘坐舒适性有着很大的影响。进气系统设计得好坏直接影响发动机的功率及噪声品质，关系到整车的乘坐舒适性。合理设计消声元件可降低子系统噪声，进而提升整车 NVH（振动与噪声）性能。

1. 空气滤清器

空气滤清器安装在发动机的进气口位置，它能够有效地过滤空气中的灰尘杂质，使进入燃烧室的空气纯净度大大提高，从而保证燃油燃烧充分。

空气滤清有惯性式、过滤式和油浴式三种方式。

1）惯性式：由于杂质的密度较空气的密度大，当杂质随空气旋转或急转弯时，离心惯性力的作用能使杂质从气流中分离出来。

2）过滤式：引导空气流过金属滤网或滤纸等，阻挡杂质并黏附在滤芯上。

3）油浴式：在空气滤清器底部设有机油盘，利用气流急转冲击机油，将杂质分离并黏滞在机油中，而被激荡起的机油雾滴随气流流经滤芯，并黏附在滤芯上。空气流过滤芯时能进一步吸附杂质，从而达到滤清的目的。

帕萨特发动机空气滤清器及壳体如图 2-2-2 所示。

空气滤清器的更换周期如下：

1）经常在恶劣环境中（沙漠、建筑工地等）工作的车辆应当不超过 1 万 km 更换一次。

2）空气滤清器的使用寿命，轿车为 3 万 km，商务车为 8 万 km。

具体更换周期参考各品牌保养手册。

2. 进气歧管

进气歧管的主要功用是把通过空气流量器的空气、燃料、曲轴箱通风的油气和 EGR（排气再循环）的废气均匀地分配给各缸；其次可以利用进气歧管和稳压箱的形状及长度提高充量系数。为了均匀分配到各个气缸,进气歧管内的气体流道长度应尽可能相等。为了减小气体流动阻力,提高进气能力,进气歧管的内壁应该光滑。

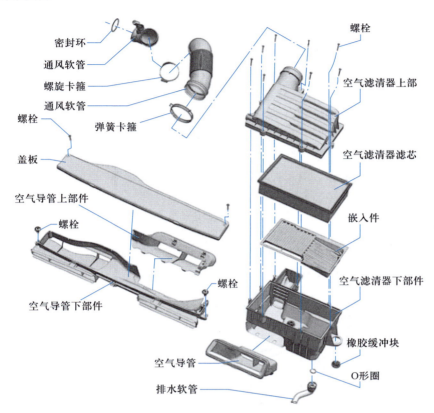

密封环
通风软管
螺旋卡箍
通风软管
螺栓
盖板
空气导管上部件
螺栓
空气导管下部件
弹簧卡箍
螺栓
螺栓
螺栓
空气导管
排水软管
螺栓
空气滤清器上部
空气滤清器滤芯
嵌入件
空气滤清器下部件
橡胶缓冲块
O形圈

图 2-2-2 帕萨特发动机空气滤清器及壳体

为了发动机每一气缸的燃烧状况相同,每一缸的歧管长度和弯曲度都要尽可能相同。由于发动机由四个行程来完成运转程序,所以发动机每一缸会以脉冲方式进气,依据经验,较长的歧管适合低转速运转,而较短的歧管适合高转速运转。所以有些车型会采用可变长度进气歧管,或连续可变长度进气歧管,使发动机在各转速域都能发挥较佳的性能。

一般发动机的进气歧管由合金铸铁制造,轿车发动机多用铝合金制造(质量小,导热性好)。近年来发动机进气歧管趋向塑料化。塑料进气歧管最主要的优点是成本较低,重量较轻。此外,由于塑料的导热性比铝低,燃油喷油器和进入的空气温度较低。不仅可以改善热起动性能,提高发动机的功率和转矩,同时冷起动时可以一定程度避免管内热量散失,加快提高气体温度,而且塑料进气歧管内壁光滑,可减小空气流动阻力,从而改善发动机的性能。

成本方面,塑料进气歧管与铝进气歧管材料费基本持平,塑料进气歧管一次成形,合格率高;而铝进气歧管毛坯铸造成品率低,机加工费用也比较高,因此塑料进气歧管生产成本比铝进气歧管降低20%～35%。

发动机进气歧管塑料材质的要求如下。

1）耐高温：塑料进气歧管与发动机缸盖直接连接，发动机缸盖温度可达130～150℃。因此，要求塑料进气歧管材料能承受180℃的高温。

2）高强度：塑料进气歧管安装在发动机上，要承受汽车发动机振动负荷、节气门和传感器惯性力负荷、进气压力脉动负荷等，还要保证在发动机发生异常回火时不被高压脉动压力爆破。

3）尺寸稳定性：进气歧管与发动机的连接尺寸公差要求很严格，歧管上各传感器、执行器等安装也要很准确。

4）化学稳定性：塑料进气歧管在工作时直接接触汽油和冷却液，汽油是很强的溶剂，冷却液中的乙二醇也会对塑料性能产生影响，因此，塑料进气歧管材料化学稳定性要求很高，需要经过严格测试。

5）热老化稳定性：汽车发动机在很苛刻的环境温度下工作，工作温度在30～130℃往复变化，塑料材质必须能保证歧管的长期可靠性。

帕萨特发动机进气歧管如图2-2-3所示。

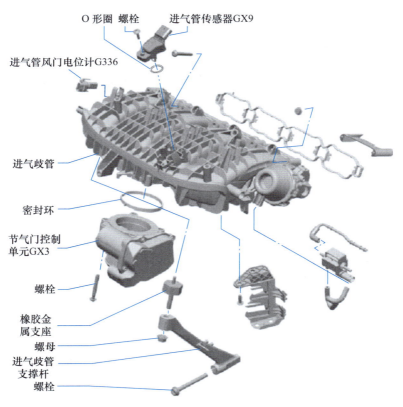

图2-2-3　帕萨特发动机进气歧管

2.2.2　汽车发动机排气系统

把气缸内燃烧废气导出的零部件集合体称为发动机排气系统。它主要由排气歧管、排气管、三元催化转化器、汽车消声器和排气尾管等组成。

排气系统的作用是引导发动机排气，使各缸废气顺畅地排出；由于排气门的开闭与活塞往复运动的影响，排气气流呈脉动形式，排气门打开时存在一定的压力，具有一定的能量，气体排出时会产生强烈的排气噪声，因此在排气系统装有排气消声器来降低排气噪声；降低排气污染物 CO、HC、NO_x 等的含量，达到排气净化的作用。

汽车排气系统主要用于轻型车、微型车、客车和摩托车等机动车辆。

1. 排气歧管

排气歧管是与发动机气缸体相连的，将各缸的排气集中起来导入排气总管，带有分歧的管路。对它的要求主要是，尽量减小排气阻力，并避免各气缸之间产生相互干扰。排气过分集中时，各气缸之间会产生相互干扰，也就是某气缸排气时，正好碰到别的气缸窜来的没有排净的废气。这样，就会增大排气的阻力，进而降低发动机的输出功率。解决的方法是，使各缸的排气尽量分开，每缸一个分支，或者两缸一个分支，并使每个分支尽量加长并独立成形，以减少不同管内的气体相互影响。

目前普遍使用的排气歧管从材料和加工工艺上分有铸铁歧管和不锈钢歧管两个类型。

2. 消声器

汽车消声器主要用于降低机动车的发动机工作时产生的噪声，其原理是汽车排气管由两个长度不同的管道构成，这两个管道先分开再交汇，由于这两个管道的长度差值等于汽车所发出的声波的波长的一半，使两列声波在叠加时发生干涉相互抵消而减弱声强，使传过来的声音减小，从而起到消声的效果，如图 2-2-4 所示。

3. 尾气催化净化器

内燃机采用汽油、柴油、LPG（液化石油气）或 CNG（压缩天然气）为燃料。排出的主要有害物质为 HC、CO、NO_x 和颗粒物（黑烟）。尾气催化净化器一般结构是涂有贵金属催化剂的金属蜂窝载体。工作原理是当高温尾气通过净化器时，HC、CO 和颗粒物在催化剂和高温的作用下和氧气发生化学反应生成无毒的水和 CO_2。

汽油、LPG 和 CNG 发动机使用三元催化转化器来去除 HC、CO 和 NO_x。柴油发动机采用氧化催化器（DOC），直通式免维护柴油机尾气微粒滤清器（FTF）和壁流式柴油机尾气微粒滤清器（DPF）去除 HC、CO 和颗粒物，也采用 SCR 系统去除 NO_x。直通式免维护柴油机尾气微粒滤清器能去除 60% ~ 80% 的黑烟，95% 的柴油机尾气臭味，99% 的 CO。

帕萨特发动机尾气催化净化器及安装件如图 2-2-5 所示。

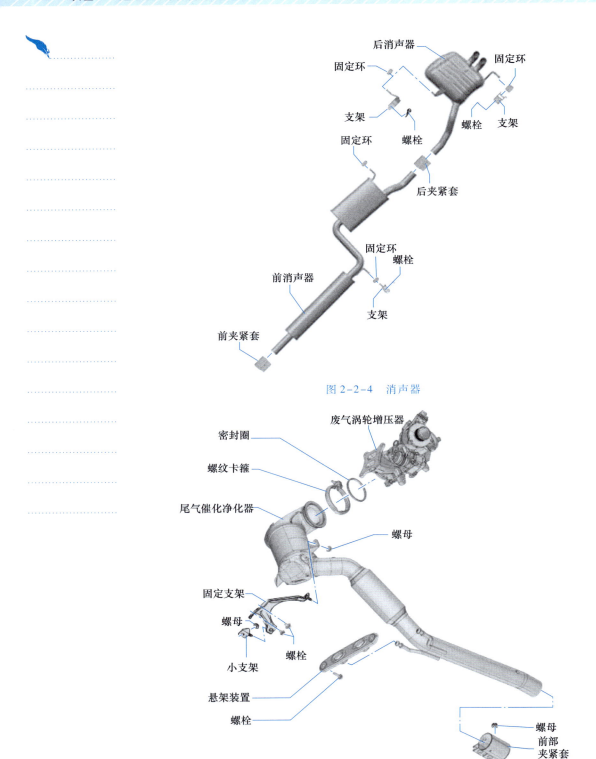

图 2-2-4　消声器

图 2-2-5　帕萨特发动机尾气催化净化器及安装件

2.2.3　发动机增压器

废气涡轮增压器实际上是一种空气压缩机，通过压缩空气来增加进气量。它是利用发动机排出的废气惯性冲力推动涡轮室内的涡轮，涡轮又带动同轴的叶轮，叶轮压送由空气滤清器管道送来的空气，使之增压进入气缸。当发动机转速增高，废气排出速度与涡轮转速也同步增加，叶轮就压缩更多的空气进入气缸，空气的压力和密度增大可以燃烧更多的燃料，相应增加燃料量和调整发动机的转速，就可以增加发动机的输出功率了。

最常见的发动机增压系统有机械增压与废气涡轮增压两种。

1. 机械增压

发动机以机械方式驱动机械增压器进行增压，称为机械增压。当发动机采用机械增压时，通常由发动机曲轴通过齿轮驱动增压器。增压器一般采用离心式或罗茨式压气机，个别的采用螺杆式压气机。近年来，在国外也开始采用新型的机械涡旋式增压器。因为驱动压气机消耗了发动机一定的输出功率，所以机械增压发动机的热效率不一定得到改善，有时反而比非增压内燃机还低些。选择增压压力时，首先要保证能达到所要求的平均有效压力，其次要获得尽可能低的燃油消耗率，但这两个要求对于机械增压来说常常是相互矛盾的。如果追求平均有效压力，则必然导致机械效率降低，燃油消耗率升高。因此，增压压力值的选取应在功率和燃油消耗率两者之间寻求最佳的妥协方案。机械增压系统目前在欧洲车上用得较普遍。由于机械增压的增压机是在曲轴的带动下持续地运转，因此不会产生涡轮增压的涡轮迟滞现象。机械增压虽然只能提升约 10% ~ 20% 的动力输出，但平顺连续性是涡轮增压发动机所不及的。

2. 废气涡轮增压

利用发动机废气能量驱动废气涡轮增压器，称为废气涡轮增压（简称为涡轮增压）。废气涡轮增压的特点是在废气涡轮增压器和发动机之间没有机械连接，它们之间靠气路相通。因为压气机消耗的功是涡轮从废气中回收的一部分能量，所以涡轮增压发动机不仅可以增加发动机的功率，而且可以提高其热效率，降低燃油消耗率。如果在轿车尾部看到 Turbo 或者 T 的标识，即表明该车采用的发动机是涡轮增压的。

废气涡轮增压器由压气机（包括压气机叶轮、压气机蜗壳等）、涡轮（包括涡轮叶轮、涡轮蜗壳等）和中间体三部分组成。中间体内有轴承，以支撑转子总成（压气机叶轮、涡轮叶轮和轴等），还有密封、润滑油路和冷却腔等，如图 2-2-6 所示。

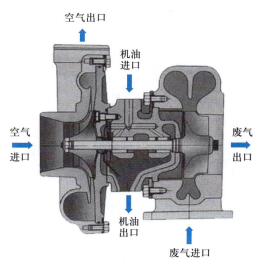

图 2-2-6　废气涡轮增压器

废气涡轮增压器实际上是空气压缩机，它是利用发动机排出的废气惯性推动涡轮，涡轮又带动同轴的叶轮压缩由空气滤清器管道送来的空气，使空气增压后进入气缸。当发动机转速升高，废气排出速度与涡轮转速也同步升高，叶轮就压缩更多的空气进入气缸，空气的压力和密度增大可以燃烧更多的燃油，相应增加油量和调整一下发动机的转速，就可以增加发动机的输出功率。废气涡轮增压器工作过程图如图 2-2-7 所示。

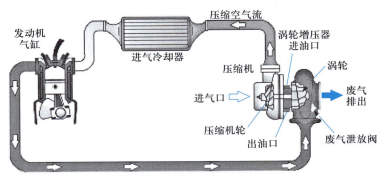

图 2-2-7   废气涡轮增压器工作过程

帕萨特 1.8T B7 发动机废气涡轮增压器如图 2-2-8 所示。

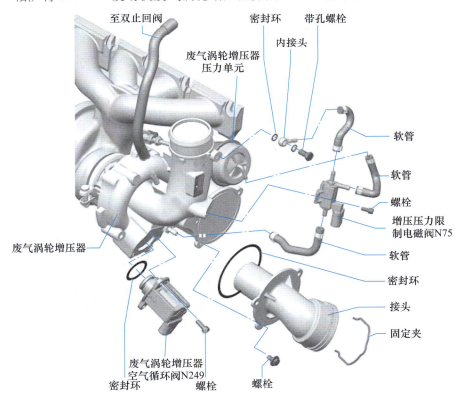

图 2-2-8   帕萨特 1.8T B7 发动机废气涡轮增压器

帕萨特 1.8T B7 发动机废气涡轮增压系统如图 2-2-9 所示。

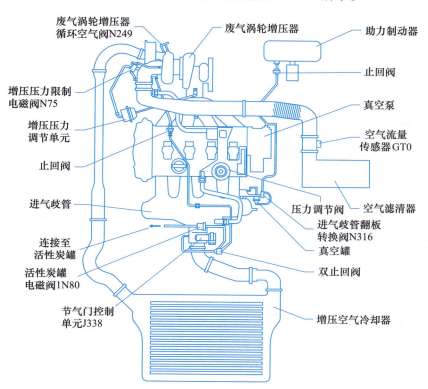

图 2-2-9　帕萨特 1.8T B7 发动机废气涡轮增压系统

2.2.4　发动机进气管真空度检测方法步骤

发动机进气管真空度检测方法如下：

发动机进气管真空度随气缸密封性的变化而变化，利用真空度检测汽油机进气管真空度时，首先将发动机预热到正常工作温度，同时检查发动机的燃料系统、润滑系统、冷却系统、电气系统及外观状况，进行着车前的准备。

1）真空表要安装在节气门的后方，将真空表用软管同发动机进气歧管测压孔接头相连接。

2）变速器处于空挡位置，发动机怠速运转。

3）检查真空表和进气歧管连接软管及各接头部位，均不得有泄漏。

4）在怠速、加速和减速等各种工况下读取真空表上的读数。考虑到进气管真空度随海拔增加而降低，海拔每升高 1 000m，真空度将减少 10kPa 左右。因此，在测定真空度时，应根据所在海拔修正真空度标准值。

真空度单位用 kPa（千帕）表示。真空度表的量程为 0 ~ 101.325kPa，旧式表头的量程为 0 ~ 760mmHg（1mmHg ≈ 0.133kPa）。

a. 发动机的点火系统、配气机构、密封性能等各部分良好且发动机温度正常时，在相当于海平面高度的条件下，发动机怠速运转时，真空度在 57.33 ~

71. 66kPa 范围内，且较稳定，表示气缸密封性正常。

b. 发动机在怠速工况下，迅速开启和关闭节气门时，真空度应在 6. 66 ~ 84. 66kPa 范围内随之摆动，且变化较灵敏，则进一步说明气缸组技术状况良好。

c. 怠速时，若指针低于正常值，主要是活塞环、进气管衬垫漏气造成的，也可能与点火时刻过迟或配气过迟有关。在此情况下，节气门若突然开启，指针会回落到 0；若节气门突然关闭，指针也回跳不到 84. 66kPa。

d. 怠速时，指针跌落 13. 33kPa 左右，说明某进气门口处有结焦。

e. 怠速时，指针有规律在下跌某一数值，为某气门烧毁。

f. 怠速时，指针跌落 6. 66kPa 左右，表明气门与气门座不密合。

g. 怠速时，指针很快地在 46. 66 ~ 60kPa 范围内摆动，升速时指针反而稳定，表示进气门杆与其导管磨损松旷。

h. 怠速时，指针在 33. 33 ~ 74. 66kPa 范围内缓慢摆动，且随发动机转速升高摆动加剧，为气门弹簧弹力不足或气缸衬垫泄漏。

i. 怠速时，指针停留在 26. 66 ~ 50. 66kPa 范围内，为气门机构失调，气门开启过迟。

j. 怠速时，指针跌落在 46. 66 ~ 57. 33kPa 范围内，为点火时刻过迟。

k. 怠速时，指针在 46. 66 ~ 53. 33kPa 范围内缓慢摆动，是火花塞间隙太小。

l. 怠速时，指针在 17. 33kPa 以下，是进气管衬垫漏气。

m. 怠速时，指针在 17. 33 ~ 64kPa 范围内大幅度摆动，说明气缸衬垫漏气。

n. 表针最初指示较高，怠速时逐渐跌落到 0，为排气消声器或排气系统堵塞。

5）按真空表指针示值及摆动情况，结合其他故障症状及诊断方法，判断发动机故障并予排除。

6）故障排除后，重新进行检测，验证发动机工况。

进气管真空度的检测是一项综合性很强的检测，能测的项目很多，而且检测时无须拆下火花塞等机件，是最重要、最实用和最快速的测试方法之一。但是进气管真空度的检测也有不足之处，它往往不能指出故障的确切部位。比如，真空表能指示气门有故障，然而不能指示哪一个有故障，此情况只能再借助于测气缸压力或测气缸漏气量（率）的方法才能确诊。

注意事项如下：

1）起动发动机时，一旦着车，应立即松开点火开关，以免起动机损坏。

2）发动机运转时，注意转动的风扇，以免打伤人。

3）使用真空表要轻拿轻放。

2. 2. 5 检查排气装置的密封性

帕萨特发动机排气装置密封性的检查流程如下：

1）起动发动机并让其怠速运转。

2）在检查排气管密封性的过程中用抹布或木塞将其封住。

3）通过细听检查排气弯管在气缸盖上、废气涡轮增压器在排气预导管上等的连接处是否密封。

4）排除确定的泄漏故障。

 任务实施

以帕萨特 B5 发动机为例进行任务实施。

1. 实训设备：帕萨特 B5 1.8T 发动机台架四台。

2. 工量具：常用与专用工具四套，塞尺四把，刀口形直尺四把，专用扭力扳手四把。

经检查发现进气系统与废气涡轮增压器连接的进气管路破损漏气，更换进气系统与废气涡轮增压器连接的进气管路后试车，发动机运行正常，故障排除。

微课
发动机进、排气
歧管拆检

微课
发动机进、排气
歧管安装

微课
检查更换涡轮增压
系统部件

任务工单 2.2　进、排气系统（机械部分）检测维修

项目 2　进、排气系统检测维修		小组人员：		
班级：	学号：		指导教师签字：	
日期：				
任务 2.2　进、排气系统（机械部分）检测维修【实训任务工作表】				
车型：	年款：		发动机型号：	
底盘型号：	VIN：		变速器型号：	
作业要求：1. 正确掌握发动机进、排气系统（机械部分）拆装流程 　　　　　2. 正确掌握发动机进、排气系统密封性检测 　　　　　3. 正确掌握发动机进、排气系统（机械部分）部件查询 　　　　　4. 培养观察分析问题的能力 　　　　　5. 良好的 7S 工作习惯				
1. 工具、量具准备：				
2. 维修资料准备：				
3. 辅助材料与耗材：				
4. 制订工作计划及组员分工：				

5. 外观目测损坏部件：

6. 工作现场安全准备、检查：

作业一：发动机进气系统（机械部分）拆装检测

拆卸步骤（装配反序）	拆装技术要求、注意点及标记（顺序方向）	结果判断
空气滤清器		正常□　损坏□
进气管		正常□　损坏□
进气歧管		正常□　损坏□

作业二：发动机排气系统（机械部分）拆装检测

拆卸步骤（装配反序）	拆装技术要求、注意点及标记（顺序方向）	结果判断
消声器		正常□　损坏□
尾气催化净化器		正常□　损坏□
排气歧管		正常□　损坏□
废气涡轮增压器连接水管		密封□　破损□
废气涡轮增压器连接油管		密封□　破损□
废气涡轮增压器		密封□　滑丝□
进气旁通阀		密封□　破损□
排气旁通阀		密封□　破损□

作业三：发动机进、排气系统密封性检测

测量项目	实际数值	标准数值
进气歧管真空度（怠速）		
进气歧管真空度（高速）		
排气歧管真空度（怠速）		

7. 零部件基本清洁

（1）需清洗的部件：

（2）清洗剂种类：

（3）清洗要求：

8. 总结本次活动重点和要点：

9. 本次活动存在的问题及解决方法：

任务考核

任务 2.2　进、排气系统（机械部分）检测维修评分细则

项目2　进、排气系统检测维修		实训日期：		
姓名：	班级：	学号：		指导教师签字：
自评：□ 熟练　□ 不熟练	互评：□ 熟练　□ 不熟练	师评：□ 熟练　□ 不熟练		
日期：	日期：	日期：		

序号	评分项	得分条件	分值	评分要求	自评	互评	师评
		任务 2.2　进、排气系统（机械部分）检测维修【评分细则】					
1	安全/7S/态度	□ 1）能进行工位 7S 操作 □ 2）能进行设备和工具安全检查 □ 3）能进行车辆安全防护操作 □ 4）能进行工具清洁校准存放操作 □ 5）能进行三不落地操作	15 分	未完成 1 项扣 3 分，扣分不得超 15 分	□ 熟练 □ 不熟练	□ 熟练 □ 不熟练	□ 合格 □ 不合格
2	专业技能能力	作业 1： □ 1）能正确拆装空气滤清器 □ 2）能正确拆装进气管 □ 3）能正确拆装进气歧管 □ 4）能正确检测气缸盖侧进气歧管平面度 作业 2： □ 1）能正确拆装消声器 □ 2）能正确拆装尾气催化净化装置 □ 3）能正确拆装排气歧管 □ 4）能正确检测气缸盖侧进气歧管平面度 □ 5）能正确拆装废气涡轮增压器水管 □ 6）能正确拆装废气涡轮增压器油管 □ 7）能正确拆装废气涡轮增压器 作业 3： □ 1）能正确检测进气歧管真空度 □ 2）能正确检测排气歧管真空度	50 分	未完成 1 项扣 5 分，扣分不得超 50 分	□ 熟练 □ 不熟练	□ 熟练 □ 不熟练	□ 合格 □ 不合格
3	工具及设备的使用能力	□ 1）能正确使用维修工具 □ 2）能正确固定发动机台架 □ 3）能正确使用真空表	10 分	未完成 1 项扣 5 分，扣分不得超 10 分	□ 熟练 □ 不熟练	□ 熟练 □ 不熟练	□ 合格 □ 不合格
4	资料、信息查询能力	□ 1）能正确使用维修手册查询资料 □ 2）能在规定时间内查询所需资料 □ 3）能正确记录所需维修信息	10 分	未完成 1 项扣 5 分，扣分不得超 10 分	□ 熟练 □ 不熟练	□ 熟练 □ 不熟练	□ 合格 □ 不合格
5	数据、判读和分析能力	□ 1）能判断进气歧管真空度是否正常 □ 2）能判断排气歧管真空度是否正常 □ 3）能判断进、排气歧管平面度是否正常	10 分	未完成 1 项扣 5 分，扣分不得超 10 分	□ 熟练 □ 不熟练	□ 熟练 □ 不熟练	□ 合格 □ 不合格
6	表单填写与报告的撰写能力	□ 1）字迹清晰　□ 2）语句通顺 □ 3）无错别字　□ 4）无涂改 □ 5）无抄袭	5 分	未完成 1 项扣 1 分，扣分不得超 5 分	□ 熟练 □ 不熟练	□ 熟练 □ 不熟练	□ 合格 □ 不合格
		总分：100 分					

任务拓展

如果感兴趣，可扫描下方二维码学习汽车三元催化器免拆清洁。

任务拓展
汽车三元催化器免拆清洁

练习与思考

一、单选题

1. 进入进气歧管的废气量一般控制在（   ）范围内。

A. 1%～2%　　　　B. 2%～5%　　　　C. 5%～10%　　　　D. 6%～15%

2. 闭式曲轴箱强制通风装置的简称是（   ）。

A. PVC　　　　　　B. EGR　　　　　　C. EGT　　　　　　D. ETC

3. 空气滤清器位于发动机（   ）中。

A. 排气系统　　　　B. 进气系统　　　　C. 节气门后方　　　D. 进气歧管

4. 发动机怠速运转时，真空度在（   ）范围内，且较稳定，表示气缸密封性正常。

A. 57.33～71.66kPa　　　　　　　　B. 46.66～60kPa

C. 33.33～74.66kPa　　　　　　　　D. 26.66～50.66kPa

5. 发动机怠速运转时，真空度在（   ）范围内，且较稳定，表示气缸密封性正常。

A. 57.33～71.66kPa　　　　　　　　B. 46.66～60kPa

C. 33.33～74.66kPa　　　　　　　　D. 26.66～50.66kPa

6. 发动机怠速运转时，真空度在17.33～64kPa范围内大幅度摆动，说明（   ）。

A. 进气管衬垫漏气　　　　　　　　B. 点火时刻过迟

C. 气缸衬垫漏气　　　　　　　　　D. 火花塞间隙太小

7. 空气滤清有惯性式、（   ）和油浴式三种方式。

A. 并联式　　　　　B. 过滤式　　　　　C. 串联式　　　　　D. 离心式

8. 进、排气歧管表面最大翘曲变形：（   ）。

A. 0.10mm　　　　B. 0.2mm　　　　　C. 0.01mm　　　　D. 0.02mm

9. 进、排气系统包括进气管、排气管、空气滤芯器和（   ）。

A. 风扇　　　　　　B. 排气消声器　　　C. 散热器　　　　　D. 真空泵

二、判断题

1. 可变气门控制机构（VTEC）既可改变配气相位，也可以同时改变气门升

程。（　　）

2. 把空气或混合气导入发动机气缸的零部件集合体称为发动机进气系统。（　　）

3. 进气歧管的主要功用是将空气计量器所供给的混合气分别排出气缸。（　　）

4. 汇集各缸的废气，直接排出发动机。（　　）

5. 同一发动机排气歧管管道数与进气歧管管道数相等。（　　）

6. 空气滤清器位于发动机排气系统中。（　　）

7. 进、排气管垫片一经拆卸，必须更换，安装时还需要注意垫片的里外朝向。（　　）

8. 拆装进气管时应对称、交叉拧紧进气管螺栓。（　　）

■ 任务 2.3　节气门检测维修

任务描述

一辆搭载 1.8TSI 发动机的 2012 年大众帕萨特轿车，无发动机故障指示灯。用户反映：该车辆怠速转速比较高，油耗增加，有近 30 000km 没有清洗过节气门。经诊断需要对节气门进行检测维修，并对节气门进行匹配。

任务解析

首先要能找到节气门总成的位置，并查询节气门总成的结构，并通过查找相应技术资料正确拆装、检测节气门，调整匹配节气门。

任务目标

知识目标：

1. 掌握节气门体的拆装和清洗方法（中级）。

2. 掌握节气门体的调整与匹配方法（中级）。

能力目标：

1. 能检查、拆卸、清洗或更换节气门体（中级）。

2. 能调整或匹配节气门体（中级）。

素质目标：

1. 爱国守法、崇德向善、诚实守信。

2. 爱岗敬业、积极进取、团结协作。

3. 热爱劳动、沟通流畅、勇于创新。

4. 精益求精、工匠精神、7S 管理。

知识准备

2.3.1　节气门

节气门是控制空气进入发动机的一道可控阀门，气体进入进气管后会和汽油混合变成可燃混合气，从而燃烧形成做功。它上接空气滤清器，下接发动机缸体，被称为是汽车发动机的咽喉。

节气门是当今电喷车发动机系统最重要的部件之一，它的上部是空气滤清器空气格，下部是发动机缸体，是汽车发动机的咽喉。汽车加速是否灵活，与节气门是否脏污有很大的关系，节气门清洁可以减小油耗，更可以使发动机动力强劲。

节气门有传统拉索式和电子节气门两种，传统发动机节气门操纵机构是通过拉索（软钢丝）或者拉杆，一端连接加速踏板，另一端连接节气门连动板而工作。电子节气门主要通过节气门位置传感器，根据发动机所需能量，控制节气门的开启角度，从而调节进气量的大小。

1. 拉索式节气门

拉索式节气门由节气门、节气门位置传感器、应急运行弹簧、节气门定位器（电动机）、节气门电位计、怠速开关、热水进出管口和节气门拉索滑轮等组成，如图2-3-1所示。现代汽车基本不采用拉索式节气门。

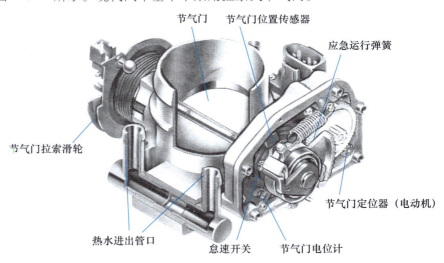

图2-3-1　节气门控制部件

（1）节气门位置传感器（节气门电位计）

节气门位置传感器是一线性电位器，安装在节气门轴上，与加速踏板联动。通过安装在节气门轴一端的滑臂在电阻轨道上滑动，将节气门的开度转换为电信号输送给ECU，作为判断发动机运转工况的依据。

（2）怠速开关

怠速开关与节气门位置传感器同轴，在整个怠速范围内闭合。ECU根据信号判断发动机处于怠速工况，从而按怠速工况的要求控制喷油量；当节气门打开时，怠速开关触点张开，ECU据此进行从怠速到小负荷的过渡工况的喷油控制。怠速开关的信号还可以作为ECU判断是否进行怠速自动控制和急减速断油控制的信号。

（3）怠速稳定控制装置

采用球形空气道，可在怠速时的不同节气门开度下精确地调节空气量，在任何条件下均可保证发动机平稳运转。

（4）怠速节气门位置传感器

怠速节气门位置传感器安装在节气门体内，可将节气门的开度、怠速电机的位置信号传给ECU，当怠速节气门位置传感器达到怠速调节极限位置时，节气门位置传感器不动，节气门仍可继续开启。如果信号中断，应急弹簧进入应急状态，将节气门拉开至规定开度，同时怠速升高。

（5）怠速步进电机

当发动机进入怠速工况时，怠速节气门位置传感器将其阻值的变化转换成电压信号。ECU根据此电压信号值确定怠速节气门的位置，通过怠速步进电机微量调整节气门开度来调节发动机怠速的转速。当发动机的实际转速低于标准转速时，电机正转，电机轴通过齿轮机构将节气门打开一微小的角度，增加发动机的进气量，提高发动机的转速，使其逐渐接近标准转速；当发动机的实际转速高于标准转速时，电机反转，将节气门关小一个微小的角度，减少发动机的进气量，降低发动机的转速，使其逐渐接近标准转速。

2. 电子节气门

电子节气门是汽车发动机的重要控制部件，由节气门、节气门体、节气门位置传感器、步进电机、带厚膜电阻的罩壳等组成，如图2-3-2所示。现代轿车大多采用电子节气门。

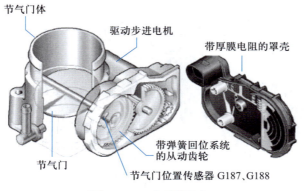

图2-3-2 电子节气门

驾驶人操纵加速踏板，加速踏板位置传感器产生相应的电压信号输入节气门控制单元，控制单元首先对输入的信号进行滤波，以消除环境噪声的影响，然后根据当前的工作模式、踏板移动量和变化率解析驾驶人意图，计算出对发动机转矩的基本需求，得到相应的节气门转角的基本期望值。然后再经过 CAN 总线和整车控制单元进行通信，获取其他工况信息以及各种传感器信号，如发动机转速、挡位、节气门位置、空调能耗等，由此计算出整车所需的全部转矩，通过对节气门转角期望值进行补偿，得到节气门的最佳开度，并把相应的电压信号发送到驱动电路模块，驱动控制电机使节气门达到最佳的开度位置。节气门位置传感器则把节气门的开度信号反馈给节气门控制单元，形成闭环的位置控制。

2.3.2　节气门清洗与匹配

1. 拆卸节气门控制单元

1）松开卡箍 1 和 2，取下空气导管，如图 2-3-3 所示。

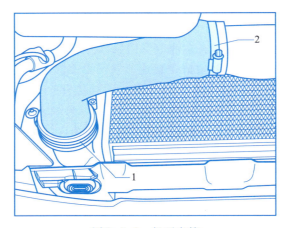

图 2-3-3　松开卡箍

2）旋出螺钉 1，并向下取下空气导管，如图 2-3-4 所示。

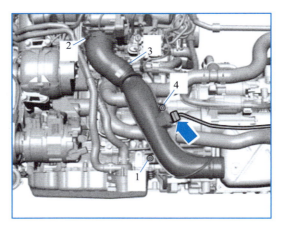

图 2-3-4　取下空气导管

3）脱开节气门控制单元 J338 上的插头连接 1，如图 2-3-5 所示。

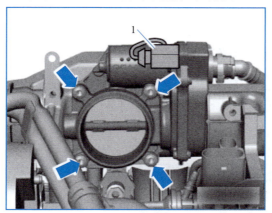

图 2-3-5 取下节气门控制单元

4）旋出螺钉（箭头），并取下节气门控制单元 J338，如图 2-3-5 所示。

2. 清洁节气门控制单元

提示：

1）更换发动机控制单元 J623 后，必须对节气门控制单元进行匹配。

2）末端挡块上的污物和结炭可能会导致错误的匹配值，只能与新的或干净的节气门控制单元进行匹配。

3）在清洁时注意不得划伤节气门壳体。

所需要的专用工具和维修设备有丙酮（市售）和软刷。

清洁流程如下：

1）用手打开节气门，然后用塑料楔或木楔（箭头）锁定在打开位置上，如图 2-3-6 所示。

2）丙酮可能导致人员受伤。丙酮易燃且可能刺激眼睛和皮肤。

（1）清洁节气门时切勿使用压缩空气。

（2）戴上防护眼镜。

（3）戴上防护手套。

（4）用常用的丙酮和软刷彻底清洁节气门壳体，尤其是节气门闭合区域内（箭头），如图 2-3-7 所示。

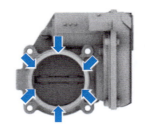

图 2-3-6 锁定节气门打开位置　　图 2-3-7 节气门闭合区域

节气门清洁与匹配

（5）用一块非织造抹布擦净节气门。

（6）使丙酮完全挥发。

3. 安装节气门控制单元

按照拆卸相反顺序安装节气门控制单元。

4. 匹配

匹配发动机控制单元与节气门控制单元→车辆自诊断、测量与信息系统–VAS 5051B–"引导型功能"。

清洗、匹配节气门后，发动机怠速运转正常。

任务实施

以帕萨特 B5 发动机为例进行任务实施。

1. 实训设备：PASSAT B5 1.8T 发动机台架或整车四台。

2. 工量具：常用拆装工具 4 套，专用扭力扳手 4 把，诊断设备 4 台，节气门清洗剂 4 瓶。

按任务工作单分组实施。

任务工单 2.3　节气门检测维修

项目 2　进、排气系统检测维修		小组人员：	
班级：	学号：		指导教师签字：
日期：			
任务 2.3　节气门检测维修【实训任务工作表】			
车型：	年款：		发动机型号：
底盘型号：	VIN：		变速器型号：
作业要求：1. 正确掌握节气门拆装流程 　　　　　2. 正确掌握节气门清洗与匹配的方法 　　　　　3. 正确掌握节气门部件查询 　　　　　4. 培养观察分析问题的能力 　　　　　5. 良好的 7S 工作习惯			
1. 工具、量具准备：			
2. 维修资料准备：			

续表

3. 辅助材料与耗材：

4. 制订工作计划及组员分工：

5. 外观目测损坏部件：

6. 工作现场安全准备、检查：

作业一：节气门拆装		
拆卸步骤（装配反序）	拆装技术要求、注意点及标记（顺序方向）	结果判断
空气导管卡箍		正常□　损坏□
空气导管		正常□　泄漏□
节气门总成固定螺栓		正常□　损坏□
节气门总成		正常□　损坏□
作业二：节气门匹配		

匹配流程：

7. 零部件基本清洁

（1）需清洗的部件：

（2）清洗剂种类：

（3）清洗要求：

8. 总结本次活动重点和要点：

9. 本次活动存在的问题及解决方法：

📋 **任务考核**

任务 2.3　节气门检测维修评分细则

项目 2　进、排气系统检测维修		实训日期：		
姓名：	班级：	学号：	指导教师签字：	
自评：□ 熟练　□ 不熟练	互评：□ 熟练　□ 不熟练	师评：□ 熟练　□ 不熟练		
日期：	日期：	日期：		

任务 2.3　节气门检测维修【评分细则】

序号	评分项	得分条件	分值	评分要求	自评	互评	师评
1	安全/7S/态度	□ 1）能进行工位 7S 操作 □ 2）能进行设备和工具安全检查 □ 3）能进行车辆安全防护操作 □ 4）能进行工具清洁校准存放操作 □ 5）能进行三不落地操作	15 分	未完成 1 项扣 3 分，扣分不得超 15 分	□ 熟练 □ 不熟练	□ 熟练 □ 不熟练	□ 合格 □ 不合格
2	专业技能能力	作业 1： □ 1）能正确拆卸空气导管卡箍 □ 2）能正确拆卸空气导管 □ 3）能正确拆卸节气门固定螺钉 □ 4）能正确锁定节气门打开位置 □ 5）能正确清洁节气门 □ 6）能正确安装节气门固定螺钉 □ 7）能正确安装空气导管 □ 8）能正确安装空气导管卡箍 作业 2： □ 1）能正确匹配节气门数据 □ 2）能正确验证节气门匹配数据	50 分	未完成 1 项扣 5 分，扣分不得超 50 分	□ 熟练 □ 不熟练	□ 熟练 □ 不熟练	□ 合格 □ 不合格
3	工具及设备的使用能力	□ 1）能正确使用维修工具 □ 2）能正确使用诊断仪 □ 3）能正确操作车辆或发动机台架	10 分	未完成 1 项扣 5 分，扣分不得超 10 分	□ 熟练 □ 不熟练	□ 熟练 □ 不熟练	□ 合格 □ 不合格
4	资料、信息查询能力	□ 1）能正确使用维修手册查询资料 □ 2）能在规定时间内查询所需资料 □ 3）能正确记录所需维修信息	10 分	未完成 1 项扣 5 分，扣分不得超 10 分	□ 熟练 □ 不熟练	□ 熟练 □ 不熟练	□ 合格 □ 不合格
5	数据、判读和分析能力	□ 1）能判断节气门匹配数据是否正常 □ 2）能判断发动机怠速是否正常	10 分	未完成 1 项扣 5 分，扣分不得超 10 分	□ 熟练 □ 不熟练	□ 熟练 □ 不熟练	□ 合格 □ 不合格
6	表单填写与报告的撰写能力	□ 1）字迹清晰 □ 2）语句通顺 □ 3）无错别字 □ 4）无涂改 □ 5）无抄袭	5 分	未完成 1 项扣 1 分，扣分不得超 5 分	□ 熟练 □ 不熟练	□ 熟练 □ 不熟练	□ 合格 □ 不合格
总分：100 分							

任务拓展

如果感兴趣，可以扫描下方二维码学习大众速腾轿车电子节气门检修。

　│　**任务拓展**
　　　　　　　　　　大众速腾轿车电子节气门检修

练习与思考

一、单选题

1. 电子节气门是由驱动电机和（　　　）等部件组成的。

A. 排气管　　　　　B. 节气门体　　　　C. 进气管　　　　D. 节气门拉索

2. 节气门体过脏会导致（　　　）。

A. 不易起动　　　B. 怠速不稳　　　C. 加速不良　　　D. 减速熄火

3. 节气门轴卡滞使节气门关闭不严，会导致（　　　）。

A. 怠速熄火　　　B. 怠速过高　　　C. 怠速不稳　　　D. 混合气过稀

4. 凝结在节气门上的杂质会造成（　　　）。

A. 节气门开启角度减小　　　　　B. 怠速控制阀开度增大

C. 节气门开启角度增大

5. 某车清洗节气门体后怠速居高不下，应（　　　）。

A. 检测是否缺火　　　　　　　　B. 检测节气门体是否积炭

C. 对系统进行怠速学习调整　　　D. 检测喷油器

6. 需要进行节气门自适应设定的情况有（　　　）。

A. 更换 ECU 或 ECU 断电　　　　B. 更换节气门体

C. 拆装或清洗节气门体　　　　　D. 清洗喷油器

二、判断题

1. 电子节气门体主要由节气门阀片、直流电机、减速齿轮组、回位弹簧和节气门位置传感器等组成。（　　　）

2. 节气门体是控制发动机吸气口大小的一个阀门，用来调整发动机的进气量。（　　　）

3. 只有在节气门全关、车速为零时，才可进行怠速控制。（　　　）

4. 电子节气门，无拉索，节气门的开度由电机控制。（　　　）

5. 清洗节气门，用化清剂是最好的。（　　　）

6. 节气门清洗完成后不需要匹配复位。（　　　）

项目3

配气机构检测维修

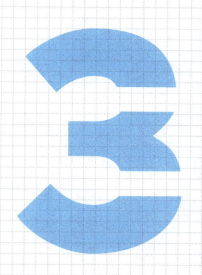

【项目内容】

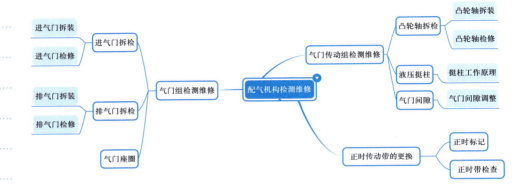

【项目概述】

本项目融合汽车运用与维修职业技能等级标准配气机构检测维修（中级）内容，主要阐述了气门传动组的结构、作用；气门组的结构、作用；配气相位和气门间隙的调整方法；并通过查找相应技术资料正确拆装正时带、气门传动组和气门组，然后结合发动机实物及相应技术资料能正确检修气门传动组、气门组，并根据检测结果提出维修或调整方案。

【课前测试】

课前可完成在线测试（请扫描下方二维码在线答题）。

课前测试
项目3 配气机构检测维修

■ 任务 3.1　正时传动带的更换

任务描述

一辆行驶里程 243 000km 的帕萨特轿车进店维修，需要更换正时传动带。

任务解析

首先要能找到汽车发动机正时传动带的位置，并学习掌握发动机配气机构以及什么是发动机正时，以及正时传动带在发动机正时中所起的作用。并通过查找相应技术资料正确拆卸和安装正时传动带。

任务目标

知识目标：

1. 掌握正时传动带、张紧轮及正时传动带轮更换的流程。
2. 正时传动带轮和正时传动带校正的流程。
3. 正时传动带检查方法（中级）。
4. 正时传动带更换流程及注意事项（中级）。

能力目标：

1. 能检查、更换或调整正时传动带、张紧轮及正时传动带轮。
2. 能检查正时传动带轮和正时传动带的校正情况。
3. 能检查正时传动带的磨损及张紧力、张紧轮（中级）。
4. 能正确更换正时传动带（中级）。

素质目标：

1. 爱国守法、崇德向善、诚实守信。
2. 爱岗敬业、积极进取、团结协作。
3. 热爱劳动、沟通流畅、勇于创新。
4. 精益求精、工匠精神、7S 管理。

知识准备

3.1.1　汽车发动机配气机构

按照发动机每一气缸内所进行的工作循环和点火顺序的要求，定时开启和关闭各气缸的进、排气门，使新鲜的可燃混合气得以及时进入气缸，废气得以及时从气缸中排出；同时在压缩与做功行程中，关闭气门保证燃烧室密封性的机构叫作发动机配气机构。

配气机构总体的组成如图3-1-1所示，该图为顶置双凸轮轴正时传动带传动的配气机构。它主要由气门组件（有进气门组件和排气门组件，含进、排气门，进、排气门座，气门弹簧，气门锁夹，气门导管等）、气门驱动机构、进气凸轮轴和排气凸轮轴以及凸轮轴传动机构（含曲轴正时传动带轮、凸轮轴正时传动带轮、正时传动带、张紧轮等）等组成。

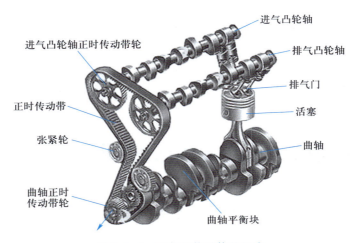

图3-1-1　配气机构总体的组成

配气机构的工作原理为发动机工作时，通过正时传动带带动进、排气凸轮轴旋转。当进气凸轮轴的进气凸轮克服气门弹簧力作用压下进气门时，进气门开启，开始进气；当进气凸轮轴转到凸轮的基圆段时，该进气门在气门弹簧的作用下回位，关闭进气门，进气停止。排气门的开闭原理与进气门类似。

四冲程发动机每完成一个工作循环，各缸的进、排气门需要开闭一次，即需要凸轮轴转过一圈，而曲轴需要转两圈。曲轴转速与凸轮轴转速之比（传动比）为2：1。

3.1.2　配气机构的分类

1）按凸轮轴布置位置可分为顶置凸轮轴、中置凸轮轴和下置凸轮轴三种，如图3-1-2所示。

2）按曲轴和配气凸轮轴的传动方式可分为齿轮传动、链条传动和传动带传动三种，如图3-1-3所示。

3）按气门布置形式可以分为气门顶置式和气门侧置式两种，如图3-1-4所示。

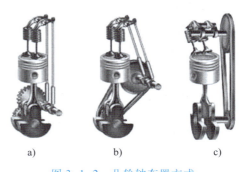

a)　　　　b)　　　　c)

图3-1-2　凸轮轴布置方式

a）下置凸轮轴　b）中置凸轮轴　c）顶置凸轮轴

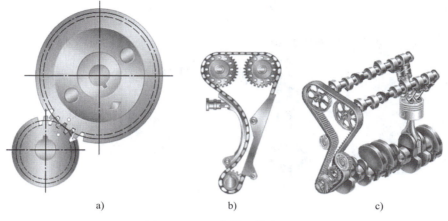

图 3-1-3　凸轮轴的传动方式

a）齿轮传动　b）链条传动　c）传动带传动

4）按气门驱动形式可分为摇臂驱动、摆臂驱动和直接驱动三种类型，如图 3-1-5 所示。

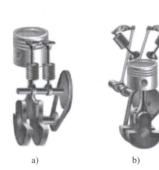

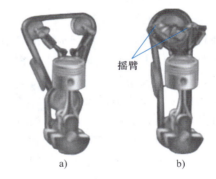

图 3-1-4　气门布置形式

a）气门侧置式　b）气门顶置式

图 3-1-5　气门驱动形式

a）直接驱动式（无挺杆）　b）摇臂驱动式

5）按每缸气门的数目可分为 2 气门、3 气门、4 气门和 5 气门。在现代汽车发动机中普遍采用多气门结构（3~5 气门，一般常用 4 气门），使发动机的进、排气流通截面面积增大，提高了充气效率，改善了发动机的动力性能、经济性能和排放性能。多气门式在很多新型汽车发动机上采用每缸四个气门结构，即两个进气门和两个排气门。五个气门为三个进气门，两个排气门，如图 3-1-6 所示。

3.1.3　配气机构的组成

配气机构都可分为气门组和气门传动组两大部分。

1. 气门组

1）功用：密封气缸的进、排气通道。

2）组成：气门组包括气门、气门导管、气

图 3-1-6　五气门

门弹簧、气门弹簧座、气门油封和气门座等，如图 3-1-7 所示。

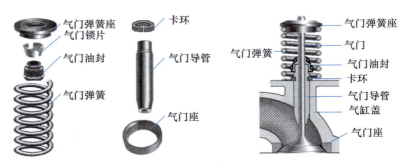

图 3-1-7 气门组

2. 气门传动组

1）功用：是使进、排气门能按配气相位规定的时刻开闭，且保证有足够的开度。

2）组成：气门传动组包括凸轮轴及正时齿轮（或正时传动带或正时链条）、挺柱等，如图 3-1-8 所示。

3.1.4 配气机构的工作原理

凸轮轴转动时，当凸轮的基圆部分与挺柱接触时，挺柱不升高，挺柱以上的传动件不动作，气门是关闭的。当凸轮的凸起部分与挺柱接触时，便开始将挺柱顶起，于是气门被打开。当凸轮的最大凸起处与挺柱接触时，气门达到最大开度。随后，凸轮与挺柱接触表面的凸起开始逐渐变小，气门在气门弹簧的作用下开始上升关闭，并反向推动摇臂等传动杆件，使挺柱下移保持与凸轮接触。当凸轮凸起部分离开挺柱时，气门完全关闭。

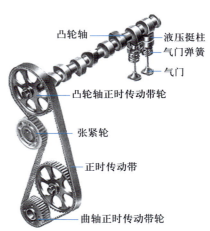

图 3-1-8 气门传动组

3.1.5 发动机正时

发动机正时分为配气正时和点火正时两类。

1）配气正时：就是配气机构（凸轮轴、气门、摇臂等）以准确时间向气缸内供给可燃混合气，并以准确时间排出废气。

2）点火正时：以准确时间点燃气缸内的可燃混合气，从而推动活塞做功。

配气正时构造：一般由曲轴通过正时带或正时链条驱动位于气缸盖上的凸轮轴，再由凸轮轴驱动挺柱，挺柱位于气门正上方，使气门上下往复运动，以实现气门的开闭。

3.1.6 正时传动带

正时传动带是发动机配气系统的重要组成部分，通过与曲轴的连接并配合一定的传动比来保证进、排气时间的准确，只有凸轮轴上置的配气机构中才有正时传动带。使用传动带传动而不是齿轮来传动是因为传动带噪声小，传动精确，自身变化量小而且易于补偿。显而易见传动带的寿命肯定要比金属齿轮短，因此要定期更换传动带。

正时传动带的作用就是当发动机运转时，活塞的行程（上下的运动）、气门的开启与关闭（时间）、点火的顺序（时刻）在正时传动带的作用下，时刻保持"同步"运转。

汽车发动机工作过程中，在气缸内不断发生进气、压缩、做功和排气四个过程，并且，每个步骤的时机都要与活塞的运动状态和位置相配合，使进气与排气及活塞升降相互协调，正时带在发动机里面扮演了一个"桥梁"的作用，在曲轴的带动下将力量传递给相应机件。帕萨特 B5 发动机正时带的组件如图 3-1-9 所示。

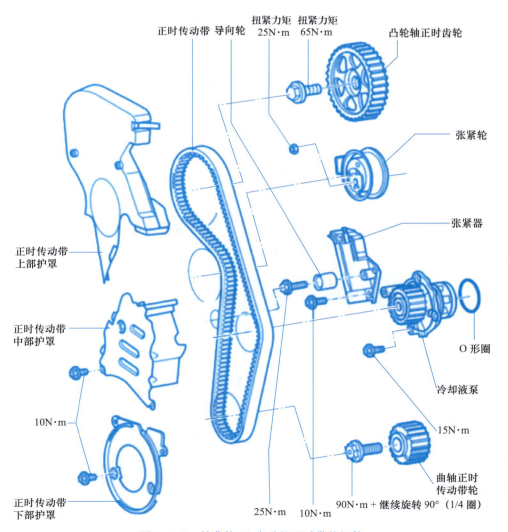

图 3-1-9 帕萨特 B5 发动机正时带的组件

正时传动带属于橡胶部件，随着发动机工作时间的增加，正时传动带和正时传动带的附件，如张紧轮、张紧器和水泵等都会发生磨损或老化。因此，凡是装有正时传动带的发动机，厂家都会有严格要求，在规定的周期内定期更换正时带及附件，更换周期则随着发动机的结构不同而有所不同，一般在车辆行驶 60 000～100 000km 时应该更换，具体的更换周期应该以车辆的保养手册说明为准。

微课
发动机正时传动带拆检

微课
发动机正时传动带安装

任务实施

1. 实训设备及工具和量具

实训设备：帕萨特 B5　1.8T 发动机台架四台。

工具和量具：常用与专用工具四套，专用扭力扳手四把。

2. 实训操作步骤及注意事项

（1）拆卸帕萨特 B5 发动机正时带

1）一字螺钉旋具撬开 1 号正时罩卡箍，取下 1 号正时罩，如图 3-1-10 所示。

2）用 19 号梅花套筒+指针式扳手转动曲轴，对准凸轮轴正时传动带轮和曲轴正时传动带轮正时标记，如图 3-1-11 所示。

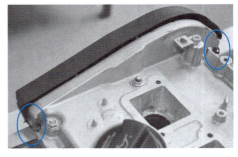

图 3-1-10　拆卸 1 号正时罩

a)　　　　　　　　　　b)

图 3-1-11　校对正时标记

a）正时标记　b）转动曲轴

3）用 17 号梅花套筒+指针式扳手固定飞轮，用 19 号梅花套筒+指针式扳手松开曲轴前端固定螺栓，用 HW6 松开曲轴传动带轮四颗紧固螺栓，取下曲轴传动带轮，如图 3-1-12 所示。

4）用 HW5 松开 2 号正时罩两颗紧固螺栓，取下 2 号正时罩，如图 3-1-13 所示。

图 3-1-12　拆卸曲轴传动带轮

5）用 HW6 松开 3 号正时罩一颗紧固螺栓，取下 3 号正时罩，如图 3-1-14 所示。

图 3-1-13　拆卸 2 号正时罩　　　　图 3-1-14　拆卸 3 号正时罩

6）用 14 号套筒、HW5（世达）松开张紧轮一颗紧固螺栓 A 和张紧器两颗紧固螺栓 B，取下张紧轮和张紧器，如图 3-1-15 所示。

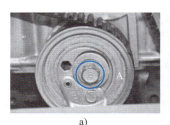
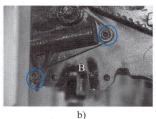

a)　　　　　　　　　　b)

图 3-1-15　拆卸张紧轮和张紧器

a）张紧轮　b）张紧器

7）用专用工具固定凸轮轴正时传动带轮，用 16 号套筒+指针式扳手松开凸轮轴正时传动带轮紧固螺栓，取下凸轮轴正时传动带轮和正时传动带，如图 3-1-16 所示。

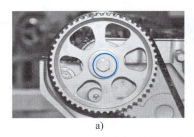
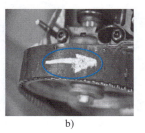

a)　　　　　　　　　　b)

图 3-1-16　拆卸凸轮轴正时传动带和正时传动带轮

a）正时传动带轮　b）正时传动带

（2）查找维修手册并检测正时传动带是否符合技术要求

1）装上正时传动带并检查确认正时传动带不开裂，齿数、齿形不残缺，否则更换。

2）正时传动带张紧力的检查，用手指在正时齿轮和中间齿轮之间捏住正时传动带,以刚好能转 90° 为宜,将曲轴转 2~3 圈,复查确认。

(3)正时传动带的安装

1)装上张紧轮限位器及张紧轮,用 10 号套筒和 HW5 拧紧张紧器两个螺栓,拧紧力矩为 10N·m;用 13 号套筒拧紧张紧轮一个螺栓,拧紧力矩为 25N·m,如图 3-1-17 所示。

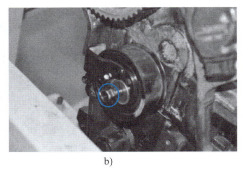

a)   b)

图 3-1-17 安装张紧轮和张紧器

a)张紧器 b)张紧轮

2)套上正时传动带,装 2 号正时罩,用 HW6 拧紧 2 号正时罩两颗紧固螺栓,拧紧力矩为 10N·m,如图 3-1-18 所示。

3)用 HW6 拧紧 3 号正时罩一颗紧固螺栓,拧紧力矩为 10N·m,如图 3-1-19 所示。

图 3-1-18 安装 2 号正时罩   图 3-1-19 安装 3 号正时罩

4)安装曲轴正时传动带轮,用 HW5 拧紧曲轴正时传动带轮四颗紧固螺栓,拧紧力矩为 40N·m,如图 3-1-20 所示。

5)将限位器压到最短位置并插入内六角扳手锁死;用内六角扳手插入张紧轮上内六角孔,扳到轮中心距正时传动带最近的位置,如图 3-1-21 所示。

6)装上正时传动带。用 19 号套

图 3-1-20 安装曲轴正时传动带轮

筒+扭力扳手、17 号套筒+扭力扳手，分别摇转曲轴和凸轮轴，使曲轴正时传动带轮上的记号与 1 号正时罩上的箭头对齐，使凸轮轴正时传动带轮上的记号与凸轮轴罩盖上的记号对齐。套上正时传动带，并抽掉张紧轮限位器锁止的内六角扳手，如图 3-1-22 所示。

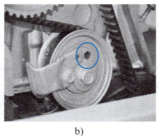

a)　　　　　　　　　　b)

图 3-1-21　安装张紧轮

a）锁定限位器　b）调节张紧轮

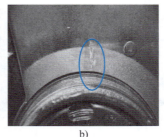

a)　　　　　　　　　　b)

图 3-1-22　安装正时带

a）凸轮轴正时传动带轮正时标记　b）曲轴正时传动带轮正时标记

任务工单 3.1　正时传动带的更换

项目 3　配气机构检测维修	小组人员：	
班级：	学号：	指导教师签字：
日期：		
任务 3.1　正时传动带的更换【实训任务工作表】		
作业要求：1. 正确掌握正时传动带更换的流程 　　　　　2. 正确掌握正时传动带轮和正时传动带校正的流程 　　　　　3. 正确掌握正时传动带更换的注意事项 　　　　　4. 培养观察分析问题的能力 　　　　　5. 良好的 7S 工作习惯		
1. 工具、量具准备：		
2. 维修资料准备：		

续表

3. 辅助材料与耗材：

4. 制订工作计划及组员分工：

5. 外观目测损坏部件：

6. 工作现场安全准备、检查：

作业内容：正时传动带的更换		
拆卸项目（安装反序）	拆装技术要求、注意点及标记（顺序方向）	目测
多楔带		正常☐ 损坏☐
正时带罩		正常☐ 损坏☐
曲轴带轮		正常☐ 损坏☐
正时带张紧装置		正常☐ 损坏☐
正时带		正常☐ 损坏☐
测量项目	测量数值	结果判断
正时带张紧力		正常☐ 异常☐

7. 零部件基本清洁

（1）需清洗的部件：

（2）清洗剂种类：

（3）清洗要求：

8. 总结本次活动重点和要点：

9. 本次活动存在的问题及解决方法：

任务考核

任务 3.1　正时传动带的更换评分细则

项目 3　配气机构检测维修		实训日期：		
姓名：	班级：	学号：	指导教师签字：	
自评：□ 熟练　□ 不熟练	互评：□ 熟练　□ 不熟练	师评：□ 熟练　□ 不熟练		
日期：	日期：	日期：		

任务 3.1　正时传动带的更换 【评分细则】

序号	评分项	得分条件	分值	评分要求	自评	互评	师评
1	安全/7S/态度	□ 1）能进行工位 7S 操作 □ 2）能进行设备和工具安全检查 □ 3）能进行车辆安全防护操作 □ 4）能进行工具清洁校准存放操作 □ 5）能进行三不落地操作	15 分	未完成 1 项扣 3 分，扣分不得超 15 分	□ 熟练 □ 不熟练	□ 熟练 □ 不熟练	□ 合格 □ 不合格
2	专业技能能力	□ 1）能正确拆装多楔带 □ 2）能正确拆卸正时传动带罩 □ 3）能正确拆卸曲轴正时传动带轮 □ 4）能正确拆卸正时传动带张紧装置 □ 5）能正确拆卸正时传动带 □ 6）能正确更换正时传动带 □ 7）能正确安装正时传动带张紧装置 □ 8）能正确安装曲轴正时传动带轮 □ 9）能正确安装正时传动带罩 □ 10）能正确检查正时传动带张紧力	50 分	未完成 1 项扣 5 分，扣分不得超 50 分	□ 熟练 □ 不熟练	□ 熟练 □ 不熟练	□ 合格 □ 不合格
3	工具及设备的使用能力	□ 1）能正确使用拆装工具 □ 2）能正确使用正时工具 □ 3）能正确使用维修工具 □ 4）能正确使用张紧力测量仪	10 分	未完成 1 项扣 5 分，扣分不得超 10 分	□ 熟练 □ 不熟练	□ 熟练 □ 不熟练	□ 合格 □ 不合格
4	资料、信息查询能力	□ 1）能正确使用维修手册查询资料 □ 2）能在规定时间内查询所需资料 □ 3）能正确记录所需维修信息	10 分	未完成 1 项扣 5 分，扣分不得超 10 分	□ 熟练 □ 不熟练	□ 熟练 □ 不熟练	□ 合格 □ 不合格
5	数据、判读和分析能力	□ 1）能判断正时传动带是否正常 □ 2）能判断正时传动带张紧装置是否正常	10 分	未完成 1 项扣 5 分，扣分不得超 10 分	□ 熟练 □ 不熟练	□ 熟练 □ 不熟练	□ 合格 □ 不合格
6	表单填写与报告的撰写能力	□ 1）字迹清晰 □ 2）语句通顺 □ 3）无错别字 □ 4）无涂改 □ 5）无抄袭	5 分	未完成 1 项扣 1 分，扣分不得超 5 分	□ 熟练 □ 不熟练	□ 熟练 □ 不熟练	□ 合格 □ 不合格
		总分：100 分					

任务拓展

大众第三代 EA888
发动机链传动机构

🕐 **任务拓展**

随着造车技术水平和工业发展的不断进步，部分发动机的正时传动带已被发动机链条所替代，与传统的传动带驱动相比，链条驱动方式的传动可靠、耐久性好并且还可节省空间，整个系统由齿轮、链条和张紧装置等部件组成，其中液压张紧器可自动调节张紧力，使链条张力始终如一，并且终身免维护，这就使其与发动机同寿命，不但安全性、可靠性得到了一定提升，还将发动机的使用、维护成本降低了不少，可谓一举两得。

大众 EA888 第三代发动机链传动机构如图 3-1-23 所示。

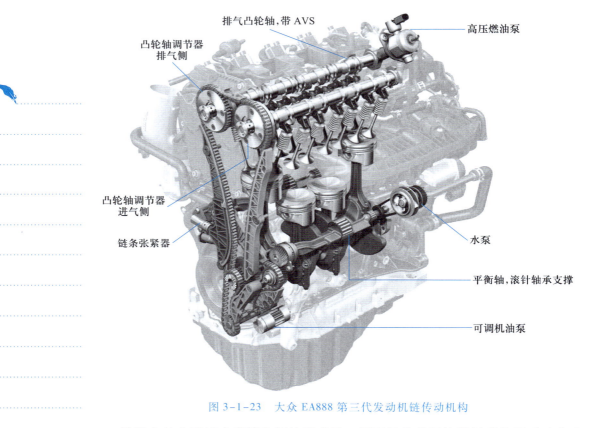

图 3-1-23　大众 EA888 第三代发动机链传动机构

改进之处在于减小摩擦和机油需求量，因而链传动机构所耗费的驱动功率也就减小了，因此链条张紧器就根据较低的机油压力做了匹配。

链条的正时标记点和上一代发动机一致。

链条伸长诊断功能工作原理如图 3-1-24 所示。

发动机控制单元利用这三个传感器的信号，通过凸轮轴与曲轴的相对位置检测链条伸长度，可以在任何给定时间获知正时链条的长度，并根据其张紧力做出以下两种响应。

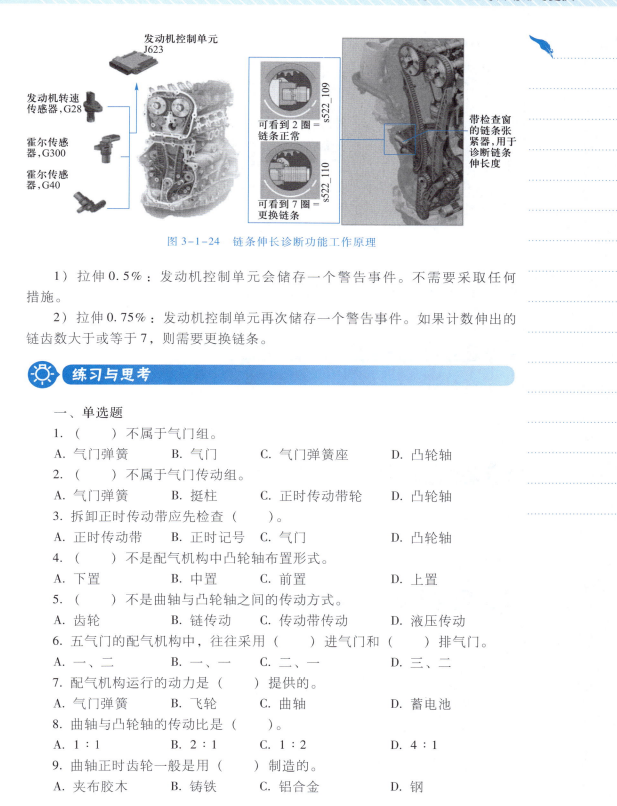

图 3-1-24 链条伸长诊断功能工作原理

1）拉伸 0.5%：发动机控制单元会储存一个警告事件。不需要采取任何措施。

2）拉伸 0.75%：发动机控制单元再次储存一个警告事件。如果计数伸出的链齿数大于或等于 7，则需要更换链条。

练习与思考

一、单选题

1.（ ）不属于气门组。

A. 气门弹簧   B. 气门   C. 气门弹簧座   D. 凸轮轴

2.（ ）不属于气门传动组。

A. 气门弹簧   B. 挺柱   C. 正时传动带轮   D. 凸轮轴

3. 拆卸正时传动带应先检查（ ）。

A. 正时传动带   B. 正时记号   C. 气门   D. 凸轮轴

4.（ ）不是配气机构中凸轮轴布置形式。

A. 下置   B. 中置   C. 前置   D. 上置

5.（ ）不是曲轴与凸轮轴之间的传动方式。

A. 齿轮   B. 链传动   C. 传动带传动   D. 液压传动

6. 五气门的配气机构中，往往采用（ ）进气门和（ ）排气门。

A. 一、二   B. 一、一   C. 二、一   D. 三、二

7. 配气机构运行的动力是（ ）提供的。

A. 气门弹簧   B. 飞轮   C. 曲轴   D. 蓄电池

8. 曲轴与凸轮轴的传动比是（ ）。

A. 1∶1   B. 2∶1   C. 1∶2   D. 4∶1

9. 曲轴正时齿轮一般是用（ ）制造的。

A. 夹布胶木   B. 铸铁   C. 铝合金   D. 钢

10. 属于链条传动的优点的是（　　　）。

A. 噪声小、传动阻力小　　　　　B. 易老化

C. 使用寿命长、故障率低　　　　D. 噪声大

二、判断题

1. 正时传动带在安装时需注意安装方向。（　　　）

2. 链条传动阻力大，传动惯性也大，从一定的角度来讲增加油耗，降低性能。（　　　）

3. 传动带传动优于链条传动。（　　　）

4. 曲轴与凸轮轴的旋转方向是相反的。（　　　）

5. 曲轴正时齿轮是由凸轮轴正时齿轮驱动的。（　　　）

■ 任务 3.2　气门传动组检测维修

任务描述

一辆帕萨特轿车进店维修，该车行驶里程 240 000km，车主反映：发动机中速运转时声响明显，出现钝重的"嗒、嗒"声响，怠速运转也能听到，高速运转，声音不明显。经诊断是凸轮轴磨损故障，需要检修凸轮轴。

任务解析

首先要能找到汽车发动机凸轮轴的位置，并学习了解发动机凸轮轴组件以及发动机配气相位、凸轮轴的作用。通过查找相应技术资料正确拆卸凸轮轴，并检测凸轮轴是否符合技术要求，根据检测结果提出维修和调整方案。

任务目标

知识目标：

1. 掌握凸轮轴及凸轮轴传动机构的结构。

2. 掌握气门间隙的测量和调整方法。

3. 掌握液压式气门挺杆的气门间隙调整流程（中级）。

4. 掌握凸轮轴传动机构的更换流程及注意事项（中级）。

5. 掌握凸轮轴的轴颈、凸轮轴的轴孔标准尺寸、测量及更换流程（中级）。

6. 掌握配气相位原理，可变正时的进气凸轮轴、可变气门升程检查方法（中级）。

能力目标：

1. 能认识凸轮轴及凸轮轴传动机构的零部件。
2. 能检查、测量和调整气门间隙。
3. 能检查、测量和调整液压式气门挺杆的气门间隙（中级）。
4. 能检查并更换凸轮轴传动机构（中级）。
5. 能检查并测量、维修或更换凸轮轴的轴颈、凸轮轴的轴孔（中级）。
6. 能检查凸轮轴和曲轴的正时，确定维修内容（中级）。

素质目标：

1. 爱国守法、崇德向善、诚实守信。
2. 爱岗敬业、积极进取、团结协作。
3. 热爱劳动、沟通流畅、勇于创新。
4. 精益求精、工匠精神、7S 管理。

知识准备

3.2.1　气门传动组

配气机构中气门传动组件主要由凸轮轴及正时齿轮（或正时传动带或正时链条）、挺柱、推杆和摇臂零件组成，如图 3-2-1 所示。气门传动组件的功用是使进、排气门能按配气相位规定的时刻开闭，且保证足够的开度。

1. 凸轮轴

1）作用：驱动和控制各缸气门的开启和关闭，使其符合发动机的工作顺序、配气相位和气门开度的变化规律等要求。

2）结构：凸轮轴上同一气缸的进、排气凸轮的相对转角位置是与既定的配气相位相适应的。发动机各个气缸的进气（或排气）凸轮的相对转角位置应符合发动机各气缸的发火次序和发火间隔时间的要求。因此，根据凸轮轴的旋转方向以及各进气（或排气）凸轮的工作次序，就可以判定发动机的发火次序。凸轮轴组件如图 3-2-2 所示。

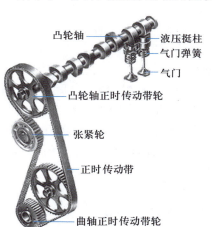

图 3-2-1　气门传动组

就 4 缸四冲程发动机而言，每完成一个工作循环，曲轴需转两周而凸轮轴只转一周，在这一期间内，每个气缸都要进行一次进气（或排气），且各缸进气（或排气）的时间间隔相等，即各缸进（或排）气凸轮彼此间的夹角均为 90°。

3）工作条件：凸轮受到气门间歇性开启的周期性冲击载荷，因此凸轮表面要求耐磨，凸轮要求有足够的韧性和刚度。

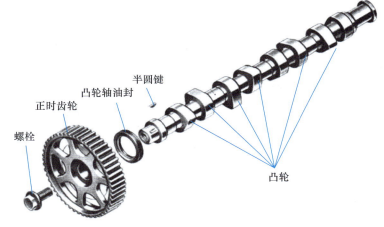

图 3-2-2　凸轮轴组件

4）材料：多用优质碳钢或合金钢锻制，并经表面高频淬火（中碳钢）或渗碳淬火（低碳钢）处理。

5）凸轮。

作用：气门开启和关闭的持续时间必须符合配气相位要求。这是由凸轮的轮廓来保证的，而且凸轮的轮廓还在很大程度决定了气门的最大升程和升降行程的运动规律。

凸轮性能：表面有良好的耐磨性，足够的刚度。

结构：如图 3-2-3 所示的凸轮轮廓中，O 为凸轮轴的轴心，圆弧 EA 为凸轮的基圆，AB 和 DE 为凸轮的缓冲段，缓冲段中凸轮的升程变化速度较慢，BCD 为凸轮的工作段，此段升程较快，C 点时升程最大，它决定了气门的最大开度，$\phi = (\alpha + 180° + \beta)/2$。

帕萨特 B5 发动机气门传动组的结构如图 3-2-4 所示。

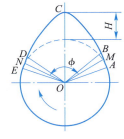

图 3-2-3　凸轮轮廓

2. 挺柱

挺柱的功用是将凸轮的推力传给推杆（或气门杆），并承受凸轮轴旋转时所施加的侧向力。挺柱在其顶部装有调节螺钉，用来调节气门间隙。气门顶置式配气机构的挺柱一般制成筒式，以减轻重量。滚轮式挺柱的优点是可以减少摩擦所造成的对挺柱的侧向力。这种挺柱结构复杂，重量较大，一般多用于大缸径柴油机上。挺柱常用镍铬合金铸铁或冷激合金铸铁制造，其摩擦表面应经热处理后研磨。

热膨胀造成的气门关闭不严的问题用预留气门间隙的方法来解决；但由于气门间隙的存在，配气机构在工作时将产生冲击而发出响声。为了解决这一矛盾，有的发动机上采用了液压挺柱。

液压挺柱工作原理图如图 3-2-5 所示。

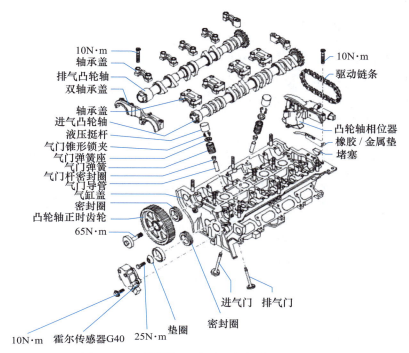

图 3-2-4　帕萨特 B5 发动机气门传动组的结构

当挺柱到达下止点后开始上行时，在气门弹簧上顶和凸轮下压的作用下，高压油腔陆续封闭，球阀也不会打开，液压挺柱仍可认为是一个刚性挺柱，直至上升到凸轮处于基圆，使气门关闭时为止。此时，缸盖主油道中的液压油经量油孔、挺柱环形油槽进入挺柱的低压油腔，同时，高压油腔内油压下降，补偿弹簧推动柱塞上行。从低压油腔来的液压油推开球阀而进入高压油腔，使两腔连通充满机油。这时，挺柱顶面仍和凸轮紧贴。在气门受热膨胀时，柱塞和液压缸做轴向相对运动，高压油腔的油液可经液压缸与柱塞间的缝隙挤入低压油腔。因此，使用液压挺柱时，可以不预留气门间隙。

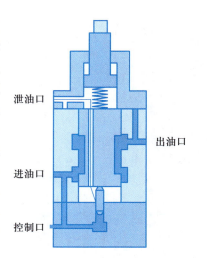

图 3-2-5　液压挺柱工作原理图

3.2.2　配气相位

配气相位是用曲轴转角表示的进、排气门的开启时刻和开启延长时间，通常用环形表示，如图 3-2-6 所示。

在介绍四冲程发动机工作原理时，为了便于理论分析，将进、排气过程分别看作是在活塞的一个行程，即曲轴转动 180° 内完成的。实际上，由于汽车发动机转速较高，一个行程所占时间很短，当四冲程式发动机以 3000r/min 的转速运转时，一个行程的时间仅为 0.01 s，而且凸轮驱动气门开启也需要一个过程，这样气门全开的时间就更短了。这样短的时间就很难做到进气充分、排气彻底。为了改善换气情况，气门的开启和关闭时刻已经不限制在上、下止点处。采用提前打开或滞后关闭的方法来延长进、排气时间，这样，发动机的实际进、排气行程对应的曲轴转角均大于 180°，以便使进气更充分，排气更彻底。

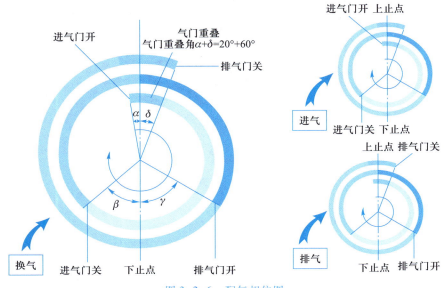

图 3-2-6　配气相位图

1. 进气相位

（1）进气提前角

1）定义：在排气行程接近终了，活塞到达上止点之前，进气门便开始开启。从进气门开始开启到上止点所对应的曲轴转角称为进气提前角（或早开角）。进气提前角用 α 表示，α 一般为 10°~30°。

2）目的：进气门早开，使活塞到达上止点开始向下运动时，因进气门已有一定开度，所以可较快地获得较大的进气通道截面，减小进气阻力。

（2）进气迟后角

1）定义：在进气行程下止点过后，活塞重又上行一段，进气门才关闭。从下止点到进气门关闭所对应的曲轴转角称为进气迟后角（或晚关角）。进气迟后角用 β 表示，β 一般为 40°~80°。

2）目的：活塞到达下止点时，由于进气阻力的影响，气缸内的压力仍低于大气压力，进气门晚关，利用压力差可继续进气；活塞到达下止点时进气气流还有相当大的惯性，进气门晚关，利用进气惯性继续进气。

下止点过后随着活塞的上行，气缸内压力逐渐增大，进气气流速度也逐渐减小，至流速等于零时进气门便关闭的 β 角最适宜，若 β 角过大便会将进入气缸内的气体重新压回进气管。由上可见，进气门开启持续时间内的曲轴转角即进气持

续角为 $\alpha+180°+\beta$。

2. 排气相位

（1）排气提前角

1）定义：在做功行程的后期，活塞到达下止点前，排气门便开始开启。从排气门开始开启到下止点所对应的曲轴转角称为排气提前角（或早开角）。排气提前角用 γ 表示，γ 一般为 30°～60°。

2）目的：

① 利用气缸内的废气压力提前自由排气：恰当的排气门早开，气缸内还有 300～500kPa 的压力，做功作用已经不大，可利用此压力使气缸内的废气迅速地自由排出。

② 减少排气消耗的功率：提前排气，等活塞到达下止点时，气缸内只剩 110～120kPa 的压力，使排气行程所消耗的功率大为减小。

③ 高温废气的早排，还可以防止发动机过热。

（2）排气迟后角

1）定义：在活塞越过上止点后，排气门才关闭。从上止点到排气门关闭所对应的曲轴转角称为排气迟后角（或晚关角）。排气迟后角用 δ 表示，δ 一般为 10°～30°。

2）目的：

① 利用气缸内外压力差继续排气：活塞到达上止点时，气缸内的压力仍高于大气压力，利用缸内外压力差可继续排气。

② 利用惯性继续排气：活塞到达上止点时废气气流有一定的惯性，利用惯性可继续排气。所以排气门适当晚关可使废气排得较干净。

由此可见，气门开启持续时间内的曲轴转角即排气持续角为 $\gamma+180°+\delta$。

3. 气门重叠角

1）定义：指发动机进气门和排气门处于同时开启的一段时间用曲轴转角来表示，称为气门重叠角。气门重叠角为 $\alpha+\delta$。一般按发动机高速旋转工况的需要来设计气门重叠角。

2）目的：由于新鲜气流和废气流的流动惯性比较大，在短时间内保持原来的流动方向，只要气门重叠角选择适当，就不会产生废气倒流入进气管或新鲜气体随同废气排出的可能性，这有利于废气排放彻底和进气充分，对换气过程会产生很大影响。

3.2.3　气门间隙

发动机工作时，气门因温度的升高而膨胀。如果气门及其传动件之间在冷态下无间隙或间隙过小，则在热态下，气门及其传动件的受热膨胀势必引起气门关闭不严，造成发动机在压缩行程和做功行程中漏气，从而使功率下降，严重时甚至不易起动。为了消除这种现象，通常在发动机冷态装配时，在气门及其传动机构中留有一定的间隙，以补偿气门受热后的膨胀量，这一间隙称为气门间隙。

间隙过大：进、排气门开启迟后，缩短了进、排气时间，降低了气门的开启高度，改变了正常的配气相位，使发动机因进气不足、排气不净而功率下降；此外，还使配气机构零件的撞击增加，磨损加快。

间隙过小：发动机工作后，零件受热膨胀，将气门推开，使气门关闭不严，造成漏气，功率下降，并使气门的密封表面严重积炭或烧坏，甚至气门撞击活塞。

 任务实施

1. 实训设备及工具和量具

实训设备：帕萨特 B5 1.8T 发动机台架四台。

工量具：常用与专用工具四套，专用扭力扳手四把，塞尺四把，外径千分尺四把（25～50mm），百分表和磁力表座四套，V 形架四对，凸轮轴配气相位器拆装专用工具四个。

2. 实训操作步骤及注意事项

（1）拆卸帕萨特 B5 发动机凸轮轴

1）拆下正时带上护罩，旋转曲轴，使 1 缸位于上止点，10 号套筒松开气缸罩盖九个固定螺母，拆下气缸罩盖，如图 3-2-7 所示。

2）取下正时传动带，取下进气凸轮轴上两个挡油器，如图 3-2-8 所示。

微课

发动机凸轮轴拆卸

图 3-2-7　拆卸气缸罩盖

图 3-2-8　拆卸凸轮轴挡油器

3）取下气缸盖罩密封垫，如图 3-2-9 所示。

图 3-2-9　拆卸气缸盖罩密封垫

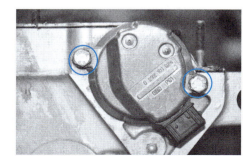

图 3-2-10　拆卸霍尔传感器总成

4）用 10 号套筒松开霍尔传感器（凸轮轴）两颗紧固螺栓，拆下霍尔传感器总成，如图 3-2-10 所示。用专用工具固定住凸轮轴传感器，如图 3-2-11 所示，再次检查凸轮轴上止点位置：凸轮轴上的两个标记必须与轴承盖上的两箭头对齐。清洁轴承盖上（箭头）对面的凸轮轴传动链和链轮，并用彩笔标出安装位置，如图 3-2-12 所示。

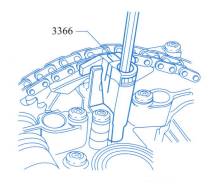

| 图 3-2-11　固定凸轮轴传感器 | 图 3-2-12　检查标注标记 |

5）用 T30 松开并首先拆下进、排气凸轮轴第 3 和第 5 道轴承盖，如图 3-2-13 所示。拆下双轴承盖，如图 3-2-14 所示。拆下进、排气凸轮轴链轮旁的两轴承盖，旋出凸轮轴调整器紧固螺栓。

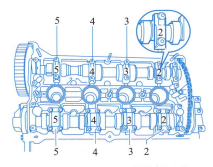

| 图 3-2-13　拆卸凸轮轴轴承盖 | 图 3-2-14　拆卸双轴承盖 |

6）用 T30 交叉松开并拆下进、排气凸轮轴第 2 和第 4 道轴承盖。拆下带凸轮轴调整器的进、排气凸轮轴。拆卸后，进、排气凸轮轴油封必须更换新油封。

（2）凸轮轴检测

查找维修手册并检测发动机凸轮轴是否符合技术要求。

1）凸轮轴弯曲、桃尖高度检测，如图 3-2-15 和图 3-2-16 所示。

2）凸轮轴轴向间隙检测。按方向安放进、排气凸轮轴到轴承座，按序号和朝前方向盖上轴承盖，用 T30 按中间向两边的顺序依次紧固进、排气凸轮轴各 5 个轴承盖的 18 颗螺栓，力矩为 10N·m。用百分表+磁力座测量凸轮轴轴向间隙，

微课

发动机凸轮轴检测

进气凸轮轴轴向间隙检测如图 3-2-17 所示，排气凸轮轴轴向间隙检测如图 3-2-18 所示，进、排气凸轮轴轴向间隙最大为 0.20mm。

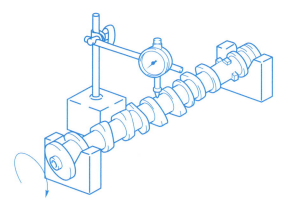

图 3-2-15　检测凸轮轴弯曲　　　　　　图 3-2-16　检测桃尖高度

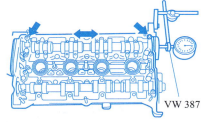

图 3-2-17　进气凸轮轴轴向间隙检测　　图 3-2-18　排气凸轮轴轴向间隙检测

3）检查液压挺杆。转动曲轴，使待查挺杆的凸轮朝上。

测量气门间隙（凸轮与液压挺杆间间隙）。用楔形木棒或塑料棒压下挺杆，如果凸轮轴和挺杆间可放入 0.20mm 的塞尺，则更换挺杆，如图 3-2-19 所示。

（3）发动机凸轮轴安装

1）凸轮轴装配。轴向间隙检查后，按拆卸方法将凸轮轴卸下，按记号装上气门挺柱，涂抹机油，如图 3-2-20 所示。

微课

发动机凸轮轴安装

2）凸轮轴配气相位器装配。凸轮轴上缺口 A 和 B 之间的距离为 16 个链辊，缺口 A 现对于链辊 1 略向里安装。用 T30 依次拧紧相位调整器的四颗紧固螺栓，力矩为 10N·m，如图 3-2-21 所示。

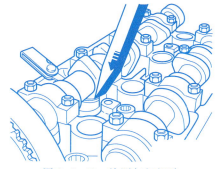

图 3-2-19　检测气门间隙

3）按方向安放进、排气凸轮轴到轴承座，按序号和朝前方向盖上轴承盖，用 T30 按中间向两边的顺序依次紧固进、排气凸轮轴各 5 个轴承盖的 18 颗螺栓，力矩为 10N·m，如图 3-2-22 所示。

图 3-2-20　安装气门挺柱

a）涂抹机油　b）安装气门挺柱

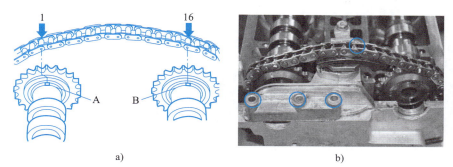

a)

b)

图 3-2-21　装配凸轮轴配气相位器

a）配气相位器　b）装配配气相位器

4）更换新的进、排气凸轮轴油封，油封密封唇不涂机油。用专用工具装到凸轮轴轴颈上。将油封滑到导套上，将油封压入，如图 3-2-23 所示。安装霍尔传感器总成，如图 3-2-24 所示。安装凸轮轴带轮。凸轮轴带轮窄边朝外（箭头）并可从前面看见 1 缸上止点标记。安装上凸轮轴带轮紧固螺栓和气缸盖罩。

图 3-2-22　安装凸轮轴轴承座

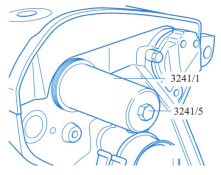

图 3-2-23　安装进、排气凸轮轴油封　　图 3-2-24　安装霍尔传感器总成

任务工单 3.2 气门传动组检测维修

项目3 配气机构检测维修		小组人员：	
班级：	学号：		指导教师签字：
日期：			

任务 3.2 气门传动组检测维修【实训任务工作表】

作业要求：1. 正确掌握气门传动组零部件的结构

    2. 正确掌握凸轮轴轴向间隙、气门间隙的测量和调整方法

    3. 正确掌握检查并测量凸轮轴的轴颈、凸轮轴的轴孔是否有磨损

    4. 培养观察分析问题的能力

    5. 良好的 7S 工作习惯

1. 工具、量具准备：

2. 维修资料准备：

3. 辅助材料与耗材：

4. 制订工作计划及组员分工：

5. 外观目测损坏部件：

6. 工作现场安全准备、检查：

续表

作业一：凸轮轴拆装		
拆卸项目（安装反序）	拆装技术要求、注意点及标记（顺序方向）	目测
正时传动带		正常□　损坏□
凸轮轴正时传动带轮		正常□　损坏□
霍尔传感器总成		正常□　损坏□
标注凸轮轴与轴承盖记号		正常□　损坏□
拆卸凸轮轴第 3、5 道轴承盖		正常□　损坏□
拆卸双轴承盖		正常□　损坏□
拆卸凸轮轴链轮旁的轴承盖		正常□　损坏□
拆卸凸轮轴调整器		正常□　损坏□
拆卸进、排气凸轮轴		正常□　损坏□
作业二：气门传动组测量		
测量项目	测量数值	结果判断
凸轮轴桃尖高度		正常□　异常□
凸轮轴圆度		正常□　异常□
凸轮轴轴向间隙		正常□　异常□
气门间隙		正常□　异常□

7. 零部件基本清洁

（1）需清洗的部件：

（2）清洗剂种类：

（3）清洗要求：

8. 总结本次活动重点和要点：

9. 本次活动存在的问题及解决方法：

任务考核

任务 3.2　气门传动组检测维修评分细则

项目 3　配气机构检测维修		实训日期：	
姓名：	班级：	学号：	指导教师签字：
自评：□ 熟练　□ 不熟练	互评：□ 熟练　□ 不熟练	师评：□ 熟练　□ 不熟练	
日期：	日期：	日期：	

任务 3.2　气门传动组检测维修【评分细则】

序号	评分项	得分条件	分值	评分要求	自评	互评	师评
1	安全/7S/态度	□ 1）能进行工位 7S 操作 □ 2）能进行设备和工具安全检查 □ 3）能进行车辆安全防护操作 □ 4）能进行工具清洁校准存放操作 □ 5）能进行三不落地操作	15 分	未完成 1 项扣 3 分，扣分不得超 15 分	□ 熟练 □ 不熟练	□ 熟练 □ 不熟练	□ 合格 □ 不合格
2	专业技能能力	作业 1： □ 1）能正确拆装气门室罩盖 □ 2）能正确拆装凸轮轴正时传动带轮 □ 3）能正确拆装霍尔传感器总成 □ 4）能正确拆装凸轮轴轴承盖 □ 5）能正确拆装凸轮轴调整器 □ 6）能正确拆装进、排气凸轮轴 □ 7）能正确拆装进、排气液压挺柱 □ 8）能正确更换进、排气凸轮轴油封 作业 2： □ 1）能正确测量凸轮轴桃尖高度 □ 2）能正确测量凸轮轴圆度 □ 3）能正确测量凸轮轴轴向间隙 □ 4）能正确测量气门间隙	50 分	未完成 1 项扣 5 分，扣分不得超 50 分	□ 熟练 □ 不熟练	□ 熟练 □ 不熟练	□ 合格 □ 不合格
3	工具及设备的使用能力	□ 1）能正确使用维修工具 □ 2）能正确使用专用工具 □ 3）能正确使用塞尺 □ 4）能正确使用百分表 □ 5）能正确使用外径千分尺	10 分	未完成 1 项扣 5 分，扣分不得超 10 分	□ 熟练 □ 不熟练	□ 熟练 □ 不熟练	□ 合格 □ 不合格
4	资料、信息查询能力	□ 1）能正确使用维修手册查询资料 □ 2）能在规定时间内查询所需资料 □ 3）能正确记录所查询资料章节页码 □ 4）能正确记录所需维修信息	10 分	未完成 1 项扣 5 分，扣分不得超 10 分	□ 熟练 □ 不熟练	□ 熟练 □ 不熟练	□ 合格 □ 不合格
5	数据、判读和分析能力	□ 1）能判断凸轮轴是否正常 □ 2）能判断凸轮轴轴向间隙是否正常 □ 3）能判断气门间隙是否正常	10 分	未完成 1 项扣 5 分，扣分不得超 10 分	□ 熟练 □ 不熟练	□ 熟练 □ 不熟练	□ 合格 □ 不合格
6	表单填写与报告的撰写能力	□ 1）字迹清晰　□ 2）语句通顺 □ 3）无错别字　□ 4）无涂改 □ 5）无抄袭	5 分	未完成 1 项扣 1 分，扣分不得超 5 分	□ 熟练 □ 不熟练	□ 熟练 □ 不熟练	□ 合格 □ 不合格
		总分 100 分					

任务拓展

大众第三代发动机 EA888 AVS

可变气门升程（Audi Valvelift System，AVS）控制功能，通过排气凸轮轴上的电子气门升程切换以及进气和排气凸轮轴上的可变气门正时，实现了对每个气缸气体交换的优化控制。较小的凸轮轮廓仅用于低转速。何时使用凸轮轮廓以及使用哪个凸轮轮廓，均储存在图谱中，如图 3-2-25 所示。此功能有以下好处：

1）优化气体交换。

2）防止废气回流到之前的 180°排气缸。

3）入口打开时间更早，填充程度更佳。

4）通过燃烧室内的正压差减少余气。

5）提升涡轮增压器的响应性。

6）在较低转速获得较高的扭矩，获得较高的增压压力。

任务拓展

大众第三代 EA888
发动机 AVS 结构

任务拓展

大众第三代 EA888
发动机 AVS 工作
过程

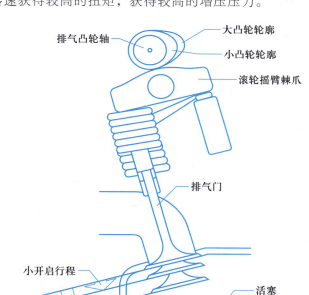

图 3-2-25　凸轮轴相位调节

1. 电子气门升程切换

为了在排气凸轮轴上两个不同的气门升程之间相互切换，此凸轮轴有四个可移动的凸轮件（带有内花键）。每个凸轮件上都装有两对凸轮，其凸轮升程是不同的。通过电子执行器对两种升程进行切换。电子执行器结合每个凸轮件上的滑动槽，并移动凸轮轴上的凸轮件，如图 3-2-26 所示。

可移动凸轮件

带外花键的
排气凸轮轴

用球体和弹簧
锁定凸轮件

图 3-2-26　电子气门升程切换

2. 用于气门升程切换的执行器

在两个电子执行器（气缸 1 ~ 4 的排气凸轮执行器 A/B）的辅助下，每个凸轮件在排气凸轮轴上在两个切换位置之间被来回推动。每个气缸的一个执行器切换到更大的气门升程，另一个执行器切换到更小的气门升程，如图 3-2-27a 所示。

每个执行器（气缸 1 ~ 4 的排气凸轮执行器 A/B）都包含一个电磁线圈。金属销通过导管被向下移。在收缩位置和伸展位置，金属销通过一个永久磁铁被固定在执行器壳体中的相应位置，如图 3-2-27b 所示。

3. 工作原理

当电流通过执行器电磁线圈时，金属销在 18 ~ 22ms 中被移动。伸展的金属销结合到排气凸轮轴上凸轮件的相关滑动槽中，并通过凸轮轴旋转推动滑动槽到相应的切换位置。金属销通过机械方式在滑动槽（相当于一个复位斜面）的作用下缩进去。凸轮件的两个执行器被起动时，总是只有一个执行器上的金属销移动。

发动机控制单元根据复位信号得知金属销的当前位置。当复位斜面推动执行器的金属销回到元件的导管中时，生成一个复位信号。发动机管理系统可根据哪个执行器发出复位信号来确定相关滑动装置的当前位置。

（1）在较低发动机转速范围下的凸轮轴位置

为了使这个负载范围内的气体交换性能更佳，发动机管理系统通过凸轮轴调节器将进气凸轮轴提前，将排气凸轮轴延迟。气门升程切换至更小的排气凸轮轮廓，而且右侧执行器金属销伸出。它结合滑动槽，并将凸轮件向左移至小凸轮轮廓，如图 3-2-28 所示。

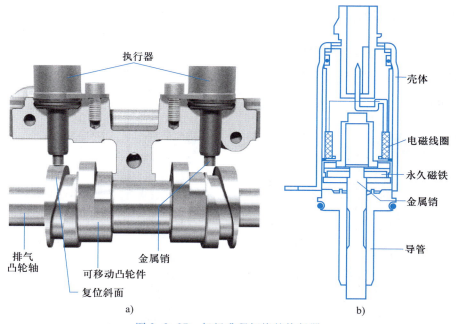

图 3-2-27　气门升程切换的执行器

a）两个电子执行器　b）电子执行器的结构

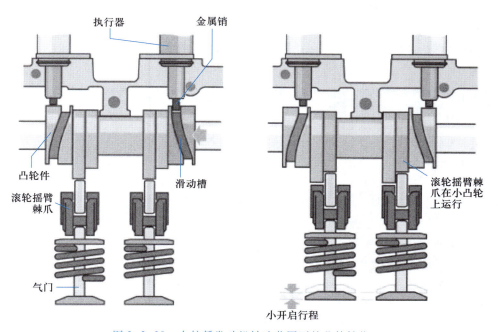

图 3-2-28　在较低发动机转速范围下的凸轮轴位置

（2）部分负载和全负载下的凸轮轴位置

驾驶人加速并从部分负载改变为全负载，气缸内的气体交换必须适应更高的性能需求。发动机管理系统通过凸轮轴调节器将进气凸轮轴提前，将排气凸轮轴延迟。为了达到最佳的气缸填充性能，排气门需要最大的气门升程。为了实现此目的，左执行器被起动，凸轮件被向右移动，切换至大凸轮轮廓，金属销通过滑动槽将凸轮件移向大凸轮。排气门现在以最大的升程打开和关闭。凸轮件也通过凸轮轴中的弹簧加载式球体被固定在此位置，如图 3-2-29 所示。

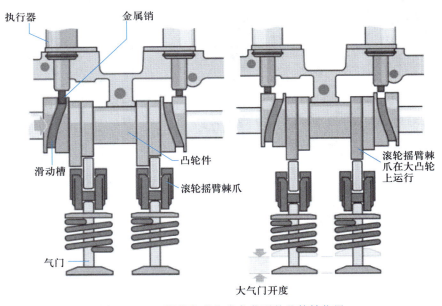

图 3-2-29　部分负载和全负载下的凸轮轴位置

 练习与思考

一、单选题

1. 进、排气门在排气上止点时（　　）。

A. 进气门开，排气门关　　　　　　B. 排气门开，进气门关

C. 进、排气门全关　　　　　　　　D. 进、排气门叠开

2. 进、排气门在压缩上止点时（　　）。

A. 进气门开，排气门关　　　　　　B. 排气门开，进气门关

C. 进、排气门全关　　　　　　　　D. 进、排气门全开

3. 做功顺序为 1—3—4—2 的发动机，在第 3 缸活塞压缩上止点时，可以检查调整（　　）气门间隙。

A. 3 缸的进、排气门和 4、2 缸的进气门

B. 1、4 缸的进气门和 2 缸的排气门

C. 3 缸的进、排气门和 4 缸的排气门和 2 缸的进气门

D. 1 缸的进气门、排气门和 4 缸的排气门和 2 缸的进气门

4. VVT-I 智能可变配气正时系统是根据不同的发动机转速来改变（　　）的。

A. 进气门的配气相位 　　　　　　B. 进、排气门的重叠角

C. 排气门的配气相位 　　　　　　D. 进、排气门的配气相位

5. 高速发动机为了提高充气和排气性能，往往采用（　　）进气门提前角和排气门迟后角的方法，以改善发动机性能。

A. 增加 　　　B. 减小 　　　C. 不变 　　　D. 都不是

6. （　　）用来驱动和控制各缸气门的开启和关闭。

A. 挺杆 　　　　B. 曲轴 　　　C. 摇臂 　　　D. 凸轮轴

7. 为了保证进、排气充分，延长进气、排气时间，措施是（　　）。

A. 进气门提前开启，排气门提前关闭

B. 进气门提前开启，排气门延迟关闭

C. 进气门延后开启，排气门提前关闭

D. 进气门提前关闭，排气门提前开启

8. 气门间隙（　　）会影响发动机配气相位的变化。

A. 过大 　　　　B. 过小 　　　C. 过大，过小　　　D. 都不是

9. 四冲程六缸发动机，各同名凸轮之间的相对位置夹角应当是（　　）。

A. 120° 　　　B. 90° 　　　C. 60° 　　　D. 45°

10. 帕萨特 B5 发动机由曲轴到凸轮轴的传动方式是（　　）。

A. 正时齿轮传动 　　　　　　B. 链传动

C. 齿形带传动 　　　　　　　D. 液压传动

二、判断题

1. 在排气行程结束和进气行程开始时，进、排气门会有一段时间同时开启。（　　）

2. 进气迟后角随着发动机转速上升应减小。（　　）

3. 气门间隙过大会影响发动机的配气相位。（　　）

4. 采用液压挺柱，气门间隙就不需要调整了。（　　）

5. 气门间隙过大，发动机在热态下可能发生漏气，导致发动机功率下降。（　　）

■ 任务 3.3　气门组检测维修

👤 任务描述

一辆帕萨特轿车进店维修，该车行驶里程 280 000km，车主反映：发动机油耗增加，动力不足，排气管冒黑烟。经诊断是气门不密封故障，需要检修气门组。

任务解析

首先要掌握发动机气门组的结构与功能，分析故障原因，并通过查找相应技术资料正确拆卸气门组，并检测气门组是否符合技术要求，根据检测结果提出维修和调整方案。

任务目标

知识目标：

1. 掌握气门组件的测量方法。

2. 掌握气门导管的检查与测量的技术规范及注意事项（中级）。

3. 掌握气门锥面与气门座的检查和测量方法（中级）。

4. 掌握气门弹簧高度、气门杆高度测量方法（中级）。

能力目标：

1. 能检查和测量气门组件，确认是否正常。

2. 能检查、拆装和更换气门组件（中级）。

3. 能检查气门导管，确定维修内容（中级）。

4. 能检查和测量气门锥面与气门座的接触情况及同心度（径向圆跳动量）（中级）。

5. 能测量气门弹簧的安装高度、气门杆高度，确定维修内容（中级）。

素质目标：

1. 爱国守法、崇德向善、诚实守信。

2. 爱岗敬业、积极进取、团结协作。

3. 热爱劳动、沟通流畅、勇于创新。

4. 精益求精、工匠精神、7S 管理。

知识准备

3.3.1　气门组的组成

配气机构中气门组主要由气门、气门座、气门导管和气门弹簧等零件组成，如图 3-3-1 所示。

3.3.2　气门组的部件

1. 气门

气门分为进气门和排气门。

（1）气门的作用

气门由头部和杆身两部分组成。头部用来封闭进、排气道，杆身用来在气门开闭过程中起导向作用。

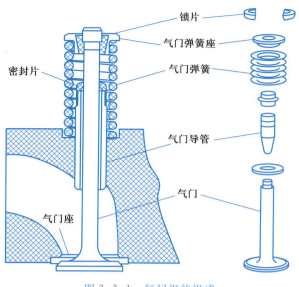

图 3-3-1 气门组的组成

（2）气门的工作条件

1）气门头部直接与气缸内燃烧的高温气体接触，承受的工作温度很高。

2）气门主要靠头部密封锥面与气门座接触处散热，极少部分从气门杆和气门导管之间散失，但散热面积小于受热面积，散热困难。

3）气门在关闭时承受很大的落座冲击力，发动机转速越高，冲击力越大。

4）气门受到燃气中腐蚀介质的腐蚀。

5）气门润滑困难。

6）气门要承受气体压力、传动组零件惯性力的作用。

（3）气门的材料

由上可见，气门的工作条件是很恶劣的，所以要求气门材料必须有足够的强度、刚度、耐高温和耐磨损。进气门一般采用中碳合金钢（如镍钢、镍铬钢和铬钼钢等），排气门多采用耐热合金钢（如硅铬钢、硅铬钼钢）。为了改善气门的导热性能，可在气门内部充注金属钠，如图 3-3-2 所示。

（4）气门的构造

气门的构造如图 3-3-3 所示，头部和杆身两者圆弧连接。气门头部由气门顶部和密封锥面组成。

1）气门顶部形状主要分成平顶、喇叭顶和球面顶三种结构形式，如图 3-3-4 所示。

平顶的气门顶部结构吸热面积小，结构简单，制造方便，质量小，进、排气门均可使用，故大多数发动机采用平顶。

2）气门密封锥面与顶平面之间的夹角称为气门锥角，如图 3-3-5 所示，一般做成 45°。

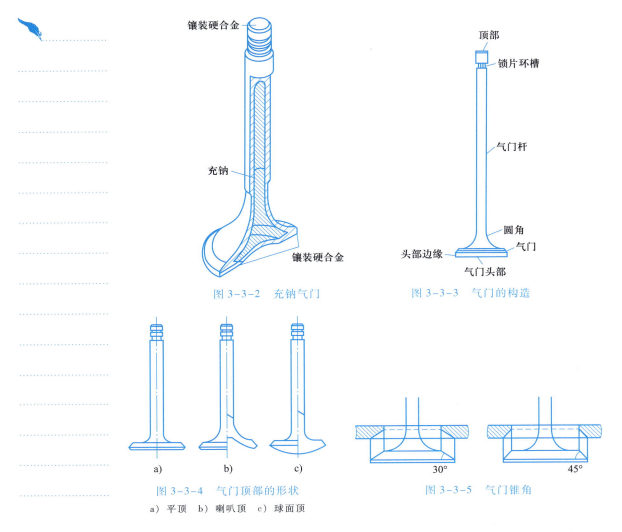

图 3-3-2　充钠气门

图 3-3-3　气门的构造

图 3-3-4　气门顶部的形状
a）平顶　b）喇叭顶　c）球面顶

图 3-3-5　气门锥角

气门密封锥面是与杆身同心的圆锥面，用来与气门座接触，起到密封气道的作用。采用密封锥面有以下好处：

① 能提高密封性和导热性。

② 气门落座时，有自定位的作用。

③ 避免气流拐弯过大而降低流速。

④ 能挤掉接触面的沉淀物，起自洁作用。

在气门升程相同的情况下，气门锥角小，可获得较大的气流通过截面，进气阻力较小，所以有的发动机进气门密封锥角做成 30°。但锥角较小的头部边缘较薄，刚度较小，致使气门头部与气门座的密封性和导热性均较差，容易在热态时变形，影响贴合。另外，排气门温度较高，导热要求也很高，所以它的气门锥角大多数仍为 45°。虽然气流阻力增大，但由于排气压力高，影响不大。

3）气门杆身与气门导管配合，为气门开启与关闭过程中上下运动做导向。

气门杆身为圆柱形，发动机工作时，气门杆身在气门导管中不断上下往复运动，而且润滑条件非常恶劣。因此，要求气门杆身与气门导管有一定的配合精度和耐磨性，气门杆身表面都经过热处理和磨光，气门杆身与头部之间的过渡应尽量圆滑，不但可以减小应力集中，还可以减小气流阻力。

4）气门杆的尾部用来固定气门弹簧座，其结构随着弹簧座的固定方式不同而不同。常用的固定方式有以下两种：

① 锥形锁片式。如图 3-3-6 所示，锁片式的锥形锁片被剖分成两半，合在一起形成一个完整的圆锥结构，内孔有环形凸起。弹簧座的中心孔为圆锥孔，用来与锁片的外圆锥面配合。安装时，用力将弹簧座连同气门弹簧压下，将两片锁环套在气门杆尾部合并一起，锁片内孔的环状凸起正好位于气门杆尾端的环形槽内。放松弹簧座，在气门弹簧的弹力作用下，弹簧座的圆锥孔与锁片的圆锥面紧紧贴合在一起，不会脱落。

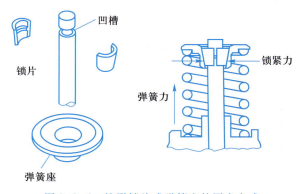

图 3-3-6　锥形锁片式弹簧座的固定方式

② 锁销式。如图 3-3-7 所示，其固定方法比较简单，将弹簧座连同弹簧一起压下后，将锁销插入气门杆尾部的径向孔内，放松弹簧座后，锁销正好位于弹簧座侧面的凹穴内，防止了弹簧座的脱出。

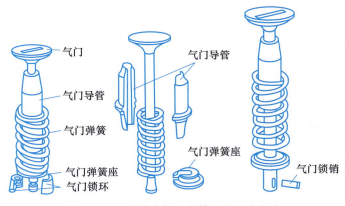

图 3-3-7　锁销式气门弹簧座的固定方式

5）适量的机油进入气门导管与气门之间的间隙，对于气门杆的润滑是很有用的。但若进入的机油过多，将会在气缸内造成积炭和在气门上产生沉积物。因此，有的发动机在气门杆上设有机油防漏装置（油封），如图3-3-8所示。

2. 气门座

进、排气道口与气门密封锥面直接贴合的部位称为气门座。

（1）气门座的作用

气门座与气门头部结合起来对气缸起密封作用，同时接受气门头部传来的热量，起到对气门散热的作用。

（2）气门座的形式与材料

气门座的形式有两种：一是直接在气缸盖上镗出；二是单独制成气门座圈，镶嵌在气缸盖上，如图3-3-9所示。

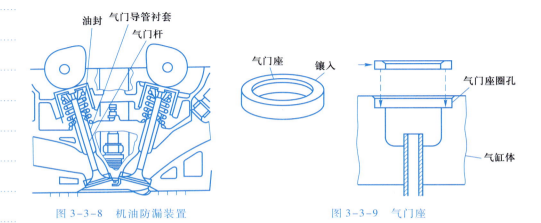

图3-3-8　机油防漏装置　　　　图3-3-9　气门座

直接在气缸盖上的气门座散热效果好，使用中不存在脱落造成事故的可能性；但存在不耐高温、不耐磨损，不便于修理更换等缺点。气门座圈用耐热合金钢或耐热合金铸铁制成，镶嵌在气缸盖上。它不但耐高温、耐磨损和耐冲击，使用寿命长，而且易于更换。缺点是导热性差，加工精度高，如果与缸盖上的座孔公差配合选择不当，还可能发生脱落而造成事故。

（3）气门座的锥角

气门座的锥角由三部分组成。其中45°或30°的锥面与气门密封锥面贴合，为了保证有一定的气门座闭合压力，使密封可靠，同时又有一定的散热面积，要求结合面的宽度b为1~3mm；15°和75°锥角是用来修正工作锥面的宽度和上、下位置的，以使其达到规定的要求。在安装气门前，还应采用与气门配对研磨的方法，保证贴合得更紧密、可靠。

某些发动机的气门锥角比气门座锥角小0.5°~1°，称为密封干涉角。这样做有利于走合期的磨合。走合期结束，密封干涉角逐渐消失，恢复全锥面接触。

3. 气门导管

（1）气门导管的作用与材料

气门导管是给气门的运动做导向，保证气门的往复直线运动和气门关闭时能正确地与气门座贴合，并为气门杆散热。气门导管如图 3-3-10 所示，通常单独制成零件，再压入缸盖（或缸体）的气门导管孔中。由于润滑较困难，气门导管一般用含石墨较多的铸铁或粉末冶金制成，以提高自润滑性能。

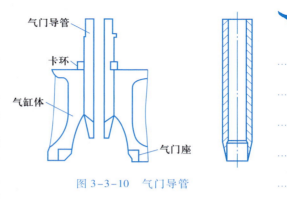

图 3-3-10　气门导管

（2）气门导管的结构

气门导管的外表面与缸盖（体）的配合有一定的过盈量，保证良好传热，也防止松脱。气门导管的下端伸入进、排气道内。伸入端的外圆做成圆锥状，防止对气流造成阻力。气门导管与气门杆间留有 0.05 ~ 0.12mm 的间隙，使气门杆能在导管内自由运动。有些发动机为了防止气门导管松脱，采用卡环对导管进行固定与定位。

4. 气门弹簧

（1）气门弹簧的作用

气门弹簧是圆柱形的螺旋弹簧，位于缸盖与气门尾端弹簧座之间，作用是使气门自动复位关闭，并保证气门与气门座的闭合压力；还用于吸收气门在关闭过程中各传动零件所产生的惯性力，以防止各个传动件彼此分离而破坏配气机构正常工作。为了保证实现气门弹簧的作用，其刚度一般都很大，而且在安装时采用较大预紧力进行预紧压缩。

（2）气门弹簧的材料

气门弹簧大多采用优质合金钢丝卷绕成螺旋状，弹簧两端磨平，防止在工作中弹簧产生歪曲。为了提高弹簧疲劳强度，保证弹簧的弹力不下降、不折断，弹簧丝表面要磨光、抛光或喷丸处理。为了防止在使用中生锈，弹簧丝表面还必须经过发蓝处理或磷化处理。

（3）气门弹簧的结构形式

当气门弹簧的工作频率与其自然频率相等或某一倍数时，将会产生共振。强烈的共振会破坏气门的正常工作，使弹簧折断。为了避免共振的发生，常采用以下结构措施：

1）提高弹簧刚度。提高气门弹簧的刚度，就是提高气门弹簧的自然振动频率。如加粗弹簧的直径，减小弹簧的圈径等，如图 3-3-11a 所示。

2）采用变螺距弹簧。各圈之间的螺距不相等，在弹簧压缩时，螺距较小的弹簧两端逐渐贴合，使有效圈数逐渐减少，因而固有振动频率不断变化（增加），避免共振发生，如图 3-3-11b 所示。

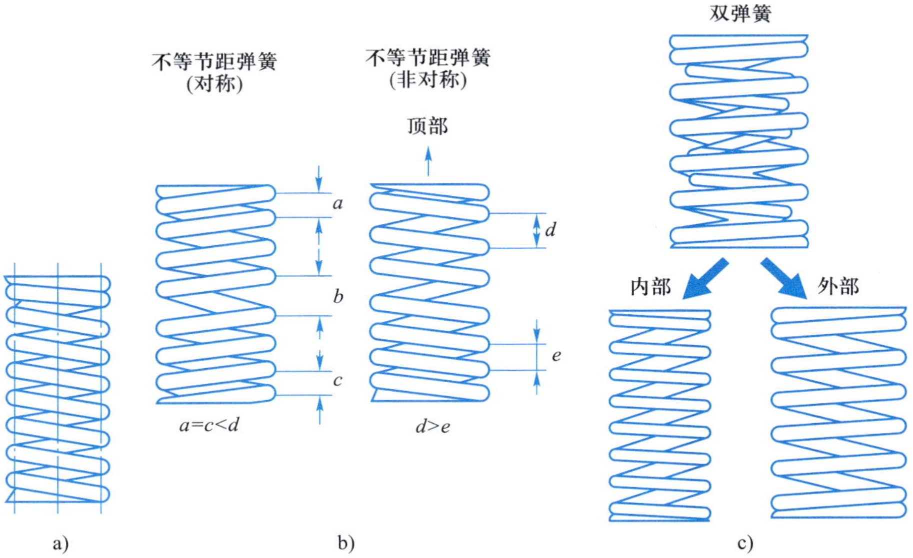

双弹簧

不等节距弹簧   不等节距弹簧
（对称）   （非对称）

顶部

a

b d

内部   外部

c

$a=c<d$ $d>e$

e

a)   b)   c)

图 3-3-11   气门弹簧

a）等螺距弹簧   b）变螺距弹簧   c）双弹簧

3）采用双气门弹簧结构。每个气门同心安装两根直径不同、旋向相反的内外弹簧，如图 3-3-11c 所示，由于两弹簧的自振频率不同，当某一弹簧发生共振时，另一弹簧起减振作用。当一根弹簧折断时，另一根还能继续维持工作；旋向相反，可以防止一根弹簧折断时卡入另一根弹簧内，以免好的弹簧被损坏。

微课

气门组拆卸

任务实施

1. 实训设备及工量具

实训设备：帕萨特 B5 1.8T 发动机台架四台或已拆下凸轮轴和凸轮轴调整器的完整气缸盖。

工量具：常用与专用工具四套，专用扭力扳手四把，外径千分尺四把，游标卡尺四把，直角尺四把，铜棒四根，气门油封工具四把，气门拆装钳四把，镊子四把，磁力棒四条。

2. 实训操作步骤及注意事项

（1）拆卸帕萨特 B5 发动机气门组

1）用带接杆 M10（世达）按照两边往中间的顺序分 2~3 次松开 10 颗缸盖螺栓，取下气缸盖总成，取下气缸垫，如图 3-3-12 所示。

2）用磁力棒依次吸出进气侧的 12 个液压挺柱，并做好标记，如图 3-3-13
所示。

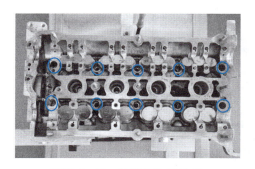

图 3-3-12　拆卸气缸盖总成

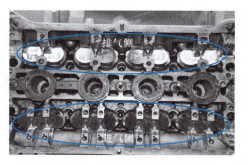

图 3-3-13　拆卸进气侧液压挺柱

3）用气门拆装钳拆卸 12 个进气门和 8 个排气门，并做好标记，如图 3-3-14
所示，并取出气门弹簧、锁片和弹簧座等。

4）用气门油封拆装工具取出气门油封，如图 3-3-15 所示。

图 3-3-14　拆卸气门

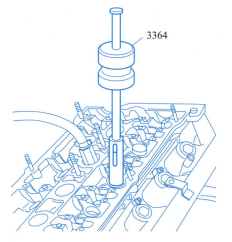

图 3-3-15　拆卸气门油封

（2）查找维修手册并检测发动机气
门是否符合技术要求

1）用外径千分尺检测气门，如
图 3-3-16 所示，气门尺寸如图 3-3-17
所示。

气门尺寸标准如表 3-3-1 所示。

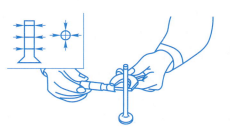

图 3-3-16　测量气门

微课

气门组检测

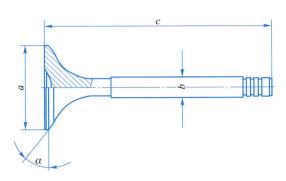

图 3-3-17 气门尺寸

表 3-3-1 气门尺寸标准

尺寸	进气门	排气门
$\phi a/mm$	27.00 ~ 36.80	29.80 ~ 30.00
$\phi b/mm$	5.95 ~ 5.97	5.94 ~ 5.95
c/mm	104.84 ~ 105.34	103.64 ~ 104.14
$\alpha/(°)$	45	45

气门头部边缘的厚度小于 1.0mm。测量气门头部边缘厚度如图 3-3-18 所示。气门杆的直线度误差大于 0.5mm 时，应予更换或校直，校直后的直线度误差不得大于 0.02mm。气门杆的直线度检查方法如图 3-3-19 所示。

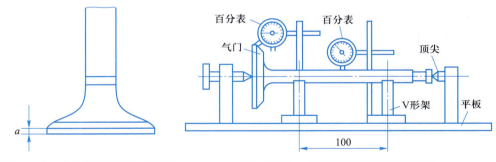

图 3-3-18 测量气门头部边缘厚度   图 3-3-19 气门杆的直线度检查方法

2）气门弹簧的检验。

① 检验要求：检查气门弹簧的端面与中心线的垂直度。要求其不超过 2°；各道弹簧圈的外径应在同一平面上，其误差不超过 1mm，否则，应更换。

② 气门弹簧的弹力应在弹簧检验仪上进行检验，如图 3-3-20b 所示。当弹簧力的减小值大于原厂规定 10% 时，应予更换。气门弹簧弹力降低，将使气门关闭时回弹抖动，不但影响气缸的密封性，也容易烧蚀气门。在无弹簧的原厂数据时，一般多采用测量弹簧的自由长度减小值来判断，如图 3-3-20a 所示。当其自由长度减小值超过 2mm 时，应予更换。

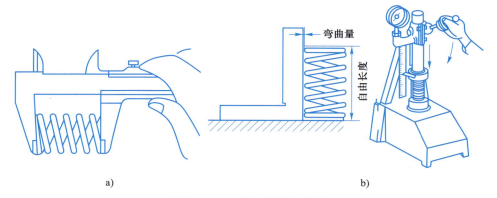

图 3-3-20　气门弹簧的检验

a）测量自由长度　b）测量弹簧负荷长度和弯曲量

3）气门的密封性检验：在气门锥面上用软铅笔均匀地划上若干条线或涂抹一层轴承蓝或红丹，然后与相配气门座接触，略压紧并转动气门 45°～90°，取出气门，查看铅笔线条，如铅笔线条均被切断，如图 3-3-21 所示，则表示密封良好，否则，应重新研磨。

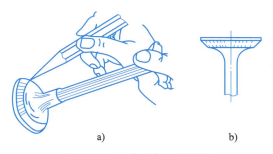

图 3-3-21　检验气门密封性

（3）发动机气门组的安装

按气门组拆卸的反序和记号装配发动机气门组。

任务工单 3.3　气门组检测维修

项目 3　配气机构检测维修	小组人员：		
班级：	学号：		指导教师签字：
日期：			
任务 3.3　气门组检测维修【实训任务工作表】			
作业要求：1. 正确掌握气门组件的检查与测量的技术规范及注意事项 　　　　2. 正确掌握拆装气门组件步骤和注意事项 　　　　3. 正确掌握检查并测量气门、气门弹簧、气门导管、气门座圈是否有磨损 　　　　4. 培养观察分析问题的能力 　　　　5. 良好的 7S 工作习惯			
1. 工具、量具准备：			

微课

气门组安装

2. 维修资料准备：

3. 辅助材料与耗材：

4. 制订工作计划及组员分工：

5. 外观目测损坏部件：

6. 工作现场安全准备、检查：

作业一：气门组拆装

拆卸项目（安装反序）	拆装技术要求、注意点及标记（顺序方向）	目测	
气缸盖螺栓		正常□	损坏□
凸轮轴和液压挺柱		正常□	损坏□
气门锁片		正常□	损坏□
气门弹簧座圈		正常□	损坏□
气门弹簧		正常□	损坏□
气门		正常□	损坏□
气门油封		正常□	损坏□

作业二：气门组测量

测量项目	测量数值	结果判断	
进气门长度		正常□	异常□
进气门直径		正常□	异常□
进气门杆直径		正常□	异常□
排气门长度		正常□	异常□
排气门直径		正常□	异常□
排气门杆直径		正常□	异常□
气门弹簧		正常□	异常□
气门头厚度		正常□	异常□

7. 零部件基本清洁

（1）需清洗的部件：

（2）清洗剂种类：

（3）清洗要求：

8. 总结本次活动重点和要点：

9. 本次活动存在的问题及解决方法：

任务考核

任务 3.3　气门组检测维修评分细则

项目 3　配气机构检测维修			实训日期：		
姓名：		班级：	学号：		指导教师签字：
自评：□ 熟练　□ 不熟练		互评：□ 熟练　□ 不熟练	师评：□ 熟练　□ 不熟练		
日期：		日期：	日期：		

任务 3.3　气门组检测维修【评分细则】

序号	评分项	得分条件	分值	评分要求	自评	互评	师评
1	安全/7S/态度	□ 1）能进行工位 7S 操作 □ 2）能进行设备和工具安全检查 □ 3）能进行车辆安全防护操作 □ 4）能进行工具清洁校准存放操作 □ 5）能进行三不落地操作	15 分	未完成 1 项扣 3 分，扣分不得超 15 分	□ 熟练 □ 不熟练	□ 熟练 □ 不熟练	□ 合格 □ 不合格
2	专业技能能力	作业 1： □ 1）能正确拆装气缸盖螺栓 □ 2）能正确拆装凸轮轴 □ 3）能正确拆装液压挺柱 □ 4）能正确拆装气门锁片 □ 5）能正确拆装气门弹簧及座圈 □ 6）能正确拆装气门 □ 7）能正确更换气门油封 作业 2： □ 1）能正确测量气门弹簧 □ 2）能正确测量气门杆高度与直径 □ 3）能正确测量气门导管间隙 □ 4）能正确测量气门与座圈密封 □ 5）能正确测量气门顶部厚度	50 分	未完成 1 项扣 5 分，扣分不得超 50 分	□ 熟练 □ 不熟练	□ 熟练 □ 不熟练	□ 合格 □ 不合格
3	工具及设备的使用能力	□ 1）能正确使用维修工具 □ 2）能正确使用气门拆装工具 □ 3）能正确使用游标卡尺 □ 4）能正确使用百分表 □ 5）能正确使用直角尺 □ 6）能正确使用外径千分尺	10 分	未完成 1 项扣 5 分，扣分不得超 10 分	□ 熟练 □ 不熟练	□ 熟练 □ 不熟练	□ 合格 □ 不合格
4	资料、信息查询能力	□ 1）能正确使用维修手册查询资料 □ 2）能在规定时间内查询所需资料 □ 3）能正确记录所查询资料章节页码 □ 4）能正确记录所需维修信息	10 分	未完成 1 项扣 5 分，扣分不得超 10 分	□ 熟练 □ 不熟练	□ 熟练 □ 不熟练	□ 合格 □ 不合格
5	数据、判读和分析能力	□ 1）能判断气门是否正常 □ 2）能判断气门座是否正常 □ 3）能判断气门导管间隙是否正常	10 分	未完成 1 项扣 5 分，扣分不得超 10 分	□ 熟练 □ 不熟练	□ 熟练 □ 不熟练	□ 合格 □ 不合格
6	表单填写与报告的撰写能力	□ 1）字迹清晰　□ 2）语句通顺 □ 3）无错别字　□ 4）无涂改 □ 5）无抄袭	5 分	未完成 1 项扣 1 分，扣分不得超 5 分	□ 熟练 □ 不熟练	□ 熟练 □ 不熟练	□ 合格 □ 不合格
		总分 100 分					

任务拓展

如果感兴趣，可扫描下方二维码学习气门座的研磨。

任务拓展
气门座的研磨

练习与思考

一、单选题

1. 气门是由（　　）控制回位而关闭的。

A. 气门弹簧　　　　　B. 挺柱　　　　　C. 气门导管　　　　　D. 凸轮轴

2. 顶置式气门是由凸轮轴上的凸轮压动摇臂顶开的，其关闭是依靠（　　）实现的。

A. 气门弹簧　　　　　B. 气门　　　　　C. 气门导杆　　　　　D. 气门座圈

3. 为了提高气门与气门座圈的密封性，气门与座圈的密封带宽度越（　　）越好。

A. 大　　　　　　　　B. 小　　　　　　C. 适中　　　　　　　D. 都不是

4. 为了获得较大的充气系数，一般进气门锥角成（　　）。

A. 30°　　　　　　　B. 40°　　　　　　C. 60°　　　　　　　D. 45°

5. 门头部和杆身呈（　　）连接。

A. 圆弧　　　　　　　B. 椭圆　　　　　C. 圆　　　　　　　　D. 正方形

6. 气门座与（　　）一起对气缸起密封作用。

A. 气门头部　　　　　　　　　　　　　　B. 气门杆身

C. 气门弹簧　　　　　　　　　　　　　　D. 气门座圈

7. （　　）气门弹簧的刚度，就能提高气门弹簧的自然振动频率。

A. 提高　　　　　　　B. 降低　　　　　C. 扩大　　　　　　　D. 缩小

8. 排气门的锥角一般为（　　）。

A. 30°　　　　　　　B. 45°　　　　　　C. 60°　　　　　　　D. 50°

9. （　　）不是气门组组件。

A. 气门　　　　　　　B. 气门弹簧　　　C. 气门油封　　　　　D. 挺柱

10. 弹簧力的减小值大于原厂规定（　　）时，应予更换。

A. 15%　　　　　　　B. 5%　　　　　　C. 10%　　　　　　　D. 20%

二、判断题

1. 对于多缸发动机来说，各缸同名气门的结构和尺寸是完全相同的，所以可以互换使用。（　　）

2. 为了安装方便，凸轮轴各主轴径的直径都做成一致的。（　　）
3. 一般进气门头部比排气门头部略小。（　　）
4. 气门锥角一般做成 30°。（　　）
5. 气门间隙调整的二次调整法为双排不进法。（　　）

项目4

曲柄连杆机构检测维修

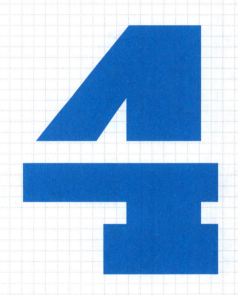

🔔【项目内容】- - - - - →

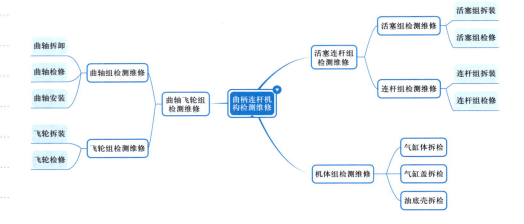

📋【项目概述】- - - - - →

　　本项目融合汽车运用与维修职业技能等级标准曲柄连杆机构检测维修（中级）内容，本项目主要阐述了活塞组的组成，活塞、活塞环的作用，活塞环的类型结构特点等；连杆组的组成，连杆的作用，连杆的类型结构特点等；气缸体的结构、作用及种类；曲轴飞轮的结构、种类及作用；然后结合发动机实物及相应技术资料拆装和检修活塞组、连杆组、气缸体及曲轴飞轮，并根据检测结果提出维修和调整方案。

✏️【课前测试】- - - - - →

　　课前可完成在线测试（请扫描下方二维码在线答题）。

课前测试
项目4　曲柄连杆机构检测维修

■ 任务 4.1　机体组检测维修

 任务描述

4S 店接到一台帕萨特故障车，该车行驶里程 265 000 km。车主反映：发动机加速无力，冷车起动时排气管冒白烟。技术经理诊断该车的气缸盖、气缸垫或气缸体有问题，按照维修计划安排，需要对该车发动机机体组进行拆检。

任务解析

首先要掌握机体组的作用、结构和组成，气缸垫的结构特点，然后结合发动机实物及相应技术资料能正确拆装和检修机体组。

任务目标

知识目标：
1. 掌握气缸盖的测量方法。
2. 掌握气缸盖的拆卸、分解和清洗的作业流程（中级）。
3. 掌握气缸盖的检查技术规范（中级）。
4. 掌握气缸盖和气缸垫的更换流程（中级）。
5. 掌握发动机机体的分解与清洗的技术规范及注意事项（中级）。
6. 掌握气缸体的检查技术规范及注意事项（中级）。
7. 掌握螺纹的检查与维修的技术规范及注意事项（中级）。
8. 掌握气缸镗缸的技术规范及注意事项（中级）。

能力目标：
1. 能检查和测量气缸盖确认是否正常。
2. 能拆卸、分解和清洗气缸盖（中级）。
3. 能目视检查气缸盖与气缸垫（中级）。
4. 能测量气缸盖接合表面的平面度，能更换气缸盖和气缸垫（中级）。
5. 能分解发动机缸体，并进行清洗和检查（中级）。
6. 能目视检查并测量气缸体，确定维修内容（中级）。
7. 能检查、测量及维修受损的螺纹，并安装孔塞（中级）。
8. 能检查并测量气缸壁，确定维修内容（中级）。

素质目标：

1. 爱国守法、崇德向善、诚实守信。
2. 爱岗敬业、积极进取、团结协作。
3. 热爱劳动、沟通流畅、勇于创新。
4. 精益求精、工匠精神、7S 管理。

知识准备

4.1.1 曲柄连杆机构的组成与功用

1. 曲柄连杆机构的功用

1）把燃料燃烧后气体作用在活塞顶上的膨胀压力转变为曲轴旋转的转矩，以向工作机械输出机械能。

2）将活塞的往复运动变为曲轴的旋转运动。

2. 曲柄连杆机构的组成

曲柄连杆机构由机体组、活塞连杆组和曲轴飞轮组三部分组成。

1）机体组。机体组主要包括气缸体、气缸盖衬垫、气缸盖、曲轴箱及油底壳等不动件，如图 4-1-1 所示。

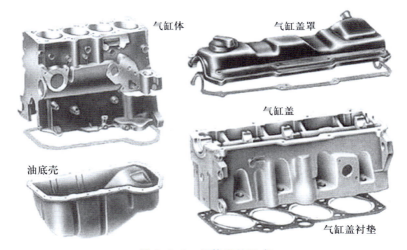

图 4-1-1 机体组的组成

2）活塞连杆组。活塞连杆组主要包括活塞、活塞环、活塞销和连杆等运动件，如图 4-1-2 所示。

3）曲轴飞轮组。曲轴飞轮组主要由曲轴正时齿带轮、曲轴、主轴承盖、螺栓、飞轮和一些附件等组成，如图 4-1-3 所示。

3. 曲柄连杆机构的工作条件

发动机工作时，曲柄连杆机构直接与高温高压气体接触，曲轴的旋转速度又很高，活塞往复运动的线速度相当大，现代汽车发动机气缸内最高温度可达

2 500K 以上，最高压力可达 5～9MPa，最高转速可达 3 000～6 000r/min，则活塞每秒要行经 100～200 个行程。此外，与可燃混合气和燃烧废气接触的机件（如气缸、气缸盖和活塞组等）还会受到化学腐蚀，因此，曲柄连杆机构工作条件的特点是高温、高压、高速和化学腐蚀。

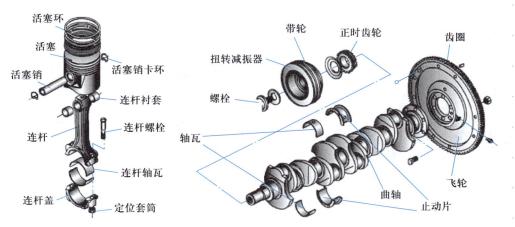

图 4-1-2　活塞连杆组的组成　　　　　　　图 4-1-3　曲轴飞轮组的组成

4.1.2　机体组的组成与功用

1. 机体组的组成

机体组主要由气缸盖、气缸盖罩、气缸盖衬垫、气缸体、主轴承盖和油底壳等组成。镶气缸套的发动机，机体组还分为干式或湿式气缸套。

2. 机体组的功用

机体组是发动机的支架，是曲柄连杆机构、配气机构和发动机各系统主要零部件的装配机体。气缸盖用来封闭气缸顶部，并与活塞顶和气缸壁一起形成燃烧室。另外，气缸盖和机体内的水套和油道以及油底壳又分别是冷却系统和润滑系统的组成部分，各运动部件的润滑和受热部件也都要通过机体组来实现。可以说机体组把发动机的各个机构和系统组成为一个整体，保持了它们之间必要的相互关系。

4.1.3　机体组部件

1. 气缸盖

发动机的盖子及封闭气缸的机件（包括水套和气门及冷却片）是气门机构的安装基体，也是气缸的密封盖。

1）作用。气缸盖的作用是密封气缸，与活塞共同形成燃烧空间，并承受高温、高压燃气的作用。气缸盖承受气体力和紧固气缸螺栓所造成的机械负荷，同时还由于与高温燃气接触而承受很高的热负荷。为了保证气缸的良好密封，气缸盖既不能损坏，也不能变形。为此，气缸盖应具有足够的强度和刚度。

2）材料。气缸盖一般都由优质灰铸铁或合金铸铁铸造，轿车用的汽油机则多采用铝合金气缸盖。铝合金导热性好，有利于提高发动机的压缩比。铝合金铸造性能优异，适于浇注结构复杂的零件。但必须注意铝合金气缸盖的冷却，控制其底平面的温度在300℃以下。否则，底平面过热将产生塑性变形而翘曲。

3）结构。气缸盖是结构复杂的箱形零件。其上加工有进、排气门座孔，气门导管孔，火花塞安装孔（汽油机）或喷油器安装孔。在气缸盖内还铸有水套、进排气道和燃烧室或燃烧室的一部分。若凸轮轴安装在气缸盖上，则气缸盖上还加工有凸轮轴承孔或凸轮轴承座及其润滑油道，如图4-1-4所示。

水冷式发动机的气缸盖有整体式、分块式和单体式三种结构形式。在多缸发动机中，全部气缸共用一个气缸盖的，称该气缸盖为整体式气缸盖；若每两缸一盖或三缸一盖，则该气缸盖为分块式气缸盖；若每缸一盖，则为单体式气缸盖。风冷发动机均为单体式气缸盖。

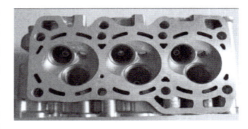

图4-1-4　气缸盖的结构

4）燃烧室。汽油机的燃烧室由活塞顶部及缸盖上相应的凹部空间组成。燃烧室的形状对发动机的工作影响很大，主要有半球形燃烧室、楔形燃烧室和盆形燃烧室，如图4-1-5所示。

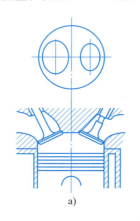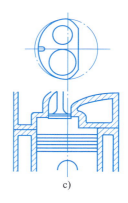

a)　　　　　　　　　　b)　　　　　　　　　　c)

图4-1-5　燃烧室类型结构示意图

a）半球形　b）楔形　c）盆形

a. 半球形燃烧室。半球形燃烧室结构紧凑，火花塞布置在燃烧室中央，火焰行程短，故燃烧速率高，散热少，热效率高。这种燃烧室结构上也允许气门双行排列，进气口直径较大，故充气效率较高，虽然使配气机构变得较复杂，但有利于排气净化，在轿车发动机上广泛应用。

b. 楔形燃烧室。楔形燃烧室结构简单、紧凑，散热面积小，热损失也小，能保证混合气在压缩行程中形成良好的涡流运动，有利于提高混合气的混合质量，进气阻力小，提高了充气效率。气门排成一列，使配气机构简单，但火花塞置于楔形燃烧室高处，火焰传播距离长些，切诺基轿车发动机采用这种形式的燃烧室。

c. 盆形燃烧室。盆形燃烧室气缸盖工艺性好，制造成本低，但因气门直径易受限制，进、排气效果要比半球形燃烧室差。捷达轿车发动机、奥迪轿车发动机采用盆形燃烧室。

2. 气缸盖衬垫

气缸盖衬垫安装在气缸盖和气缸体之间，其功用是保证气缸盖与气缸体接触面的密封，防止漏气、漏水和漏油。

气缸盖衬垫的材料要有一定的弹性，能补偿结合面的不平度，以确保密封，同时要有好的耐热性和耐压性，在高温高压下不烧损、不变形。应用较多的是铜皮—棉结构的气缸盖衬垫，由于铜皮—棉气缸盖衬垫翻边处有三层铜皮，压紧时较之石棉不易变形。有的发动机还采用在石棉中心用编织的钢丝网或有孔钢板为骨架，两面用石棉及橡胶黏结剂压成的气缸垫，如图 4-1-6 所示。

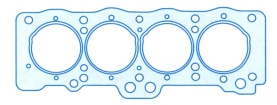

图 4-1-6　气缸盖衬垫

安装气缸盖衬垫时，首先要检查气缸盖衬垫的质量和完好程度，所有气缸盖衬垫上的孔要和气缸体上的孔对齐。其次要严格按照说明书上的要求上好气缸盖螺栓。拧紧气缸盖螺栓时，必须由中央对称地向四周扩展的顺序分 2～3 次进行，最后一次拧紧到规定的力矩。

3. 气缸体

气缸体是构成发动机的骨架，发动机各机构、系统的安装基础，其内外安装着发动机的所有主要零件和附件。气缸体在发动机运转时承受很复杂的负荷，要求集体必须有足够的强度和刚度。

按照气缸体与油底壳安装平面的位置不同，通常把气缸体分为一般式、龙门式和隧道式三种，如图 4-1-7 所示。

1) 一般式气缸体。机体高度低、质量轻、结构紧凑，便于加工拆卸，但刚度和强度差。

2) 龙门式气缸体。气缸体分界面在曲轴主轴线以下，缸体的刚度和强度好，但工艺性较差。

3) 隧道式气缸体。气缸体分界面远低于曲轴轴线，曲轴主轴承座孔为整体式结构，缸体的结构刚度更高，用于采用滚动主轴承和组合式曲轴。

按照汽车发动机气缸的排列方式主要有直列式、V 型和对置式三种，如图 4-1-8 所示。

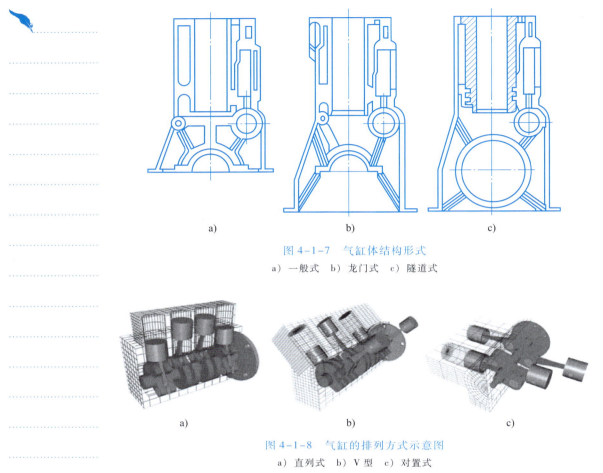

图 4-1-7 气缸体结构形式

a）一般式 b）龙门式 c）隧道式

图 4-1-8 气缸的排列方式示意图

a）直列式 b）V 型 c）对置式

1）直列式。发动机的各个气缸排成一列，一般是垂直布置的。单列式气缸体结构简单，加工容易，但发动机长度和高度较大。一般 6 缸以下发动机多采用单列式。

2）V 型。气缸排成两列，左右两列气缸中心线的夹角 $\gamma<180°$，称为 V 型发动机，V 型发动机与直列发动机相比，缩短了机体长度和高度，增加了气缸体的刚度，减轻了发动机的重量，但加大了发动机的宽度，且形状较复杂，加工困难，一般用于 8 缸以上的发动机，6 缸发动机也有采用这种形式的气缸体。

3）对置式。气缸排成两列，左右两列气缸在同一水平面上，即左右两列气缸中心线的夹角 $\gamma=180°$，称为对置式。它的特点是高度低，总体布置方便，有利于风冷。

4. 气缸套

气缸直接镗在气缸体上叫作整体式气缸，整体式气缸强度和刚度都好，能承受较大的载荷，这种气缸对材料要求高，成本高。如果将气缸制造成单独的圆筒形零件（即气缸套），然后再装到气缸体内。这样，气缸套采用耐磨的优质材料制成，气缸体可用价格较低的一般材料制造，从而降低了制造成本。同时，气缸套可以从气缸体中取出，因而便于修理和更换，并可大大延长气缸体的使用寿命。

根据冷却方法的不同，气缸又可分为水冷式气缸和风冷式气缸，如图 4-1-9 所示。其中水冷式气缸又可分为干式气缸套和湿式气缸套两种，如图 4-1-10 所示。

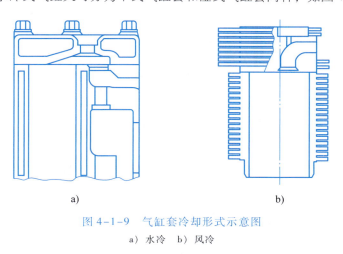

a)　　　　　　　　　　b)

图 4-1-9　气缸套冷却形式示意图

a）水冷　b）风冷

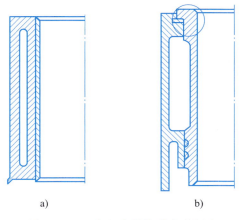

a)　　　　　　　　　b)

图 4-1-10　气缸套结构形式示意图

a）干式气缸套　b）湿式气缸套

干式气缸套的特点是气缸套装入气缸体后，其外壁不直接与冷却液接触，而和气缸体的壁面直接接触，壁厚较薄，一般为 1～3mm。它具有整体式气缸体的优点，强度和刚度都较好，但加工比较复杂，内、外表面都需要进行精加工，拆装不方便，散热不良。

湿式气缸套的特点是气缸套装入气缸体后，其外壁直接与冷却液接触，气缸套仅在上、下各有一圆环地带和气缸体接触，壁厚一般为 5～9mm。它散热良好，冷却均匀，加工容易，通常只需要精加工内表面，而与水接触的外表面不需要加工，拆装方便，但缺点是强度、刚度都不如干式气缸套好，而且容易发生漏水现象，应该采取一些防漏措施。

5. 曲轴箱

气缸体下部用来安装曲轴的部位称为曲轴箱，曲轴箱分为上曲轴箱和下曲轴箱。上曲轴箱与气缸体铸成一体，下曲轴箱用来储存机油，并封闭上曲轴箱，故又称为油底壳。油底壳受力很小，一般采用薄钢板冲压而成，其形状取决于发动机的总体布置和机油的容量。油底壳内装有稳油挡板，以防止汽车颠簸时油面波动过大。油底壳底部还装有放油螺塞，通常放油螺塞上装有永久磁铁，以吸附机油中的金属屑，减少发动机的磨损。在上下曲轴箱结合面之间装有衬垫，防止机油泄漏，如图4-1-11所示。

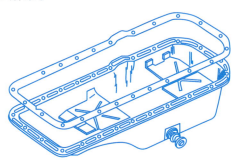

图4-1-11　油底壳

任务实施

1. 实训设备及工量具

实训设备：帕萨特B5 1.8T发动机台架四台。

工量具：常用与专用工具四套，塞尺四把，刀口形直尺四把，量缸表四把，外径千分尺四把（75~100mm），专用扭力扳手四把。

2. 实训操作步骤及注意事项

（1）气缸盖检测维修

1）气缸盖拆卸。

① 用带接杆M10（世达）按照两边往中间的顺序分2~3次松开10颗缸盖螺栓，按顺序1~10松开气缸盖螺栓，如图4-1-12所示。

② 取下气缸盖。

2）气缸盖检修。

① 检查气缸盖变形。用钢直尺和塞尺测量若干点。最大翘曲变形：气缸盖表面0.1mm，歧管表面0.1mm，如图4-1-13所示。

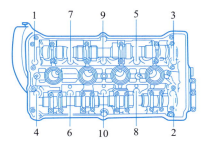

图4-1-12　气缸盖螺栓拆卸顺序图

气缸盖拆卸

气缸盖检修

② 气缸盖修理。气缸盖修理尺寸（平面磨削后）最小为 a。最小尺寸 $a =$ 139.4mm，如图 4-1-14 所示。

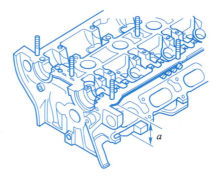

图 4-1-13　气缸盖变形检测　　　　图 4-1-14　气缸盖维修示意图

3）气缸盖安装。

说明：更换气缸盖螺栓。更换有规定的拧紧角度自锁螺母、螺母以及密封圈和密封垫。修理时，仔细去除缸盖和刚体上的残余密封垫，表面不应有划伤和擦伤。仔细清除残余研磨材料。安装前，才可将气缸盖衬垫从包装中取出。气缸盖衬垫应小心轻放，不可损坏硅层及卷边处。缸盖螺栓盲孔内不得有机油或冷却液。

① 安装前，将曲轴和凸轮轴置于 1 缸上止点，如图 4-1-15 所示。

② 将增压器支架螺栓 1 和 2 拧松两圈，以免安装缸盖时产生内应力，如图 4-1-16 所示。

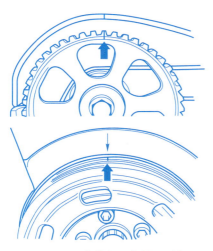
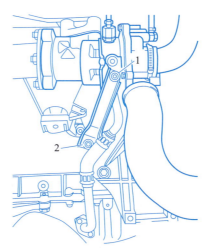

图 4-1-15　曲轴与凸轮轴正时标记　　　图 4-1-16　拧紧增压器支架螺栓

③ 放上气缸盖衬垫。注意缸体定位销（箭头），注意气缸盖衬垫安装位置标记：从进气一侧应能看见备件号，如图 4-1-17 所示。

④ 装上气缸盖。插入缸盖螺栓，用手拧紧。按下列顺序分两步拧紧缸盖螺栓：第一步：40N·m；第二步：用刚性扳手再拧紧180°。说明：修理后，无须再拧紧缸盖，如图4-1-18所示。

图4-1-17 气缸盖螺栓拧紧示意图

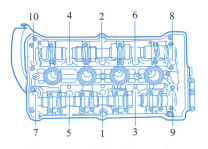

图4-1-18 气缸垫安装示意图

微课

气缸体检修

（2）缸径磨损检测

用量缸表（50～100mm）沿A、B两方向测量3点，①、②、③截面，如图4-1-19所示。允许最大偏差：0.08mm。活塞和气缸尺寸如表4-1-1所示。

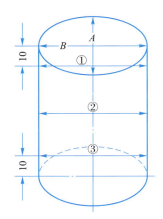

图4-1-19 缸径磨损检测位置示意图

表4-1-1 活塞和气缸尺寸

研磨尺寸	活塞直径	气缸直径
基本尺寸/mm	80.95	81.01
修理尺寸/mm	81.45	81.51

（3）气缸体平面变形的检查

用刀口形直尺和塞尺检查气缸体平面变形，最大翘曲变形：0.1mm，如图4-1-20所示。

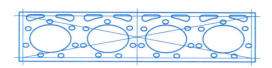

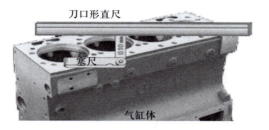

图 4-1-20　气缸体平面变形的检查示意图

任务工单 4.1　机体组检测维修

项目 4　曲柄连杆机构检测维修		小组人员：	
班级：	学号：		指导教师签字：
日期：			

任务 4.1　机体组检测维修【实训任务工作表】

作业要求：1. 正确掌握气缸盖拆卸、分解和清洗的作业流程
　　　　　2. 正确掌握气缸盖、气缸体的检查技术规范
　　　　　3. 正确掌握气缸盖和气缸盖衬垫的更换流程
　　　　　4. 培养观察分析问题的能力
　　　　　5. 良好的 7S 工作习惯

1. 工具、量具准备：

2. 维修资料准备：

3. 辅助材料与耗材：

4. 制订工作计划及组员分工：

5. 外观目测损坏部件：

6. 工作现场安全准备、检查：

续表

作业一：气缸盖拆装检测		
拆卸项目（安装反序）	拆装技术要求、注意点及标记（顺序方向）	目测
气缸盖螺栓		正常□　损坏□
气缸盖衬垫		正常□　损坏□
气缸盖		正常□　损坏□
测量项目	测量数值	结果判断
气缸盖平面度		合格□　维修□
气缸盖进、排气道侧平面度		合格□　维修□
气缸盖修理尺寸		合格□　维修□
作业二：气缸检测		
测量项目	测量数值	结果判断
气缸体平面度		合格□　维修□
气缸圆度误差		合格□　维修□
气缸圆柱度误差		合格□　维修□

7. 零部件基本清洁

（1）需清洗的部件：

（2）清洗剂种类：

（3）清洗要求：

8. 总结本次活动重点和要点：

9. 本次活动存在的问题及解决方法：

任务考核

任务 4.1　机体组检测维修评分细则

项目 4　曲柄连杆机构检测维修		实训日期：	
姓名：	班级：	学号：	指导教师签字：
自评：□ 熟练　□ 不熟练	互评：□ 熟练　□ 不熟练	师评：□ 熟练　□ 不熟练	
日期：	日期：	日期：	

任务 4.1　机体组检测维修【评分细则】							
序号	评分项	得分条件	分值	评分要求	自评	互评	师评
1	安全/7S/态度	□ 1）能进行工位 7S 操作 □ 2）能进行设备和工具安全检查 □ 3）能进行车辆安全防护操作 □ 4）能进行工具清洁校准存放操作 □ 5）能进行三不落地操作	15 分	未完成 1 项扣 3 分，扣分不得超 15 分	□ 熟练 □ 不熟练	□ 熟练 □ 不熟练	□ 合格 □ 不合格
2	专业技能能力	作业 1： □ 1）能正确拆卸气缸盖螺栓 □ 2）能正确拆卸气缸盖 □ 3）能正确拆卸气缸盖衬垫 □ 4）能正确检查气缸盖衬垫 □ 5）能正确检测气缸盖 □ 6）能正确安装气缸盖衬垫 □ 7）能正确安装气缸盖 □ 8）能正确安装气缸盖螺栓 作业 2： □ 1）能正确检测气缸体平面度 □ 2）能正确检测气缸圆度 □ 3）能正确检测气缸圆柱度	50 分	未完成 1 项扣 5 分，扣分不得超 50 分	□ 熟练 □ 不熟练	□ 熟练 □ 不熟练	□ 合格 □ 不合格
3	工具及设备的使用能力	□ 1）能正确使用拆装工具 □ 2）能正确使用量缸表 □ 3）能正确使用刀口形直尺、塞尺 □ 4）能正确使用外径千分尺 □ 5）能正确使用扭力扳手	10 分	未完成 1 项扣 5 分，扣分不得超 10 分	□ 熟练 □ 不熟练	□ 熟练 □ 不熟练	□ 合格 □ 不合格
4	资料、信息查询能力	□ 1）能正确使用维修手册查询资料 □ 2）能在规定时间内查询所需资料 □ 3）能正确记录所需维修信息	10 分	未完成 1 项扣 5 分，扣分不得超 10 分	□ 熟练 □ 不熟练	□ 熟练 □ 不熟练	□ 合格 □ 不合格
5	数据、判读和分析能力	□ 1）能判断气缸盖是否正常 □ 2）能判断气缸体是否正常 □ 3）能判断气缸盖衬垫是否正常	10 分	未完成 1 项扣 5 分，扣分不得超 10 分	□ 熟练 □ 不熟练	□ 熟练 □ 不熟练	□ 合格 □ 不合格
6	表单填写与报告的撰写能力	□ 1）字迹清晰　　□ 2）语句通顺 □ 3）无错别字　　□ 4）无涂改 □ 5）无抄袭	5 分	未完成 1 项扣 1 分，扣分不得超 5 分	□ 熟练 □ 不熟练	□ 熟练 □ 不熟练	□ 合格 □ 不合格
	总分：100 分						

任务拓展

铸铁发动机镗缸
大修的完整工艺
过程

任务拓展

镗缸的工艺过程及技术要求，镗缸必须在缸体螺孔、焊补等其他作业完毕后才可进行，镗缸工艺步骤如下：

1）根据量缸测量结果，确定加大扩缸修理尺寸。

2）根据修理尺寸选定同尺寸的活塞，同组的活塞重量、尺寸应一致，按下式确定气缸的镗削量：镗削量＝活塞裙部最大直径−气缸最小直径＋活塞与气缸配合间隙−磨缸余量。

3）测量选用活塞的精确直径尺寸，根据配缸间隙，留出粗镗、精镗加工余量及珩磨余量，确定起镗尺寸，初镗进给量一般在 0.03 ~ 0.05mm 范围内。

4）粗镗——留精镗加工余量为 0.10mm。

5）精镗——留珩磨余量为 0.03mm。

6）珩磨——达到规定尺寸及表面粗糙度。

清洗——将缸体仔细清洁，然后将配对的活塞放进气缸中推行检查配合情况，最后将气缸内涂润滑油防锈。

在珩磨后，缸壁表面粗糙度 Ra 值不大于 3.2μm，在缸套表面形成均匀一致的凸凹痕迹（缸壁的表面有 60° 可见网纹，缸壁呈灰蓝色），气缸的圆度误差应不大于 0.005mm，圆柱度误差应不大于 0.015mm；同时要保证气缸与活塞之间 0.03mm 的配合间隙。

在珩磨过程中要随时注意检查气缸的尺寸。一般用量缸表或用活塞试配加工尺寸变化情况。但应注意，加工过程中所产生的切削热量可能影响气缸直径的变化，测量时要考虑这一因素，用活塞试配要在珩磨加工结束 0.5h 以后进行。活塞与气缸配好后，应在活塞顶上打好缸号，以防装配时错乱。

练习与思考

一、单选题

1. 气缸体（盖）平面变形检验标准要求之一是，每 50mm×50mm 范围内平面度误差不大于（   ）。

A. 0.5mm   B. 0.05mm   C. 0.005mm   D. 0.002mm

2. 气缸盖变形，经铣削后造成燃烧室容积变化，对于汽油机燃烧室容积减小不应小于公称容积的（   ）。

A. 10%   B. 0.5%   C. 5%   D. 8%

3. 气缸体平面变形较大时应采取（   ）。

A. 磨削法修复   B. 铲削法修复   C. 研磨法修复   D. 不能修复

4. 气缸磨损最严重处多见于（   ）。

A. 第一道环对应的气缸表面　　　　B. 气缸中部位置

C. 气缸下部位置　　　　　　　　　D. 气缸所有位置磨损一致

5. 气缸镗削的关键是要保证（　　　）。

A. 与原缸轴线的同轴度　　　　　　B. 修理尺寸

C. 表面粗糙度　　　　　　　　　　D. 配缸间隙

6. 气缸横向磨损大的最主要原因是（　　　）。

A. 黏着磨损　　　　B. 磨粒磨损　　　　C. 侧压力　　　　D. 腐蚀磨损

7. 在将气缸盖用螺栓固定在气缸体上，拧紧螺栓时，应采取下列方法（　　　）。

A. 由中央对称地向四周分几次拧紧　　B. 由中央对称地向四周一次拧紧

C. 由四周向中央分几次拧紧　　　　　D. 由四周向中央一次拧紧

8. 对于铝合金气缸盖，为了保证它的密封性能，在装配时，必须在（　　　）状态下拧紧。

A. 热状态　　　　B. 冷状态　　　　C. A、B 均可　　　　D. A、B 均不可

9. 发动机气缸磨损的检验，主要测量其（　　　）。

A. 直线度和同轴度　　　　　　　　B. 平行度和平面度

C. 垂直度和圆跳动　　　　　　　　D. 圆度和圆柱度

10. 测量气缸直径时，当量缸表指示到（　　　）时，即表示测杆垂直于气缸轴线。

A. 最大读数　　　　B. 最小读数　　　　C. 中间值读数　　　　D. 任一读数

二、判断题

1. 气缸体（盖）变形将造成漏气、漏水，甚至冲坏气缸盖衬垫。（　　　）

2. 气缸盖平面的铣削加工，将使燃烧室容积发生变化，甚至出现怠速不稳。（　　　）

3. 安装气缸盖衬垫时，光滑面应朝向气缸体；若气缸体为铸铁材料，缸盖为铝合金材料，光滑的一面应朝向缸盖。（　　　）

4. 磨损后的气缸，在其活塞环有效行程内总是呈上小下大的锥形。（　　　）

5. 多缸发动机各缸磨损不均匀，主要是腐蚀磨损造成的。（　　　）

■ 任务4.2　活塞连杆组检测维修

任务描述

4S 店接到一台帕萨特故障车，行驶里程 265 000km。车主反映：发动机加速无力，排气管冒蓝烟。技术经理诊断该车的活塞环和活塞有问题，按照维修计划

安排，需要对帕萨特发动机活塞连杆组进行拆检。

任务解析

首先要掌握活塞组与连杆组的组成，活塞、活塞环、连杆的作用，活塞环的类型结构特点等，然后结合发动机实物及相应技术资料能正确拆装和检修活塞连杆组。

任务目标

知识目标：

1. 掌握活塞连杆组的各零部件结构名称、作用。
2. 掌握活塞组与连杆组部件更换流程（中级）。
3. 掌握活塞组装流程（中级）。
4. 掌握连杆组装流程（中级）。

能力目标：

1. 能认识活塞组和连杆组的各零部件。
2. 能检查、测量、维修或更换活塞连杆组，确定维修内容（中级）。
3. 能检查、测量、拆装或更换活塞组件，按照维修手册更换和紧固螺栓（中级）。
4. 能检查、测量、拆装或更换连杆组件，按照维修手册更换和紧固螺栓（中级）。

素质目标：

1. 爱国守法、崇德向善、诚实守信。
2. 爱岗敬业、积极进取、团结协作。
3. 热爱劳动、沟通流畅、勇于创新。
4. 精益求精、工匠精神、7S 管理。

知识准备

4.2.1　活塞连杆组的组成与功用

活塞连杆组将活塞的往复运动变为曲轴的旋转运动，同时将作用于活塞上的力转变为曲轴对外输出转矩，以驱动汽车车轮转动。它是发动机的传动件，把燃烧气体的压力传给曲轴，使曲轴旋转并输出动力。活塞连杆组主要由活塞、活塞环、活塞销、连杆及连杆轴承等组成。

4.2.2　活塞组的组成与功用

1. 组成

活塞组由活塞、活塞环和活塞销等组成，如图 4-2-1 所示。

图 4-2-1　活塞组的结构示意图

2．功用

活塞组的主要作用是承受气缸的气体压力，并将此力通过活塞销传给连杆，以推动曲轴旋转，它把燃烧气体的压力传给曲轴，使曲轴旋转并输出动力；活塞的顶部还与气缸盖、气缸壁共同组成燃烧室。

4.2.3　活塞组的组件

1．活塞

（1）活塞的作用

活塞的主要作用是承受气缸的气体压力，并将此力通过活塞销传给连杆，以推动曲轴旋转，它把燃烧气体的压力传给曲轴，使曲轴旋转并输出动力；活塞的顶部还与气缸盖、气缸壁共同组成燃烧室。

（2）活塞的组成

活塞主要由顶部、头部和裙部组成，如图 4-2-2 所示。活塞顶部的形状与选用燃烧室有关。

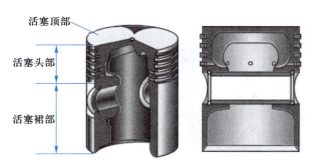

图 4-2-2　活塞的组成

1）活塞顶部形状可分为四大类，平顶活塞、凸顶活塞、凹顶活塞和成型顶活塞，如图 4-2-3 所示。

2）活塞头部是活塞环槽以上部分，其作用是承受气体压力，并传给连杆；与活塞一起实现气缸密封；将活塞顶所吸收的热量通过活塞环传给气缸壁。头部切有若干道环槽用以安装活塞环，汽油机一般有 2～3 道环槽，上面 1～2 道用于气环，下面一道用于安装油环。油环槽底面上钻有许多径向小孔，使被油环刮下来多余的机油经过小孔流回油底壳。

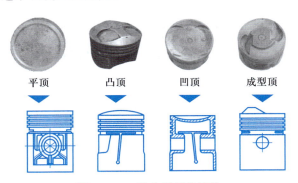

平顶　　凸顶　　凹顶　　成型顶

图4-2-3　活塞顶部的结构

3）活塞裙部是指自油环槽下端面起至活塞底面的部分，其作用是为活塞在气缸内做往复运动导向和承受侧压力。活塞工作时，燃烧气体压力作用在活塞的顶部，而活塞销反力作用在头部的销座孔处，由此产生的变形是裙部直径沿活塞销座轴线方向增大（受力变形）。侧压力使活塞裙部变形；活塞销座孔附近的金属堆受热膨胀量大，致使裙部在受热变形时，活塞销座孔方向的膨胀量大，裙部是椭圆形。为了保证在冷态的情况下活塞与气缸壁的接触，在活塞裙部有开槽。由于活塞沿轴线受热和质量分布不均匀，所以活塞做成一个上小下大的近似圆锥形。

2. 活塞环

活塞环是具有一定弹性的金属开口圆环，自由状态下的外径大于气缸直径，装入气缸后其外圆面紧贴气缸壁，在高温、高压、高速、极难润滑的条件下工作。按活塞环的主要作用不同分为气环和油环，如图4-2-4所示。

（1）气环

气环的作用是保证活塞与气缸壁间的密封，防止高温高压燃气进入曲轴箱。将活塞头部的热量传给气缸壁，再由冷却液或空气带走。辅助油环控制气缸壁上的润滑油，辅助刮油和布油。由于处于高温、高压、高速环境，润滑困难、磨损严重，多用合金铸铁、钢片、粉末冶金、金属陶瓷等制成。

1）活塞环的间隙（图4-2-5）。

端隙Δ_1：又称为开口间隙，是活塞环装入气缸后开口处的间隙，一般为0.25~0.50mm。

侧隙Δ_2：又称为边隙，是环高方向上与环槽之间的间隙。第一道环因温度高，一般为0.04~0.10mm；其他气环一般为0.03~0.07mm。油环一般侧隙较小，一般为0.025~0.07mm。

背隙Δ_3：是活塞环装入气缸后，活塞环背面与环槽底部的间隙，一般为0.5~1mm。

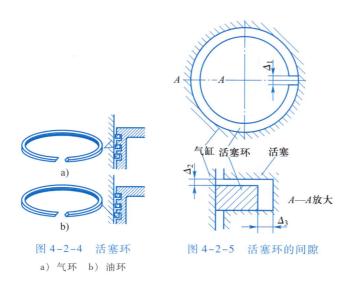

图 4-2-4　活塞环　　　　图 4-2-5　活塞环的间隙
a) 气环　b) 油环

2) 气环的密封原理 (图 4-2-6)。

第一密封面的建立：环在自由状态下，环外径>缸径，装缸后在其弹力 p_0 作用下与缸壁压紧，形成第一密封面。

第二密封面的建立：活塞环在运动时产生惯性力 p_j，与缸壁间产生摩擦力 F，以及侧隙有气体压力 p_1，在这三个力的共同作用下，使环靠在环槽的上侧或下侧，形成第二密封面。气环的第二次密封：窜入背隙和侧隙的气体，使环对缸壁和环槽进一步压紧，加强了第一、二密封面的密封。

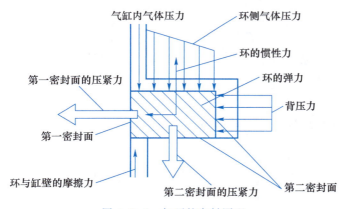

图 4-2-6　气环的密封原理

3) 活塞环的泵油作用及危害。

原因：① 存在侧隙和背隙；② 环运动时在环槽中靠上靠下。

现象：当活塞带着环下行（进气行程）时，环靠在环槽的上方，环从缸壁上刮下的润滑油充入环槽下方；当活塞又带着环上行（压缩行程）时，环又靠在环槽的下方，同时将油挤压到环槽上，如此反复，就将润滑油泵到活塞顶，如图 4-2-7 所示。

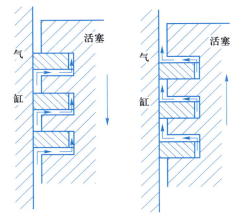

图 4-2-7　活塞环的泵油作用

危害：① 增加了润滑油的消耗；② 火花塞沾油不跳火；③ 燃烧室积炭增多，燃烧性能变差；④ 环槽内形成积炭，挤压活塞环而失去密封性；⑤ 加剧了气缸的磨损。

措施：① 采用扭曲环；② 采用组合式油环；③ 油环下设减压腔，如图 4-2-8 所示。

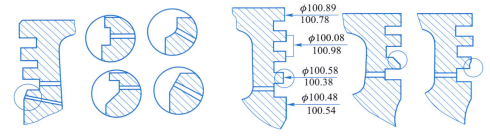

图 4-2-8　活塞减压腔

4）气环的断面形状（图 4-2-9）。

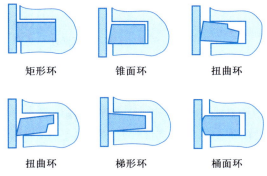

图 4-2-9　气环的断面形状

① 矩形环。结构简单，与缸壁接触面积大，散热好，但易泵油。

② 锥面环。与缸壁线接触，有利于密封和磨合。下行有刮油作用，上行有布油作用，并可形成楔形油膜。

重要提示：锥角朝下（在环端有向上或 TOP 等标记）；锥形环传热性差，常装到第二、三道环槽上。

③ 扭曲环。扭曲原理：当活塞环装入气缸后，环受到压缩产生弯曲变形，断面中性层以外产生拉应力，中性层以外产生压应力，矩形环由于中性层内外断面不对称，使 F_1 和 F_2 不在同一平面内，从而形成力偶 M，在力偶的作用下，活塞环发生微量的扭曲变形，如图 4-2-10 所示。

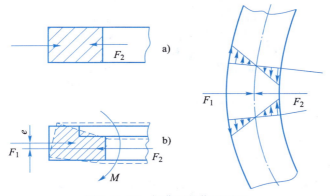

图 4-2-10　扭曲环的作用原理
a）矩形环　b）扭曲环

特点：具有锥形环的特点；减小了泵油作用；做功行程环不再扭曲，两个密封面达到完全接触，有利于散热。

安装：内上切扭曲环装入第一道环槽，外下切扭曲环装入第二、三道环槽。

④ 桶面环：其特点为环的外圆面为凸圆弧形；环面与缸壁圆弧接触，避免了棱角负荷；环上下运动时，均能形成楔形油膜。

⑤ 梯形环：当活塞在侧压力作用下左、右换向时，环的侧隙和背隙将不断变化，能将槽中的沉积物挤出，从而提高抗结胶能力。梯形环用于热负荷较大柴油机的第一道环，如图 4-2-11 所示。

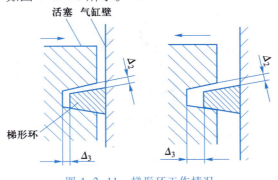

图 4-2-11　梯形环工作情况

（2）油环

油环主要具有刮油、布油和辅助密封的作用。油环用来刮除气缸壁上多余的机油，并在气缸壁上铺涂一层均匀机油膜，这样既可以防止机油窜入，又可以减少活塞与气缸的磨损，减小摩擦阻力。油环有普通油环、组合油环等形式，如图4-2-12 所示。

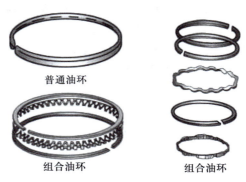

普通油环

组合油环　　　　　组合油环

图 4-2-12　油环的形式

4.2.4　连杆组的组件

1. 连杆

连杆的功用是连接活塞和曲轴，把活塞的往复运动转变为曲轴的旋转运动，并将活塞承受的力传给曲轴。连杆一般由小头、杆身和大头三部分组成。连杆一般由中碳钢或合金钢弹压而成，如图 4-2-13 所示。

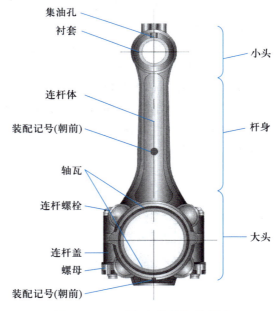

集油孔
衬套
连杆体
装配记号(朝前)
轴瓦
连杆螺栓
连杆盖
螺母
装配记号(朝前)

小头
杆身
大头

图 4-2-13　连杆组的结构示意图

1）连杆小头。连杆小头与活塞销相连，工作时与销之间有相对运动，小头孔中有衬套（青铜）。在连杆小端和衬套上钻有小孔（油道），用来润滑小端和活塞销。

2）连杆杆身。通常做成工字形断面，以求增加其强度和刚度，在其中间有润滑油道。

3）连杆大头。连杆大头与曲轴的连杆轴颈（曲柄销）相连，大头一般做剖分式的，被分开的部分称为连杆盖，接特制的连杆螺栓紧固在连杆的大头上。连杆盖与连杆大头是组合搪孔，为了防止装配错误，在同一侧有配对记号。大头孔表面有很低的表面粗糙度值，以便与连杆轴承紧密贴合。连杆大头还铣有定位坑，连杆的大端还有油孔。

a. 连杆大头剖分形式（图 4-2-14）。

平切口式。剖分面与连杆中心线垂直。刚性好，加工方便，对于连杆螺栓只受拉伸力，而不受剪切力。多用于小型汽油机，但在装配时易出现大头碰伤气缸壁的现象。

斜切口式。剖分面与连杆中心线成 30°～60°夹角，减小了连杆大头的外形尺寸，但使连杆螺栓不仅受到拉伸力而且还受到剪切力。

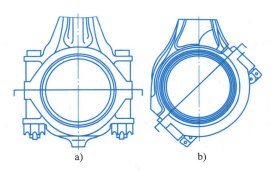

图 4-2-14　连杆大头剖分形式

a）平切口式　b）斜切口式

b. 定位方式（图 4-2-15）。

a)　　　　　　　　b)

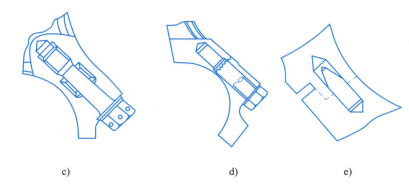

c)　　　　　　　　d)　　　　　　　　e)

图 4-2-15　连杆盖与连杆定位方式

a）螺栓定位　b）止口定位　c）定位套定位　d）锯齿形定位　e）定位销定位

套或销定位：依靠套或销与连杆体（或盖）上的孔紧密配合定位。能多向可靠定位，但定位孔的工艺要求高。

锯齿形定位：依靠结合面的锯齿形定位。其定位可靠，结构紧凑。但对齿节距公差要求严格。

止口定位：工艺简单，但定位不可靠，只能单向定位，且结构不紧凑，应用较少。

2. 连杆轴承（俗称为小瓦）

连杆轴承能保护连杆轴颈及连杆大头孔，由钢背和减摩层组成。钢背由 1 ~ 3mm 的低碳钢制成。减摩层为 0.3 ~ 0.7mm 的减摩合金，层质较软能保护轴颈，具有保护油膜、减小摩擦阻力和加速磨合的作用。连杆轴承上制有定位凸键，供安装时嵌入连杆大头和连杆盖的定位槽中，以防轴承前后移动或转动，有的轴承上还制有油孔，安装时应与连杆上相应的油孔对齐，如图 4-2-16 所示。

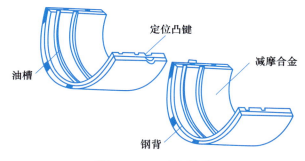

定位凸键

油槽

减摩合金

钢背

图 4-2-16　连杆轴承

减摩层材料用于提高轴承的耐磨性能，主要由以下几种材料组成：

1）白合金（巴氏合金）。减摩性能好，但机械强度低，且耐热性差，常用于负荷不大的汽油机。

2）铜铅合金。机械强度高，承载能力大，耐热性好，多用于高负荷的柴油机，但其减摩性能差。

3）铝基合金。铝基合金有铝锑镁合金、低锡铝合金和高锡铝合金三种。铝锑镁合金和低锡铝合金：力学性能好，负载能力强，但其减摩性能差，主要用于柴油机。高锡铝合金：具有较好的力学性能和减磨性能，广泛应用于柴油机和汽油机。

3. 连杆螺栓

连杆螺栓是指使剖分的连杆盖与连杆大头固接的螺栓。在每副轴承上，一般用两个或四个连杆螺栓固紧，这种螺栓的形式不一。在其头部常加工有定位平面或凸块，以便安装时与轴承支撑面嵌配，防止在上紧螺母时连杆螺栓随着转动。位于轴承各剖分面处的螺栓杆身直径较大，以便装配时可与螺栓孔配合定位；其余螺栓杆身部分的直径则较螺栓孔的直径小，长度也较长，以便承受弯曲和冲击载荷时可减轻螺纹部分的载荷。螺纹部分常采用较高精度的细牙螺纹。

为了防止螺纹连接自行松脱，连杆螺栓常设有防松装置，一般为开口销、防松垫圈以及螺纹表面镀铜等。连杆螺栓经常承受交变载荷，易于引起疲劳破坏而断裂，将会造成极其严重后果。因此，它常采用优质合金钢或优质碳钢制造，并经调质热处理。管理中，应注意检查其紧固情况，防止松动；定期拆装检查它有无裂纹和过度伸长等情况，必要时应及时换新。在安装时，要交叉、逐步地按规定的预紧力上紧，不能过大或过小，以免工作中造成连杆螺栓断裂等事故。

任务实施

1. 实训设备及工量具

实训设备：帕萨特 B5 1.8T 发动机台架四台。

工量具：常用与专用工具四套，塞尺四把，活塞环卡箍四个，橡胶槌四个，专用扭力扳手四把，活塞环钳四把。

2. 实训操作步骤及注意事项

（1）活塞连杆组的拆卸

1）转动曲轴，使第 1 缸和第 4 缸活塞处于下止点；用 14 号套筒松开 1、4 缸四颗连杆螺栓，依次取出 1、4 缸连杆轴承盖，1、4 缸活塞连杆及连杆轴承；用同样的方法取出 2、3 缸活塞连杆及连杆轴承，如图 4-2-17 所示。

2）用活塞环钳拆卸四个活塞上的活塞环，活塞环没有记号要做好记号，如图 4-2-18 所示。

微课
活塞连杆组拆装

图 4-2-17　拆卸连杆轴承盖

图 4-2-18　拆卸活塞环

微课

活塞连杆组检测

（2）活塞连杆组的检测

1）活塞环间隙的检测。

① 检查活塞环开口间隙。将活塞环垂直向下推至气缸内距气缸边缘约 15mm 处。插入时可使用不带活塞环的活塞，如图 4-2-19 所示。

② 检查环槽间隙。检查前清洗活塞环环槽，测量方法如图 4-2-20 所示。

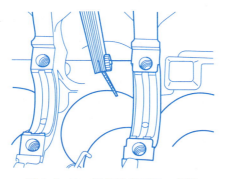

图 4-2-19　测量活塞环开口间隙　　　图 4-2-20　测量活塞环环槽间隙

③ 检查活塞裙部直径。

测量位置：距下缘约 10mm，与活塞销轴成 90°，如图 4-2-21 所示。

允许偏差：最大 0.04mm。

2）连杆检查（图 4-2-22）。

① 连杆轴承孔检查。卸去轴承，按扭力要求拧紧，检查轴承内孔圆度、圆柱度误差，误差值不得大于 0.0025mm。

图 4-2-21　测量活塞裙部直径

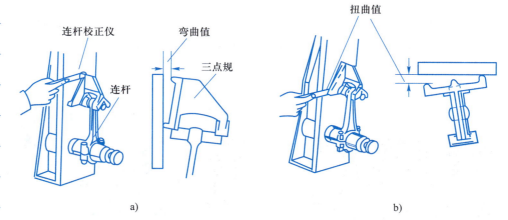

a)　　　　　　　　　　　　　　　　　　　　b)

图 4-2-22　连杆变形检查

a）连杆弯曲的检验　b）连杆扭曲的检验

② 连杆弯曲变形检查。将连杆大头用心轴的定心块向外扩张固定在检验器上，再用带有 V 形架的三点规测量。连杆弯扭变形在 100mm 长度上的值不得大于 0.05mm，否则应校正连杆。

③ 连杆径向间隙检查，磨损极限为 0.40mm，径向间隙磨损极限为 0.12mm。测径向间隙时，应使用旧螺栓，只拧紧至 30N·m，不可再拧。

（3）活塞连杆组的装配

1）安装连杆轴承。将轴承装到连杆中间或连杆轴承盖中间。尺寸 $a=2.5$mm，如图 4-2-23 所示。轴承只能成套更换，用过的轴承不得互换。

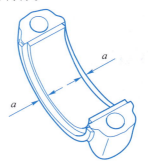

微课

活塞连杆组安装

2）安装活塞环。开口错开 120°，用活塞环卡钳拆装，标记 "TOP" 必须朝活塞顶。

3）安装活塞连杆。向气缸、连杆轴承工作面抹机油，依标记依次装配四个气缸活塞连杆组。用活塞环卡箍、橡胶槌装配活塞连杆组，注意活塞和连杆序号及朝前记号。活塞顶部箭头指向带轮，如图 4-2-24 所示。

图 4-2-23　安装连杆轴承

4）拧紧连杆螺栓。30N·m+1/4 圈（90°）螺纹与接触面涂机油，测径向间隙时，应使用旧螺栓，只拧紧至 30N·m，不可再拧，如图 4-2-25 所示。

图 4-2-24　安装活塞连杆　　　　　　图 4-2-25　紧固连杆螺栓

重要提示：连杆螺栓是经常受交变应力作用的重要零件，安装时，必须牢固可靠，要符合工厂规定的拧紧力矩，分 2~3 次拧紧。

任务工单 4.2　活塞连杆组检测维修

项目 4　曲柄连杆机构检测维修	小组人员：	
班级：	学号：	指导教师签字：
日期：		
任务 4.2　活塞连杆组检测维修【实训任务工作表】		
作业要求：1. 正确掌握活塞环、连杆轴承更换流程 　　　　　2. 正确掌握活塞组、连杆组的检查技术规范 　　　　　3. 正确掌握活塞组、连杆组的拆装流程 　　　　　4. 培养观察分析问题的能力 　　　　　5. 良好的 7S 工作习惯		

续表

1. 工具、量具准备：

2. 维修资料准备：

3. 辅助材料与耗材：

4. 制订工作计划及组员分工：

5. 外观目测损坏部件：

6. 工作现场安全准备、检查：

续表

作业一：活塞连杆组的拆装		
拆卸项目（安装反序）	拆装技术要求、注意点及标记（顺序方向）	目测
连杆螺栓		正常□　损坏□
连杆轴承盖		正常□　损坏□
连杆轴承		正常□　损坏□
活塞连杆组		正常□　损坏□
气环		正常□　损坏□
油环		正常□　损坏□
作业二：活塞连杆组的检测		
测量项目	测量数值	结果判断
活塞环端隙		合格□　维修□
活塞环侧隙		合格□　维修□
活塞环背度		合格□　维修□
连杆变形		合格□　维修□

★ 标记重点：活塞连杆组的序号、连杆轴承的序号

★ 拆装要点：活塞连杆组的顺序、活塞环的顺序与开口错开

7. 零部件基本清洁

（1）需清洗的部件：

（2）清洗剂种类：

（3）清洗要求：

8. 总结本次活动重点和要点：

9. 本次活动存在的问题及解决方法：

任务考核

任务4.2　活塞连杆组检测维修评分细则

项目4　曲柄连杆机构检测维修			实训日期：		
姓名：	班级：		学号：		指导教师签字：
自评：□ 熟练　□ 不熟练	互评：□ 熟练　□ 不熟练		师评：□ 熟练　□ 不熟练		
日期：	日期：		日期：		

任务 4.2　活塞连杆组检测维修【评分细则】

序号	评分项	得分条件	分值	评分要求	自评	互评	师评
1	安全/7S/态度	□ 1）能进行工位 7S 操作 □ 2）能进行设备和工具安全检查 □ 3）能进行车辆安全防护操作 □ 4）能进行工具清洁校准存放操作 □ 5）能进行三不落地操作	15 分	未完成 1 项扣 3 分，扣分不得超 15 分	□ 熟练 □ 不熟练	□ 熟练 □ 不熟练	□ 合格 □ 不合格
2	专业技能能力	作业 1： □ 1）能正确拆卸连杆螺栓 □ 2）能正确拆卸连杆轴承盖与轴承 □ 3）能正确拆卸活塞连杆组 □ 4）能正确拆卸活塞环 □ 5）能正确安装活塞环 □ 6）能正确安装活塞连杆组 □ 7）能正确安装连杆轴承盖与轴承 □ 8）能正确安装连杆螺栓 作业 2： □ 1）能正确检测活塞环开口间隙 □ 2）能正确检测活塞环侧隙 □ 3）能正确检测连杆变形	50 分	未完成 1 项扣 5 分，扣分不得超 50 分	□ 熟练 □ 不熟练	□ 熟练 □ 不熟练	□ 合格 □ 不合格
3	工具及设备的使用能力	□ 1）能正确使用拆装工具 □ 2）能正确使用活塞钳与活塞环卡箍 □ 3）能正确使用塞尺 □ 4）能正确使用外径千分尺 □ 5）能正确使用扭力扳手	10 分	未完成 1 项扣 5 分，扣分不得超 10 分	□ 熟练 □ 不熟练	□ 熟练 □ 不熟练	□ 合格 □ 不合格
4	资料、信息查询能力	□ 1）能正确使用维修手册查询资料 □ 2）能在规定时间内查询所需资料 □ 3）能正确记录所需维修信息	10 分	未完成 1 项扣 5 分，扣分不得超 10 分	□ 熟练 □ 不熟练	□ 熟练 □ 不熟练	□ 合格 □ 不合格
5	数据、判读和分析能力	□ 1）能判断气环是否正常 □ 2）能判断油环是否正常 □ 3）能判断连杆轴承是否正常 □ 4）能判断连杆是否正常	10 分	未完成 1 项扣 5 分，扣分不得超 10 分	□ 熟练 □ 不熟练	□ 熟练 □ 不熟练	□ 合格 □ 不合格
6	表单填写与报告的撰写能力	□ 1）字迹清晰 □ 2）语句通顺 □ 3）无错别字 □ 4）无涂改 □ 5）无抄袭	5 分	未完成 1 项扣 1 分，扣分不得超 5 分	□ 熟练 □ 不熟练	□ 熟练 □ 不熟练	□ 合格 □ 不合格
		总分：100 分					

任务拓展

如果感兴趣，扫描下方二维码学习活塞制造过程

**任务拓展
活塞的制造过程**

练习与思考

一、单选题

1. 活塞的最大磨损部位是（　　　）。

A. 活塞环槽　　　　B. 活塞销座孔　　　C. 活塞裙部　　　D. 都不正确

2. 连杆轴颈的最大磨损通常发生在（　　　）。

A. 靠近主轴颈一侧　　　　　　　B. 远离主轴颈一侧

C. 与油道孔相垂直的方向　　　　D. A、B 均可

3. 活塞在工作状态下发生椭圆变形，其长轴在（　　　）。

A. 垂直与活塞销座轴线方向　　　B. 平行与活塞销座轴线方向

C. 没有什么具体规律　　　　　　D. 都不正确

4. 活塞在制造中，其头部有一定的锥度，主要是由于（　　　）。

A. 节省材料　　　　　　　　　　B. 减小往复运动的惯性力

C. 活塞在工作中受热不均匀　　　D. 润滑可靠

5. 连杆大头做成分开式的目的是（　　　）。

A. 便于加工　　　B. 便于安装　　　C. 便于定位　　　D. 便于检查

6. 为了保护活塞裙部表面，加速磨合，在活塞裙部较多采用的措施是（　　　）。

A. 涂油润滑　　　B. 喷油润滑　　　C. 镀锡　　　D. 镀铬

7. 活塞环背隙过小将会造成（　　　）。

A. 气缸和活塞磨损加剧　　　　　B. 背压增大

C. 气缸密封性降低　　　　　　　D. 都正确

8. 一般柴油机活塞顶部多采用（　　　）。

A. 平顶　　　B. 凹顶　　　C. 凸顶　　　D. 球形

9. 为了减少磨损，通常（　　　）进行镀铬。

A. 第一道气环　　　B. 所有气环　　　C. 油环　　　D. 气环和油环

10. 若连杆检验仪量规的上测点与平板接触，下面两测点与平板存在相等的间隙，则表明连杆发生了（　　　）。

A. 弯曲　　　　B. 扭曲　　　　C. 双重弯曲　　　D. 弯曲与扭曲

二、判断题

1. 活塞销的磨损将引起漏气和烧机油。（　　）

2. 直接选配活塞销时，不必对活塞销座孔进行铰削或镗削，只要选用与活塞相同颜色的活塞销装配即可。（　　）

3. 活塞在气缸内做匀速运动。（　　）

4. 气环的密封原理除了自身的弹力外，主要还是靠少量高压气体作用在环背产生的背压而起的作用。（　　）

5. 活塞在工作中受热膨胀，其变形量裙部大于头部。（　　）

6. 如果气环失去弹性，其第一密封面不会建立，但并不影响其第二次密封的效果。（　　）

7. 扭曲环的扭曲方向取决于其切口的位置。（　　）

8. 采用全浮式连接的活塞销，在发动机冷态时，活塞销未必能够自由转动。（　　）

9. 连杆弯曲会导致发动机温度升高后活塞敲缸。（　　）

10. 连杆的连接螺栓必须按规定力矩一次拧紧，并用防松胶或其他锁紧装置紧固。（　　）

■ 任务4.3　曲轴飞轮组检测维修

任务描述

4S店接到一台帕萨特故障车，发动机曲轴箱异响严重，技术经理诊断该车的曲轴有问题，按照维修计划安排，需要对帕萨特发动机曲轴飞轮组进行拆装检测。

任务解析

首先要掌握曲轴飞轮组的作用和结构特点等，然后结合发动机实物及相应技术资料能正确拆装和检修曲轴飞轮组。

任务目标

知识目标：

1. 掌握曲轴飞轮组的结构及作用。

2. 掌握飞轮检修测量及更换流程（中级）。

3. 掌握曲轴检查及测量的技术规范（中级）。

4. 掌握主轴承轴径、轴承盖间隙测量方法（中级）。

5. 掌握主轴承和曲轴安装方法，轴承间隙和末端间隙测量方法（中级）。

6. 掌握曲轴轴承、凸轮轴、正时链和链轮检查和更换方法（中级）。

7. 掌握平衡轴和支撑轴承检查方法（中级）。

能力目标：

1. 能认识曲轴飞轮组的零部件（初级）。

2. 能检查并维修或更换飞轮（中级）。

3. 能测量曲轴轴颈磨损度，检查油路是否通畅，确定维修内容（中级）。

4. 能检查和测量主轴承轴径和轴承盖的间隙，确定维修项目（中级）。

5. 能拆装主轴承和曲轴，检查轴承间隙和末端间隙（中级）。

6. 能检查、拆卸和更换曲轴轴承、凸轮轴、正时链和链轮（中级）。

7. 能检查平衡轴和支撑轴承有无磨损和损坏，确定维修内容（中级）。

素质目标：

1. 爱国守法、崇德向善、诚实守信。

2. 爱岗敬业、积极进取、团结协作。

3. 热爱劳动、沟通流畅、勇于创新。

4. 精益求精、工匠精神、7S 管理。

知识准备

4.3.1　曲轴飞轮组的组成与功用

曲轴飞轮组主要由曲轴、飞轮以及其他不同作用的零件和附件组成，如图 4-3-1 所示。其零件和附件的种类和数量取决于发动机的结构和性能要求。

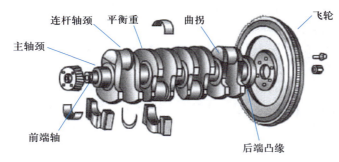

图 4-3-1　曲轴飞轮组的组成

曲轴飞轮组的作用是把活塞的往复运动转变为曲轴的旋转运动，为汽车的行驶和其他需要动力的机构输出转矩。同时还储存能量，用以克服非做功行程的阻力，使发动机运转平稳。

4.3.2　曲轴

1. 曲轴的功用、工作条件、材料及要求、构造

1）曲轴的功用。承受连杆传来的力，并将此力转换成绕其自身的轴线的力矩，对外输出、做功，驱动配气机构及其他附属装置。

2）工作条件。曲轴在周期性变化的气体力、惯性力及其力矩的共同作用下，承受弯曲和扭转载荷的冲击。因此曲轴应有足够的抗弯曲、抗扭转的疲劳强度和刚度；轴径应有足够大的承压表面和耐磨性；曲轴的质量应尽量小；对各轴径的润滑应该充分。

3）材料及要求。一般选用45、40Cr、35Mn2等中碳钢、优质中碳合金钢或高强度球墨铸铁锻造或铸造。为提高曲轴的疲劳强度，消除应力集中，轴颈表面应进行喷丸处理，圆角处要经滚压处理。另外，曲轴支撑受力处都必须进行耐磨处理。

4）结构。曲轴包括曲轴前端、主轴颈、连杆轴颈、曲柄、曲拐、平衡重和曲轴后端等，如图4-3-2所示。

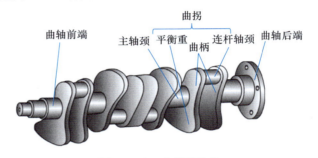

图4-3-2　曲轴的结构

① 主轴颈。主轴颈是曲轴的支撑点，位于曲轴箱主轴承座和主轴承盖中。为了保证曲轴的润滑，在主轴颈上有润滑油孔和斜油道，润滑油孔与发动机主油道相通，斜油道则将润滑油输送至连杆轴颈。

② 曲轴前端。曲轴前端装有驱动配气凸轮轴的正时齿轮、驱动风扇和水泵的带轮及止推片等零件。

③ 曲拐。一个连杆轴颈和它两端的曲柄及主轴颈、平衡重构成一个曲拐。曲轴的曲拐数目等于气缸数（直列式发动机），V形发动机曲轴的曲拐数等于气缸数的一半。

④ 曲轴后端。曲轴后端是安装飞轮用的凸缘。为了防止机油向后漏出，在曲轴后端通常切出回油螺纹或设置其他封油装置。

⑤ 平衡重。平衡重用以平衡连杆大头、连杆轴颈和曲柄等产生的离心惯性力及其离心惯性力矩；平衡活塞连杆组的往复惯性力及其力矩；减小曲轴轴承的负荷，使发动机运转平稳。

2. 曲轴的分类

1）曲轴按单元曲拐连接方式分为整体式曲轴和组合式曲轴。整体式曲轴将各单元曲拐锻制或铸造成一个整体，具有工作可靠、重量轻和结构简单等特点，如图4-3-2所示。组合式曲轴由多个单元曲拐组合装配而成，单元曲拐制造方便，损坏后可单独更换，不必换整轴，但拆装不变，如图4-3-3所示。

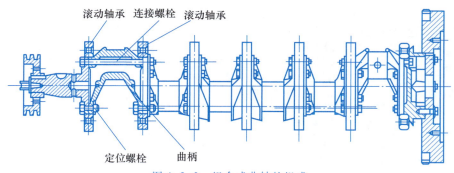

图 4-3-3　组合式曲轴的组成

2）曲轴按照支撑形式分为全支撑和非全支撑。每个连杆轴颈两边都有一个主轴颈者，称为全支撑曲轴，主轴颈数等于或少于连杆轴颈数者称为非全支撑曲轴，如图 4-3-4 所示。

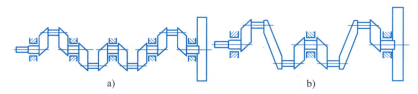

图 4-3-4　曲轴的支撑形式示意图

a）全支撑曲轴　b）非全支撑曲轴

3. 曲拐的布置与发动机工作顺序

曲拐布置原则。使各缸做功间隔角尽量相等。对直列多缸四冲程发动机，做功间隔角为 720°/缸数。连续做功的两缸相隔尽量远，减小主轴承连续载荷和避免相邻两缸进气门同时开启的抢气现象。V 形发动机左右两气缸尽量交替做功。

常用的曲拐布置如下：

1）直列四冲程四缸发动机。曲拐对称布置于同一平面内，相邻做功气缸的曲拐夹角为 720°/4＝180°。曲拐布置如图 4-3-5 所示。发动机点火顺序有：1—3—4—2 或 1—2—4—3，如表 4-3-1 和表 4-3-2 所示。

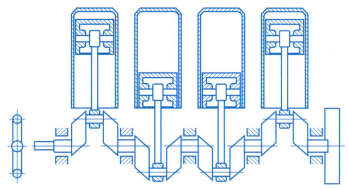

图 4-3-5　直列四缸发动机的曲拐布置

表 4-3-1　四缸机工作循环表（点火顺序：1—3—4—2）

曲轴转角	第 1 缸	第 2 缸	第 3 缸	第 4 缸
0°~180°	做功	排气	压缩	进气
180°~360°	排气	进气	做功	压缩
360°~540°	进气	压缩	排气	做功
540°~720°	压缩	做功	进气	排气

表 4-3-2　四缸机工作循环表（点火顺序：1—2—4—3）

曲轴转角	第 1 缸	第 2 缸	第 3 缸	第 4 缸
0°~180°	做功	压缩	排气	进气
180°~360°	排气	做功	进气	压缩
360°~540°	进气	排气	压缩	做功
540°~720°	压缩	进气	做功	排气

2）四冲程直列六缸发动机。曲拐对称布置于三个平面内，各平面夹角为120°。曲拐布置如图 4-3-6 所示。发动机点火顺序有：1—5—3—6—2—4 或 1—4—2—6—3—5。前者在国产发动机中应用广泛，如表 4-3-3 所示。

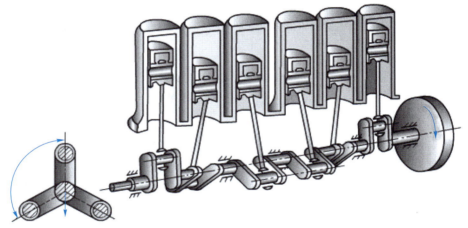

图 4-3-6　直列六缸发动机的曲拐布置

表 4-3-3　六缸机工作循环（点火顺序：1—5—3—6—2—4）

曲轴转角		第 1 缸	第 2 缸	第 3 缸	第 4 缸	第 5 缸	第 6 缸
0°~180°	60°	做功	排气	进气	做功	压缩	进气
	120°	做功	排气	压缩	排气	压缩	进气
	180°	做功	进气	压缩	排气	做功	进气
180°~360°	240°	排气	进气	压缩	排气	做功	压缩
	300°	排气	进气	做功	进气	做功	压缩
	360°	排气	压缩	做功	进气	排气	压缩
360°~540°	420°	进气	压缩	做功	进气	排气	做功
	480°	进气	压缩	排气	压缩	排气	做功
	540°	进气	做功	排气	压缩	进气	做功
540°~720°	600°	压缩	做功	排气	压缩	进气	排气
	660°	压缩	做功	进气	做功	进气	排气
	720°	压缩	排气	进气	做功	压缩	排气

4. 曲轴的轴向定位

曲轴的轴向定位是在某一道主轴承的两侧装止推片，该止推片由低碳钢背和减磨层组成，如图 4-3-7 所示。在安装的时候要注意将止推片有减磨层的一面朝向转动件。当曲轴向前窜动时，后止推片承受轴向推力；向后窜动时，前止推片承受轴向推力。更换止推片的厚度，可调整曲轴的轴向间隙。

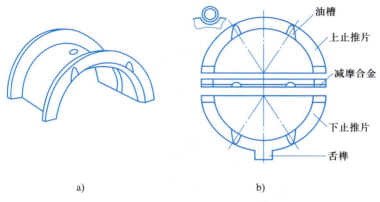

a)　　　　　　　　　　b)

图 4-3-7　曲轴止推轴承的组成

a）主轴承　b）止推片

帕萨特 B5 发动机曲轴结构图如图 4-3-8 所示。

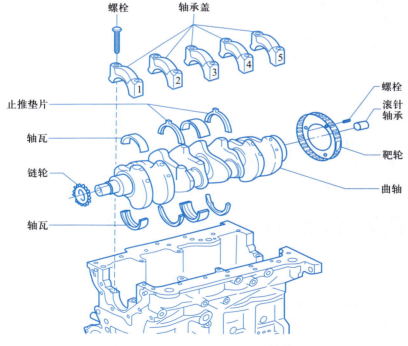

图 4-3-8　帕萨特 B5 发动机曲轴结构

4.3.3 飞轮

飞轮是转动惯量很大的盘形零件，其作用如同一个能量存储器。对于四冲程发动机来说，每四个活塞行程做功一次，即只有做功行程做功，而排气、进气和压缩三个行程都要消耗功。因此曲轴对外输出的转矩呈周期性变化，曲轴转速也不稳定。为了改善这种状况，在曲轴后端装置飞轮，如图4-3-9所示。

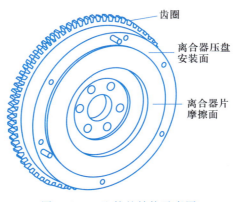

齿圈

离合器压盘
安装面

离合器片
摩擦面

图4-3-9   飞轮的结构示意图

1. 飞轮的作用

1）储存动能，克服阻力使发动机的工作循环周而复始地进行，使曲轴转速均匀，并使发动机具有短时间超载的能力。

2）驱动其他辅助装置。

3）传递转矩给汽车传动系统，是离合器的驱动件。

4）飞轮上正时刻度记号作为配气机构、供油系统（柴油机）、点火系统（汽油机）正时调整角度用。

2. 飞轮的结构特点

1）飞轮一般用灰铸铁，当轮缘速度超过50m/s时要采用球墨铸铁或铸钢。

2）飞轮外缘上的齿圈是热压配的，齿圈磨损失效后可以更换，但拆装齿圈时应注意加热后进行。

🔧 任务实施

1. 实训设备及工量具

实训设备：帕萨特 B5 1.8T 发动机台架四台。

工量具：常用与专用工具四套，专用扭力扳手四把，千分尺四把、百分表与磁力表座四套，游标卡尺四把，V 形架四对，塑料塞尺四套，橡胶槌四个。

2. 实训操作步骤及注意事项

（1）曲轴飞轮组的拆卸

1）飞轮拆卸。

将气缸体倒置，用专用工具固定飞轮，标出飞轮相对于发动机的位置。先对角旋松再拧下飞轮紧固螺栓，随后拧下螺栓，最后用橡胶槌均匀轻击飞轮边缘，取下飞轮，如图 4-3-10 所示。

2）曲轴拆卸。

① 拆卸油底壳。

② 拆卸曲轴前后密封法兰。曲轴前密封法兰拆卸如图 4-3-11 所示，旋出螺栓 1~6，撬下并取下密封法兰。去掉缸体上的密封剂余物。

微课

飞轮拆卸

微课

曲轴拆卸

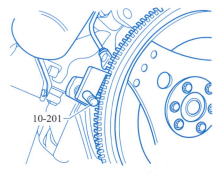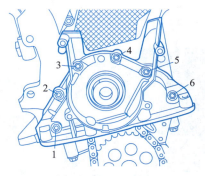

图 4-3-10　拆卸飞轮　　　　图 4-3-11　拆卸曲轴前密封法兰

③ 检查主轴承盖是否有顺序记号，如果无，应及时做上记号，如图 4-3-12 所示。出厂时，上部轴瓦与缸体正确匹配，有颜色点标明轴瓦厚。箭头——指向车前进方向。轴瓦厚度用字母标在缸体下密封表面。缸体上字母轴承颜色 S=黑色，R=红色，G=黄色。

④ 按顺序分两次或三次拧松主轴承螺栓，把轴承盖拆出按顺序记号摆放好。

⑤ 拆卸曲轴与上部主轴承：拆下曲轴，从气缸体拆下轴承，将曲轴垂直放置或与飞轮固定垂直放好。

（2）曲轴飞轮组的检测

1）曲轴的检测。

① 用百分表测量曲轴的轴向间隙（曲轴轴承盖全部安装好，并按规定力矩拧紧后测量），如图 4-3-13 所示。轴向间隙：新轴为 0.07~0.23mm，磨损极限为 0.30mm。

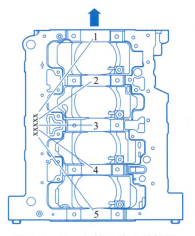

图 4-3-12　主轴承盖上的标记

微课

曲轴飞轮组检测

图4-3-13 曲轴轴向间隙的测量

② 用塑料塞尺测径向间隙（事先将塑料塞尺放入轴颈，曲轴轴承盖全部安装好，并按规定力矩拧紧后测量）如图4-3-14所示。新轴为0.02~0.04mm，磨损极限为0.15mm。

图4-3-14 曲轴径向间隙的测量

③ 曲轴的圆度和圆柱度测量。测量方法如图4-3-15所示。

$$圆度 = (D_{max} - D_{min})/2$$

式中 D_{max} 和 D_{min} 分别为同一横截面内最大和最小测量直径。

$$圆柱度 = (D_{max} - D_{min})/2$$

式中 D_{max} 和 D_{min} 分别为全部测量直径中（1、2截面）的最大和最小直径。

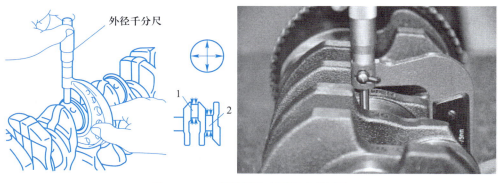

图4-3-15 曲轴圆度和圆柱度的测量

④ 曲轴的弯曲测量。如图4-3-16所示，径向跳动量最大为0.03mm。

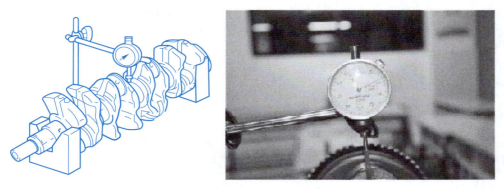

图4-3-16　曲轴弯曲测量

2）飞轮检查。

检查齿圈的齿牙有无凹坑或剥层等损伤，严重的需更换新件；飞轮工作面有严重烧灼或起槽深度超过0.5mm时，应进行休整；飞轮螺栓孔磨损圆度误差大于0.035mm，可扩孔修理。

（3）曲轴飞轮组的安装

1）曲轴安装。

安装按照拆卸顺序的反序装配曲轴。注意事项如下：

① 按标记装好轴瓦，注意旧轴瓦不可互换。

② 装上曲轴，并轻轻转动。装上轴瓦、止推垫片（用于第3道轴承，油槽朝外），注意安装位置。按次序拧紧螺栓，先均匀拧紧，后用扭力扳手拧紧，标准65N·m+1/4圈（90°）。

2）飞轮安装。

① 用垫片2和1装上传动盘，箭头所示标记朝变扭器。至少装上三个旧紧固螺栓，以30N·m的力矩拧紧，如图4-3-17所示。

微课
曲轴安装

微课
飞轮安装

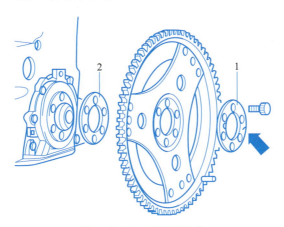

图4-3-17　预安装飞轮

② 在三点测量尺寸 a 算出平均值，如图 4-3-18 所示。固定值：18.9 ~ 20.5mm，如果超过规定值，再次拆下传动盘，去掉垫片 2，重新装上，以 30N·m 的力矩拧紧。再次测量该距离。若符合固定值，更换螺栓并拧紧。拧螺栓前打密封胶，如图 4-3-19 所示。

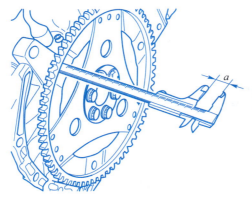

图 4-3-18   飞轮位置的测量

图 4-3-19   飞轮螺栓打密封胶

③ 注意飞轮与发动机的位置，拧紧螺栓，60N·m+1/2（180°）。

重要提示：有的飞轮上有 1 缸上止点记号和点火提前角刻度线（汽油机）或供油提前角刻度线（柴油机），以便调整和检验点火正时、供油提前角和气门间隙。

飞轮与曲轴在制造时一起进行过动平衡实验，在拆装时为了不破坏它们之间的平衡关系，飞轮与曲轴之间应有严格不变的相对位置。通常用定位销和不对称布置的螺栓来定位。

任务工单4.3   曲轴飞轮组检测维修

项目4 曲柄连杆机构检测维修		小组人员：	
班级：	学号：		指导教师签字：
日期：			
任务4.3 曲轴飞轮组检测维修【实训任务工作表】			
作业要求：1. 正确掌握曲轴密封法兰、主轴瓦更换流程 　　　　　2. 正确掌握曲轴飞轮组的检查技术规范 　　　　　3. 正确掌握曲轴飞轮组的拆装、检测工艺流程 　　　　　4. 培养观察分析问题的能力 　　　　　5. 良好的 7S 工作习惯			
1. 工具、量具准备：			
2. 维修资料准备：			
3. 辅助材料与耗材：			

续表

4. 制订工作计划及组员分工：

5. 外观目测损坏部件：

6. 工作现场安全准备、检查：

作业一：曲轴飞轮组拆装

拆卸项目（安装反序）	拆装技术要求、注意点及标记（顺序方向）	目测
飞轮螺栓		正常□　损坏□
曲轴前后密封法兰		正常□　损坏□
主轴承螺栓		正常□　损坏□
主轴承盖及轴瓦（含止推片）		正常□　损坏□
曲轴		正常□　损坏□

作业二：曲轴飞轮组检测

测量项目	测量数值	结果判断
曲轴轴颈		合格□　维修□
曲轴径向间隙		合格□　维修□
曲轴轴向间隙		合格□　维修□
曲轴变形		合格□　维修□
飞轮的安装高度		合格□　维修□

★ 标记重点：主轴承盖及轴瓦的序号

★ 拆装要点：主轴承盖及轴瓦、飞轮的安装位置

7. 零部件基本清洁

（1）需清洗的部件：

（2）清洗剂种类：

（3）清洗要求：

8. 总结本次活动重点和要点：

9. 本次活动存在的问题及解决方法：

任务考核

任务 4.3 曲轴飞轮组检测维修评分细则

| 项目 4 曲柄连杆机构检测维修 | | | | 实训日期： | | | |

| 姓名： | | 班级： | | 学号： | | 指导教师签字： | |

| 自评：□ 熟练 □ 不熟练 | | 互评：□ 熟练 □ 不熟练 | | 师评：□ 熟练 □ 不熟练 | | | |

| 日期： | | 日期： | | 日期： | | | |

任务 4.3 曲轴飞轮组检测维修【评分细则】

序号	评分项	得分条件	分值	评分要求	自评	互评	师评
1	安全/7S/态度	□ 1）能进行工位 7S 操作 □ 2）能进行设备和工具安全检查 □ 3）能进行车辆安全防护操作 □ 4）能进行工具清洁校准存放操作 □ 5）能进行三不落地操作	15 分	未完成 1 项扣 3 分，扣分不得超 15 分	□ 熟练 □ 不熟练	□ 熟练 □ 不熟练	□ 合格 □ 不合格
2	专业技能能力	作业 1： □ 1）能正确拆卸飞轮螺栓及飞轮 □ 2）能正确拆卸曲轴前后密封法兰 □ 3）能正确拆卸主轴承盖螺栓 □ 4）能正确拆卸主轴承及轴瓦 □ 5）能正确拆装曲轴 □ 6）能正确安装主轴承及轴瓦 □ 7）能正确安装主轴承盖螺栓 □ 8）能正确安装曲轴前后密封法兰 □ 9）能正确安装飞轮螺栓及飞轮 作业 2： □ 1）能正确检测曲轴变形 □ 2）能正确检测曲轴轴颈 □ 3）能正确检测曲轴间隙 □ 4）能正确检测飞轮安装位置	50 分	未完成 1 项扣 5 分，扣分不得超 50 分	□ 熟练 □ 不熟练	□ 熟练 □ 不熟练	□ 合格 □ 不合格
3	工具及设备的使用能力	□ 1）能正确使用拆装工具 □ 2）能正确使用百分表与磁力表座 □ 3）能正确使用塑料塞尺 □ 4）能正确使用外径千分尺 □ 5）能正确使用扭力扳手	10 分	未完成 1 项扣 5 分，扣分不得超 10 分	□ 熟练 □ 不熟练	□ 熟练 □ 不熟练	□ 合格 □ 不合格
4	资料、信息查询能力	□ 1）能正确使用维修手册查询资料 □ 2）能在规定时间内查询所需资料 □ 3）能正确记录所需维修信息	10 分	未完成 1 项扣 5 分，扣分不得超 10 分	□ 熟练 □ 不熟练	□ 熟练 □ 不熟练	□ 合格 □ 不合格
5	数据、判读和分析能力	□ 1）能判断曲轴间隙是否正常 □ 2）能判断曲轴是否正常 □ 3）能判断曲轴主轴承是否正常	10 分	未完成 1 项扣 5 分，扣分不得超 10 分	□ 熟练 □ 不熟练	□ 熟练 □ 不熟练	□ 合格 □ 不合格
6	表单填写与报告的撰写能力	□ 1）字迹清晰 □ 2）语句通顺 □ 3）无错别字 □ 4）无涂改 □ 5）无抄袭	5 分	未完成 1 项扣 1 分，扣分不得超 5 分	□ 熟练 □ 不熟练	□ 熟练 □ 不熟练	□ 合格 □ 不合格
总分：100 分							

任务拓展

如果感兴趣，扫描下方二维码学习发动机曲轴制造技术。

　┃ **任务拓展**
┃ **发动机曲轴制造技术**

　练习与思考

一、单选题

1. 曲轴裂纹危害最大的是（　　）。

A. 油孔附近的轴向裂纹　　　　　　B. 曲柄臂与轴颈过渡区的横向裂纹

C. 前两者都不是的其他部位裂纹　　D. 都可能

2. 曲轴上的平衡重一般设在（　　）。

A. 曲轴前端　　　　B. 曲轴后端　　　　C. 曲柄上　　　　D. 任何位置

3. 曲轴轴向定位点采用的是（　　）。

A. 一点定位　　　　B. 二点定位　　　　C. 三点定位　　　　D. 四点定位

4. 曲轴轴颈修理尺寸的要点是（　　）。

A. 所有轴颈必须一致　　　　　　　B. 同名轴颈必须一致

C. 每个轴颈都可采用单独的修理尺寸　D. 都可以

5. 发动机曲轴轴颈磨损量检查可用（　　）进行。

A. 千分尺　　　　B. 游标卡尺　　　　C. 百分表　　　　D. 塞尺

6. 四冲程六缸发动机曲轴各曲拐之间的夹角是（　　）。

A. 60°　　　　B. 90°　　　　C. 120°　　　　D. 180°

7. 曲轴与凸轮轴之间的传动比为（　　）。

A. 2∶1　　　　B. 1∶2　　　　C. 1∶1　　　　D. 4∶1

8. V 型发动机曲轴的曲拐数等于（　　）。

A. 气缸数　　　　　　　　　　　　B. 气缸数的一半

C. 气缸数的一半加 1　　　　　　　D. 气缸数加 1

9. 下列说法正确的是（　　）。

A. 飞轮的主要功用是用来储存做功行程的能量，增大发动机功率

B. 飞轮的主要功用是用来储存做功行程的能量，用于克服进气、压缩和排气行程的阻力和其他阻力，使曲轴均匀地旋转

C. 飞轮轮缘上的记号是供发动机安装和维修用

D. 飞轮紧固螺钉承受作用力大，应以最大力矩拧紧

10. 飞轮边缘一侧有指示气缸活塞位于上止点的标志，用以作为调整和检查

（　　）和点火间隙的依据。

A. 点火正时　　　　B. 发动机转速　　　C. 气缸数　　　　D. 发动机功率

二、多选题

1. 下列选项中，属于曲轴轴承选配检查项目的是（　　）。

A. 根据曲轴轴颈选配　　　　　　　　B. 定位凸起

C. 弹性　　　　　　　　　　　　　　D. 硬度

2. 曲柄连杆机构在运动过程中受（　　）的作用。

A. 气体作用力　　　　　　　　　　　B. 摩擦力

C. 运动质量惯性力　　　　　　　　　D. 外界阻力

3. 曲轴的支撑方式有（　　）。

A. 全支撑　　　　　　B. 非全支撑　　　C. 半支撑　　　　D. 都正确

4. 曲轴的形状和曲拐的布置取决于（　　）。

A. 气缸数　　　　　　B. 气缸排列形式　　C. 点火顺序　　　D. 发动机结构

5. 曲轴的检验项目有（　　）。

A. 裂纹检验　　　　　　　　　　　　B. 弯曲检验

C. 扭曲检验　　　　　　　　　　　　D. 轴颈磨损检验

三、判断题

1. 曲轴主轴颈承受的负荷比连杆轴颈大，所以磨损要比连杆轴颈严重。（　　）

2. 多缸发动机的曲轴均采用非全支撑。（　　）

3. 曲轴上回油螺纹的旋向取决于发动机的转向。（　　）

4. 飞轮的质量越大，发动机运转的均匀性就越好。（　　）

5. 曲轴主轴承响的原因之一，可能是由于润滑不良致使轴承合金烧毁或脱落。（　　）

项目5

润滑系统检测维修

🔔【项目内容】┈┈┈→

📋【项目概述】┈┈┈→

本项目融合汽车运用与维修职业技能等级标准润滑系统检测维修（中级）内容，本项目主要阐述了汽车发动机润滑系统的主要结构及润滑油路，并学习了解发动机润滑系统的结构和作用；机油泵的结构、作用及种类，并通过查找相应技术资料正确检测润滑油路和机油泵是否符合技术要求，并根据检测结果提出维修和调整方案。

✏【课前测试】┈┈┈→

课前可完成在线测试（请扫描下方二维码在线答题）。

课前测试
项目5　润滑系统检测维修

■ 任务 5.1　润滑油路检查

任务描述

　　一台帕萨特轿车因机油警告灯点亮进店维修，经维修技师诊断，是由于润滑油道堵塞所导致的故障，需要检查润滑油路和润滑油压力。

任务解析

　　首先要能找到汽车发动机润滑系统的主要结构及润滑油路，并学习了解发动机润滑系统的结构和作用。并通过查找相应技术资料正确检测润滑油压力是否符合技术要求，根据检测结果提出维修方案。

任务目标

　　知识目标：
　　1. 掌握润滑油液液位及泄漏检查方法。
　　2. 掌握润滑油压力检测流程（中级）。
　　3. 掌握润滑油消耗量的检测方法（中级）。
　　能力目标：
　　1. 能正确检查润滑油液液位及泄漏情况，确认维修项目。
　　2. 能检测润滑油压力，确定维修内容（中级）。
　　3. 能检查、检测或更换机油压力传感器，确认是否正常（中级）。
　　4. 能检测润滑油消耗量，确认维修项目（中级）。
　　素质目标：
　　1. 爱国守法、崇德向善、诚实守信。
　　2. 爱岗敬业、积极进取、团结协作。
　　3. 热爱劳动、沟通流畅、勇于创新。
　　4. 精益求精、工匠精神、7S 管理。

知识准备

5.1.1　润滑系统的概述

　　1. 润滑系统的功用

　　润滑系统的功用就是在发动机工作时连续不断地把数量足够的洁净润滑油输

送到全部传动件的摩擦表面，并在摩擦表面之间形成油膜，实现液体摩擦，从而减小摩擦阻力，降低功率损耗，减轻机件磨损，以达到提高发动机工作可靠性和耐久性的目的。润滑系统的具体功用可归纳为以下七个方面：

1）润滑功用。润滑运动零件表面，实现液体摩擦，减小零件的摩擦阻力和减少磨损，降低发动机的摩擦功率损失。

2）清洗功用。润滑油在润滑系统内不断循环，清洗摩擦表面，带走磨屑和其他异物。

3）冷却功用。润滑油在润滑系统内循环带走零件摩擦产生的热量，起到冷却作用，使零件温度不致过高。

4）密封功用。在运动零件之间形成油膜，提高它们的密封性，有利于防止漏气或漏油。

5）防锈蚀功用。在零件表面形成油膜，对零件表面起保护作用，防止零件与水分、空气及燃气接触而发生氧化和锈蚀。

6）液压功用。润滑油可用作液压油，起液压作用，如液压挺柱。

7）减振缓冲功用。在运动零件表面形成油膜，利用润滑油膜的不可压缩性，缓解配合件之间的冲击并减小振动，起减振缓冲的作用。

2. 润滑方式

根据发动机零件的工作条件不同，主要的润滑方式有以下几种：

（1）飞溅润滑

飞溅润滑是指利用运动零件激溅或喷溅起来的油滴、油雾润滑摩擦面的润滑方式。它的特点是适用摩擦面露在外面、载荷轻、运动速度小的零件，如气缸壁、活塞、活塞环、活塞销以及配气机构的凸轮、挺杆等零件。

（2）压力润滑

压力润滑是利用机油泵使润滑油产生压力，强制送到各表面的润滑方式。它的特点是摩擦面没有外露，载荷和运动速度大，如主轴承、连杆轴承及凸轮轴轴承等承受负荷较大的摩擦表面采用压力润滑。

汽车发动机上由于零部件比较多，工作条件复杂，故采用以压力润滑为主，飞溅润滑为辅的复合润滑方式。

（3）注油润滑

注油润滑是通过润滑脂嘴定期加注润滑脂来润滑零件工作表面的润滑方式，主要用于负荷小、摩擦力不大，露于发动机体外的一些附件的润滑面上，如水泵、发电机、起动机等部件轴承的润滑。

（4）自润滑

自润滑是用自润滑轴承代替普通轴承，如尼龙、二硫化钼等，它的好处是无油润滑或少油润滑，可在使用时不保养或少保养，并且有适量的弹塑性，能将应力分布在较宽的接触面上，提高轴承的承载能力。

3. 滤清方式

汽车发动机润滑系统一般设有润滑滤清装置，润滑油滤清方式通常有全流式、分流式与并用式三种形式，如图 5-1-1 所示。

1）全流式。滤清器与主油道串联。从机油泵压送出的油全部经过滤清器供给各个摩擦部位，润滑油得到较好的清洁，若滤清器被堵塞，就会出现润滑不良的后果，因此和滤清器并联一个旁通阀，在滤清器被堵塞的情况下，可越过滤清器向各摩擦部位供油。丰田、标致、桑塔纳及奥迪在发动机润滑系统上都采用了全流式滤清方式。

2）分流式。滤清器与主油道并联。该方式仅将油路中的一部分油滤清，即滤清器与主油道并联的滤清方式。

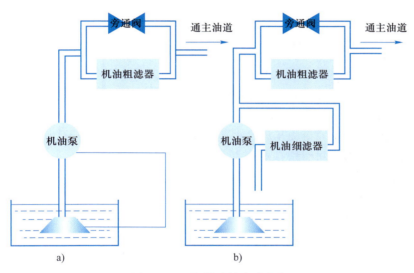

图 5-1-1 润滑油的滤清方式
a）全流式 b）分流式

5.1.2 润滑系统的组成

发动机润滑系统主要由机油泵、机油滤清器、机油散热器、油底壳和集滤器等零部件组成，如图 5-1-2 所示。此外润滑系统还装有起限压、安全和回油等作用的各种压力阀，以及润滑油压力表、温度表和润滑油管道等。其中，机油泵提供足够高的压力，保证进行压力润滑和润滑油在润滑系统内能循环流动。机油滤清器用来滤除润滑油中的金属磨屑、机械杂质和润滑油氧化物，它包括机油粗滤器和机油细滤器。机油散热器用来降低润滑油的温度，润滑油在循环过程中由于吸热而温度升高。若润滑油温度过高，则其黏度下降，不利于在摩擦表面形成油膜；此外，还会加速润滑油老化变质，缩短润滑油使用期。油底壳是用来储存润滑油的容器，集滤器是用来滤除润滑油中粗大的杂质，防止杂质进入机油泵。

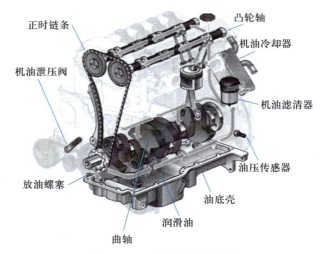

图 5-1-2 润滑系统的组成

5.1.3 润滑油路

发动机润滑油路作为发动机润滑系统里面的重要组成部分，润滑油通过润滑油路到达各需要润滑的零部件表面，并且通过润滑油路实现润滑油的循环。现代汽车发动机润滑系统的组成及油路布置方案大致相同，只是由于润滑系统的工作条件和具体结构的不同而稍有差别。

图 5-1-3 所示为某四缸发动机润滑系统示意图。发动机曲轴的主轴颈、连杆轴颈、凸轮轴轴颈、摇臂轴等采用压力润滑，活塞、活塞环、活塞销、气缸壁、气门、挺柱、推杆等采用飞溅润滑。

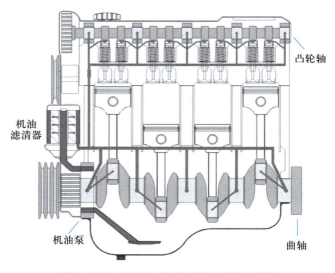

图 5-1-3 某四缸发动机润滑系统示意图

当发动机工作时，润滑油从油底壳经集滤器被机油泵送入机油滤清器。如果油压太高，则润滑油经机油泵上的安全阀返回机油泵入口。全部润滑油经滤清器滤清之后进入发动机主油道。滤清器盖上设有旁通阀，当滤清器堵塞时，润滑油不经过滤清器滤清由旁通阀直接进入主油道。润滑油经主油道进入五条分油道，分别润滑五个主轴承。然后，润滑油经曲轴上的斜油道，从主轴承流向连杆轴承润滑连杆轴颈。主油道中的部分润滑油经第六条分油道供入中间轴的后轴承。中间轴的前轴承由机油滤清器出油口的一条油道供油润滑。主油道的另一条分油道直通凸轮轴轴承润滑油道，此油道也有五个分油道，分别向五个凸轮轴轴承供油。在凸轮轴轴承润滑油道的后端，也就是整个压力润滑油路的终端装有最低机油压力报警开关。当发动机起动之后，润滑油压力较低，最低油压报警开关触点闭合，油压指示灯亮。当润滑油压力达到设定值时，最低油压报警开关触点断开，指示灯熄灭。另外，在机油滤清器上也装有机油压力开关，当发动机达到某一转速时，润滑油压力若没达到相应值，这时开关触点闭合，警告灯闪亮，同时蜂鸣器鸣响报警。

帕萨特 B5 发动机润滑系统部件的组成如图 5-1-4 所示。

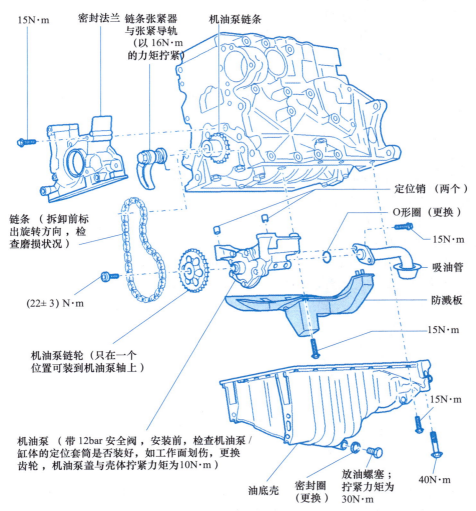

图 5-1-4　帕萨特 B5 发动机润滑系统部件的组成

任务实施

1. 实训设备及工量具

实训设备：帕萨特 B5 1.8T 发动机台架四台。

工量具：常用与专用工具四套，机油压力表四个连接，线束。

2. 实训操作步骤及注意事项

1）认识帕萨特 B5 发动机润滑系统的结构。

2）查找维修手册并检测发动机润滑油路是否符合技术要求。

3）润滑油开关的检查，如图 5-1-5 所示。

微课

机油压力检测

检查条件如下：

a. 润滑油油位正常。

b. 润滑油温度约为 80℃。

c. 点火开关打开后，机油压力警告灯 K3 应亮。

d. 配备自动检查系统的车，显示屏应显示"i. O."。

检查步骤如下：

a. 拔下机油压力开关导线。拧下机油压力开关，拧下 V. A. G1342（机油压力表）。

b. 将机油压力开关 2 拧入 V. A. G1342（机油压力表）。

c. 测试仪褐色导线 1 搭铁。

d. 用 V. A. G1549A 中的辅助线将 V. A. G1527B 接到机油压力开关和蓄电池正极上。发光二极管不应亮。

e. 如果发光二极管亮，则必须更换机油压力开关。

f. 起动发动机。

黑色机油压力开关：在 1.2～1.6bar（1bar=101kPa）时，发光二极管应亮。

4）润滑油压力的检查，如图 5-1-6 所示。

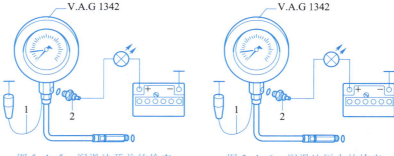

图 5-1-5　润滑油开关的检查　　　　图 5-1-6　润滑油压力的检查

a. 拔下机油压力导线。拧下机油压力开关，拧上 V. A. G1342（机油压力表）。

b. 将机油压力开关 2 拧到 V. A. G1342。

c. 起动发动机（润滑油温度约为 80℃）。

　　怠速时润滑油压力：最低 1.3bar。2000r/min 时润滑油压力：3.5～4.5bar。如果未达到规定值，说明安全阀或吸油管堵塞，则更换机油泵或检查吸油管。

　　5）润滑油油位的检查，如图 5-1-7 所示。

　　检查条件如下：

　　a. 润滑油温度不低于 60℃。

　　b. 车停在水平路面上。

　　c. 发动机停转后，等几分钟后，以便润滑油回到油底壳内。

　　d. 拔出机油尺，用干净抹布擦净后再插回原位。

　　e. 再次拔出机油尺，读出油位。

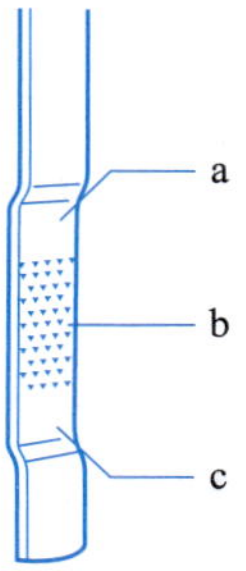

　　图 5-1-7 所示机油尺上标记区含义如下：

　　a——不可再加润滑油。

图 5-1-7　润滑油油位的检查

　　b——可加注润滑油，加油后油位可达 a 区。

　　c——必须加注润滑油，加油后润滑油位达到 b 区即可（即网纹区）。

任务工单 5.1　润滑油路检查

项目 5　润滑系统检测维修		小组人员：	
班级：	学号：		指导教师签字：
日期：			
任务 5.1　润滑油路检查【实训任务工作表】			
作业要求：1. 正确掌握润滑油液液位及泄漏检查方法 　　　　　2. 正确掌握润滑部件查询 　　　　　3. 正确掌握润滑油压力流程 　　　　　4. 培养观察分析问题的能力 　　　　　5. 养成良好的 7S 工作习惯			
1. 工具、量具准备： 			
2. 维修资料准备： 			
3. 辅助材料与耗材： 			

4. 制订工作计划及组员分工：

5. 外观目测损坏部件：

6. 工作现场安全准备、检查：

作业内容：润滑系统油路检查

（1）迈腾 B8L 润滑油油量和规格查询

发动机代码 排量/功率	发动机代码　排量/功率	润滑油初装量	润滑油规格
CUGA	2.0L 162kW		
CUGA	1.8L 132kW		
CUGA	1.4L 110kW		

（2）写出图片中 1~7 的部件名称

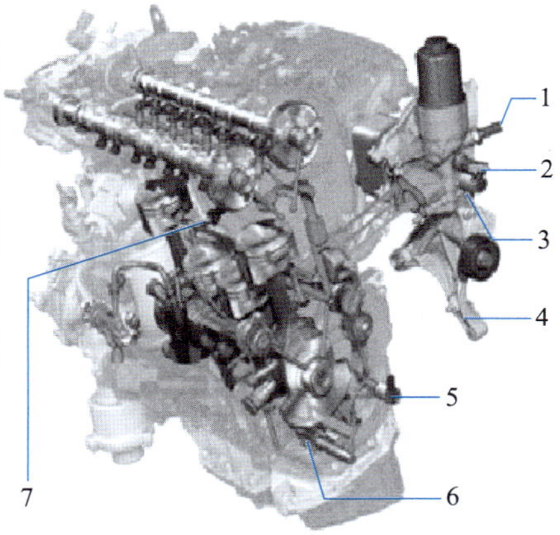

1: _____

2: _____

3: _____

4: _____

5: _____

6: _____

7: _____

（3）写出发动机的润滑路线

续表

7. 零部件基本清洁
（1）需清洗的部件：
（2）清洗剂种类：
（3）清洗要求：
8. 总结本次活动重点和要点：
9. 本次活动存在的问题及解决方法：

任务考核

任务 5.1　润滑油路检查评分细则

项目 5　润滑系统检测维修			实训日期：		
姓名：	班级：		学号：		指导教师签字：
自评：□ 熟练　□ 不熟练	互评：□ 熟练　□ 不熟练		师评：□ 熟练　□ 不熟练		
日期：	日期：		日期：		

<table>
<tr><td colspan="6" align="center">任务 5.1　润滑油路检查【评分细则】</td></tr>
<tr><td>序号</td><td>评分项</td><td>得分条件</td><td>分值</td><td>评分要求</td><td>自评</td><td>互评</td><td>师评</td></tr>
<tr><td>1</td><td>安全/7S/态度</td><td>□ 1）能进行工位 7S 操作
□ 2）能进行设备和工具安全检查
□ 3）能进行车辆安全防护操作
□ 4）能进行工具清洁校准存放操作
□ 5）能进行三不落地操作</td><td>15 分</td><td>未完成 1 项扣 3 分，扣分不得超 15 分</td><td>□ 熟练
□ 不熟练</td><td>□ 熟练
□ 不熟练</td><td>□ 合格
□ 不合格</td></tr>
<tr><td>2</td><td>专业技能能力</td><td>□ 1）能正确查询润滑油规格
□ 2）能正确查询润滑部件名称
□ 3）能正确检查润滑油液液位
□ 4）能正确检查润滑油压力
□ 5）能正确检查润滑油压力开关
□ 6）能正确写出润滑路线</td><td>50 分</td><td>未完成 1 项扣 10 分，扣分不得超 50 分</td><td>□ 熟练
□ 不熟练</td><td>□ 熟练
□ 不熟练</td><td>□ 合格
□ 不合格</td></tr>
<tr><td>3</td><td>工具及设备的使用能力</td><td>□ 1）能正确使用维修工具
□ 2）能正确使用润滑油压力检测工具</td><td>10 分</td><td>未完成 1 项扣 5 分，扣分不得超 10 分</td><td>□ 熟练
□ 不熟练</td><td>□ 熟练
□ 不熟练</td><td>□ 合格
□ 不合格</td></tr>
</table>

续表

序号	评分项	得分条件	分值	评分要求	自评	互评	师评
4	资料、信息查询能力	□1）能正确使用维修手册查询资料 □2）能在规定时间内查询所需资料 □3）能正确记录所查询资料章节页码 □4）能正确记录所需维修信息	10分	未完成1项扣5分，扣分不得超10分	□熟练 □不熟练	□熟练 □不熟练	□合格 □不合格
5	数据、判读和分析能力	□1）能判断润滑油油压是否正常 □2）能判断机油压力开关是否正常	10分	未完成1项扣5分，扣分不得超10分	□熟练 □不熟练	□熟练 □不熟练	□合格 □不合格
6	表单填写与报告的撰写能力	□1）字迹清晰 □2）语句通顺 □3）无错别字 □4）无涂改 □5）无抄袭	5分	未完成1项扣1分，扣分不得超5分	□熟练 □不熟练	□熟练 □不熟练	□合格 □不合格
	总分：100分						

任务拓展

第三代 EA888 发动机可控式活塞冷却喷嘴

第三代 EA888 发动机润滑系统主要由机油压力开关 F378、F22、F447 和可调式外部齿轮机油泵等结构组成，具体的结构如图 5-1-8 所示。

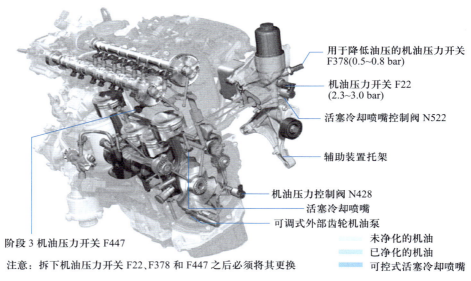

用于降低油压的机油压力开关 F378(0.5~0.8 bar)

机油压力开关 F22 (2.3~3.0 bar)

活塞冷却喷嘴控制阀 N522

辅助装置托架

机油压力控制阀 N428

活塞冷却喷嘴

可调式外部齿轮机油泵

未净化的机油
已净化的机油
可控式活塞冷却喷嘴

阶段3 机油压力开关 F447

注意：拆下机油压力开关 F22、F378 和 F447 之后必须将其更换

图 5-1-8 第三代 EA888 发动机润滑系统的结构

活塞顶并不是在任何工况下都需要冷却的。有针对性地关闭活塞冷却喷嘴，可进一步提升燃油经济性。取消预压弹簧的活塞冷却喷嘴的另一个原因是较低的整体润滑油压力水平。其组成与控制过程如图 5-1-9 所示。

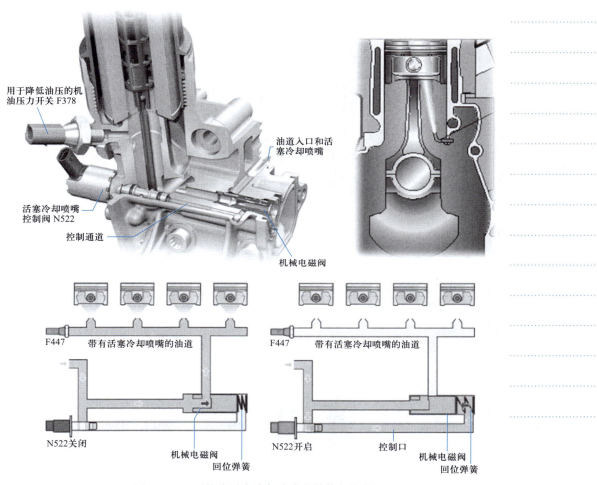

图 5-1-9 可控式活塞冷却喷嘴的结构与控制

1. 活塞喷嘴关闭

活塞冷却喷嘴控制阀 N522 由发动机控制单元来通电，也就是通过 87 号接线柱来获得供电。通过发动机控制单元来实现搭铁，于是电路就闭合了，如图 5-1-10 所示。

这时，活塞冷却喷嘴控制阀 N522 就打开了机械切换阀的控制通道。压力润滑油从两面加载到机械切换阀的控制活塞上。弹簧推动机械切换阀，这样就关闭了往活塞冷却喷嘴润滑油通道的管路。

第三级机油压力开关 F447 此时为断开，发动机控制单元由此确定活塞冷却喷嘴已关闭。

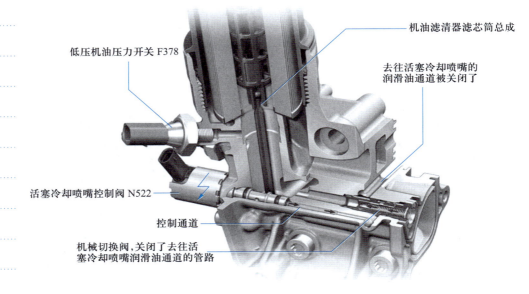

低压机油压力开关 F378

机油滤清器滤芯筒总成

去往活塞冷却喷嘴的
润滑油通道被关闭了

活塞冷却喷嘴控制阀 N522

控制通道

机械切换阀，关闭了去往活
塞冷却喷嘴润滑油通道的管路

图 5-1-10　可控式活塞冷却喷嘴关闭

2. 活塞冷却喷嘴接通

当活塞冷却喷嘴控制阀 N522 被断电，活塞冷却喷嘴就被接通。这过程中通向机械切换阀的控制通道就被关闭了。压力润滑油这时只在单面加载到机械切换阀的控制活塞上，于是活塞发生移动，这样就打开了去往活塞冷却喷嘴润滑油通道的管路，如图 5-1-11 所示。

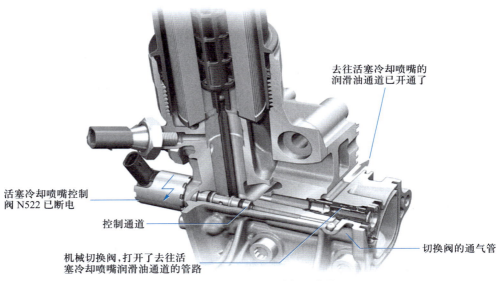

去往活塞冷却喷嘴的
润滑油通道已开通了

活塞冷却喷嘴控制
阀 N522 已断电

控制通道

机械切换阀，打开了去往活
塞冷却喷嘴润滑油通道的管路

切换阀的通气管

图 5-1-11　可控式活塞冷却喷嘴接通

第三级机油压力开关 F447 闭合，发动机控制单元由此确定活塞冷却喷嘴已打开。

☀ **练习与思考**

一、单选题

1. 汽车发动机各零件最理想的摩擦形式是（　　）。

A. 干摩擦　　　　　B. 半干摩擦　　　　　C. 液体摩擦　　　　　D. 半液体摩擦

2. 机油细滤器上设置低压限制阀的作用是（　　）。

A. 机油泵出油压力高于一定值时，关闭通往细滤器油道

B. 机油泵出油压力低于一定值时，关闭通往细滤器油道

C. 使进入机油细滤器的润滑油保证较高压力

D. 使进入机油细滤器的润滑油保持较低压力

3. 润滑系统中旁通阀的作用是（　　）。

A. 保证主油道中的最小润滑油压力

B. 防止主油道过大的润滑油压力

C. 防止机油粗滤器滤芯损坏

D. 在机油粗滤器滤芯堵塞后仍能使润滑油进入主油道内

4. 机油粗滤器上装有旁通阀，当滤芯堵塞时，旁通阀打开，（　　）。

A. 使润滑油流回机油泵

B. 使润滑油直接进入细滤器

C. 使润滑油直接进入主油道

D. 使润滑油不经过滤芯，直接流回油底壳

5. 活塞通常采用的润滑方式是（　　）。

A. 压力润滑　　　　　　　　　　B. 飞溅润滑

C. 两种润滑方式都有　　　　　　D. 润滑方式不确定

6. 发动机润滑系统中润滑油的正常油温是（　　）。

A. 40 ~ 50℃　　　B. 50 ~ 70℃　　　C. 70 ~ 90℃　　　D. 大于 100℃

7. 润滑油浮式集滤器滤网的中心有一圆孔，其作用是（　　）。

A. 便于拆装　　　　　　　　　　B. 防止滤网堵塞时中断供油

C. 增大供油量　　　　　　　　　D. 便于进油流畅

8. 曲轴连杆轴承处的润滑油多来自（　　）。

A. 曲轴主轴径　　　B. 凸轮轴轴径　　　C. 活塞与气缸壁　　　D. 都不正确

9. 润滑油中铁的微粒含量过高，其原因可能为（　　）。

A. 气缸磨损严重　　　B. 轴承磨损严重　　　C. 曲轴箱通风不良　　D. 都不正确

二、多选题

1. 上海桑塔纳轿车发动机油路中只设一个机油滤清器，该滤清器采用（　　）。

A. 全流式滤清器　　　　　　　　B. 分流式滤清器

C. 离心式滤清器　　　　　　　　D. 过滤式纸质滤芯滤清器

2. 发动机常见的润滑方式为（　　　）。

A. 压力润滑　　　　　B. 飞溅润滑　　　　　C. 定期润滑　　　　　D. 以上都不对

3. 润滑油的作用有（　　　）。

A. 润滑　　　　　　　B. 冷却　　　　　　　C. 密封　　　　　　　D. 清洁

4. 润滑油压力过低的原因可能有（　　　）。

A. 润滑油黏度过低

B. 机油泵齿轮磨损

C. 机油集滤器脏、堵

D. 曲轴轴颈与轴承、凸轮轴轴颈与轴承配合间隙过大

5. 机油滤清器的种类有（　　　）。

A. 集滤器　　　　　　B. 粗滤器　　　　　　C. 细滤器　　　　　　D. 以上都不对

三、判断题

1. 机油细滤器滤清能力强，所以经过细滤器滤清后的润滑油直接流向润滑表面。（　　　）

2. 由于离心式机油滤清器有效地解决了滤清能力与通过能力的矛盾，所以一般串联于主油道中。（　　　）

3. 当加注润滑油时，加入量越多，越有利于发动机的润滑。（　　　）

4. 过滤式机油滤清器的滤芯可反复多次使用。（　　　）

5. 机油细滤器能滤去润滑油中细小的杂质，所以经细滤器滤后的润滑油直接流向润滑表面。（　　　）

6. 机油细滤器能过滤掉很小的杂质和胶质，所以经过细滤器过滤的润滑油直接流向机件的润滑表面。（　　　）

7. 润滑系统中旁通阀一般都安装在粗滤器中，其功用是限制主油道的最高压力。（　　　）

8. 机油细滤器和主油道应串联在一起。（　　　）

9. 由于机油粗滤器串联于主油道中，所以一旦机油粗滤器堵塞，主油道中润滑油压力会大大下降，甚至降为零。（　　　）

10. 发动机润滑只起润滑作用。（　　　）

■ 任务 5.2　润滑系统部件检测维修

任务描述

　　一台帕萨特轿车因机油警告灯点亮进店维修，经维修技师诊断，因润滑油压力异常，需要对润滑系统部件进行拆装检测。

任务解析

首先要能找到汽车发动机润滑系统的机油泵，并学习了解发动机润滑系统机油泵的结构和工作原理。并通过查找相应技术资料正确检测润滑系统机油泵是否符合技术要求，根据检测结果提出维修方案。

任务目标

知识目标：

1. 掌握机油泵、卸压装置、驱动装置的拆装和测量方法（中级）。
2. 掌握润滑油压力检测流程（中级）。
3. 掌握润滑油消耗量的检测方法（中级）。

能力目标：

1. 能检测润滑油压力，确定维修内容（中级）。
2. 能解体、检查、测量和更换机油泵、卸压装置、驱动装置（中级）。
3. 能检查、检测或更换机油压力传感器，确认是否正常（中级）。
4. 能检测润滑油消耗量，确认维修项目（中级）。

素质目标：

1. 爱国守法、崇德向善、诚实守信。
2. 爱岗敬业、积极进取、团结协作。
3. 热爱劳动、沟通流畅、勇于创新。
4. 精益求精、工匠精神、7S 管理。

知识准备

5.2.1　机油泵

机油泵是润滑系统的心脏，它可以提高润滑油压力，保证润滑油在润滑系统内不断循环，目前发动机润滑系统中广泛采用的是外啮合齿轮式机油泵和内啮合转子式机油泵两种。

1. 外啮合齿轮式机油泵

外啮合齿轮式机油泵的结构如图 5-2-1 所示。它主要由主动轴、主动齿轮、从动轴、从动齿轮和轮壳等组成。两齿轮外啮合，装在壳体内，齿轮与壳体的径向和端面间隙都很小。

齿轮式机油泵的工作原理图如图 5-2-2 所示。当齿轮按图示方向旋转时，进油腔处由于啮合着的齿轮逐渐脱开，密封工作腔容积逐渐增大，腔内形成一定的真空，油底壳中的润滑油便被吸入进油腔。随后又被轮齿带到出油腔，出油腔的容积由于轮齿逐渐进入啮合而减小，使润滑油压力升高，润滑油便经出油口被压入发动机机体上的润滑油道。在发动机工作时，机油泵齿轮不停地旋转，润滑油便连续不断地流入润滑油道，经过滤清之后被送到各润滑部位。当轮齿进入啮合时，封闭在轮齿径向间隙内的润滑油，由于容积减小，压力急剧升高，使齿轮受到很大的推力，并使机油泵轴衬套的磨损加剧和功率消耗增大。为此在泵盖上加工一道卸压槽，使轮齿径向间隙内被挤压的润滑油通过卸压槽流入出油腔。

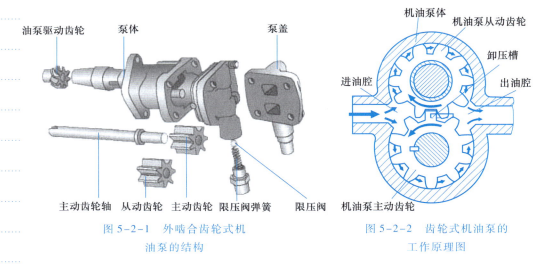

图 5-2-1　外啮合齿轮式机
油泵的结构

图 5-2-2　齿轮式机油泵的
工作原理图

2. 内啮合齿轮式机油泵

图 5-2-3 所示为内啮合齿轮式机油泵的结构，其外齿轮是主动齿轮，套在曲轴前端，通过花键由曲轴直接驱动。内接齿轮是从动齿轮，装在机油泵体内，泵体固定在机体前端。

内啮合齿轮式机油泵也称为内接齿轮泵，其工作原理与外啮合齿轮式机油泵或齿轮式机油泵相同。因为内啮合齿轮式机油泵由曲轴直接驱动，无须中间传动机构，所以零件数量少，制造成本低，占用空间小，使用范围广。但是这种机油泵在内、外齿轮之间有一处无用的空间，使机油泵的泵油效率降低。另外，如果曲轴前端轴颈太粗，机油泵外形尺寸随之增大，

图 5-2-3　内啮合齿轮式机油泵的结构

发动机驱动机油泵的功率损失也相应有所增加。

3. 转子式机油泵

转子式机油泵主要由内、外转子，机油泵体及机油泵盖等零件组成。内转子固定在机油泵传动轴上，外转子自由地安装在泵体内，并与内转子啮合转动。

内、外转子之间有一定的偏心距。转子式机油泵的优点是结构紧凑，供油量大，供油均匀，噪声低，吸油真空度较高，如图 5-2-4 所示。

图 5-2-4   转子式机油泵的组成

5.2.2   机油滤清器

机油滤清器是用来滤清润滑油中的金属屑、机械杂质及润滑油本身氧化的产物，如各种有机酸、沥青质以及碳化物等，防止它们进入零件的摩擦表面而将零件拉毛、刮伤，使磨损加剧，以及防止润滑系统通道堵塞而出现烧坏轴瓦等严重事故。润滑油流到摩擦表面之前，经过滤清器滤清的次数越多，则润滑油越清洁。但滤清次数越多，润滑油流动阻力也越大。为了解决滤清与油路通畅的矛盾，为了保证滤清效果，一般使用多级滤清器，在润滑系统中装有几个不同滤清能力的滤清器：集滤器、粗滤器、细滤器。它们分别串联和并联在主油道中。与主油道串联的滤清器称为全流式滤清器，与主油道并联的滤清器称为分流式滤清器。

1. 集滤器

集滤器采用滤网式结构，安装于机油泵进油管上。大多数汽车都采用固定式集滤器，位于油面下吸油，这样可防止吸入泡沫，且结构较简单。浮筒式集滤器的结构如图 5-2-5 所示。

2. 粗滤器

机油粗滤器用以滤去润滑油中粒度较大

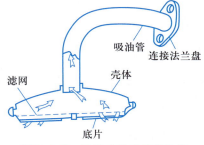

图 5-2-5   浮筒式集滤器的结构

（直径为 0.05 ~ 0.1 mm 以上）的杂质。它对润滑油的流动阻力较小，通常串联在机油泵与主油道之间，属于全流式滤清器。粗滤器根据滤芯的不同，有各种的结构形式。传统的粗滤器多采用金属片缝隙式，由于质量大，结构复杂，制造成本高等缺点，金属片缝隙式粗滤器已基本被淘汰；现代汽车发动机普遍采用纸质式粗滤器，结构如图 5-2-6 所示。

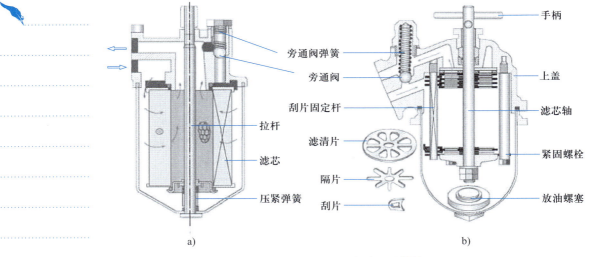

图 5-2-6　机油粗滤器的结构

a）纸质滤清器　b）金属片缝隙滤清器

3. 机油细滤器

机油细滤器用以滤去润滑油中粒度较小（直径为 0.001mm 以上）的杂质。由于它对润滑油的流动阻力较大，故多做成分流式，与主油道并联，属于分流式滤清器。分流式滤清器有过滤式和离心式两种类型。过滤式存在着滤清与通过能力之间的矛盾，而离心式具有滤清能力高、通过能力大且不受沉淀物影响等优点。图 5-2-7 所示为离心式机油细滤器的结构。

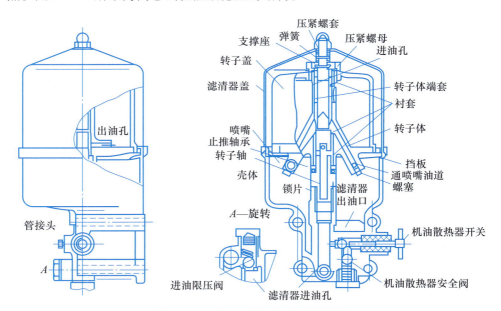

图 5-2-7　离心式机油细滤器的结构

任务实施

1. 实训设备及工量具

实训设备：帕萨特 B5 1.8T 发动机台架四台。

工量具：常用与专用工具四套，塞尺四把，刀口形直尺四把，专用扭力扳手四把，机油格扳手四把。

2. 实训操作步骤及注意事项

1）拆卸帕萨特 B5 发动机润滑系统的主要零部件（机油泵、机油滤清器、油底壳等）。

a. 用机油格扳手拆下机油滤清器，如图 5-2-8 所示。

b. 用 HW5（世达）松开油底壳油面传感器三颗紧固螺栓，取下机油位置传感器，如图 5-2-9 所示。

微课

帕萨特 B5 发动机
油泵的拆检

微课

帕萨特 B5 发动机
油底壳的拆卸

图 5-2-8　拆卸机油滤清器　　　图 5-2-9　拆卸机油位置传感器

c. 用 HW5（世达）或 10 号套筒依次松开油底壳 16 颗紧固螺栓 A，16 号套筒松开四颗油底壳紧固螺栓，取下油底壳，如图 5-2-10 所示。

d. 用 13 号套筒松开机油泵两颗紧固螺栓，取下机油泵和集滤器，如图 5-2-11 所示。

图 5-2-10　拆卸油底壳　　　图 5-2-11　拆卸机油泵和集滤器

2）查找维修手册并检测集滤器、粗滤器、机油泵是否符合技术要求。

a. 集滤器的检修。检查集滤器滤网是否堵塞，若堵塞应用柴油或煤油清洗干净后用压缩空气吹干，如有破损则应更换集滤器。

b. 粗滤器的检修。汽车每行驶 1.2 万 km，应将粗滤器更换。若发现外壳破损、漏油现象时也应更换粗滤器。

c. 机油泵的检修。

① 拆下机油集滤器和油管，用塞尺检查机油泵传动齿轮齿面间隙与机油泵的轴向隙。机油泵传动齿轮齿面间隙磨损极限为 0.20mm，机油泵轴向间隙磨损极限为 0.15mm。

② 检查油泵孔的磨损程度，螺孔是否损坏，泵壳有无裂纹。机油泵壳主动轴孔与轴的配合间隙为 0.03~0.075mm，最大不得超过 0.20mm。

③ 检查限压阀配合是否良好，油道有无堵塞，滑动表面有无损伤，必要时应更换限压阀。检查限压阀弹簧有无损伤，弹力是否减弱，必要时予以更换。

④ 检查内齿轮端面到机油泵结合面的距离，即检验端面间隙。常用的方法是用塞尺和钢直尺测量，如图 5-2-12 所示，若间隙超过极限值 0.03mm，则应更换齿轮副或转子副或者更换泵体。

⑤ 对齿轮式机油泵，用塞尺检查齿轮与泵体之间的间隙，若间隙超过极限值，应更换齿轮或泵体，如图 5-2-13 所示。

图 5-2-12　检查齿轮端面间隙　　　　图 5-2-13　检查齿轮与泵体的间隙

3）帕萨特 B5 发动机润滑系统的主要零部件（机油泵、机油滤清器、油底壳等）安装。

a. 用 13 号套筒+扭力扳手拧紧机油泵两颗紧固螺栓，如图 5-2-14 所示。并向集滤器加注少量润滑油，力矩为 16N·m，如图 5-2-15 所示。

微课
帕萨特 B5 发动机
油泵的安装

微课
帕萨特 B5 发动机
油底壳的安装

图 5-2-14　安装集滤器　　　　图 5-2-15　集滤器加注少量润滑油

b. 在缸体底部打密封胶，安装油底壳，用 HW5（世达）或 10 号套筒依次拧紧油底壳 16 颗紧固螺栓，力矩为 10N・m，用 16 号套筒拧紧四颗油底壳紧固螺栓，力矩为 40N・m。

c. 用机油格扳手安装机油滤清器。

任务工单 5.2　润滑系统部件检测维修

项目 5　润滑系统检测维修		小组人员：	
班级：	学号：		指导教师签字：
日期：			
任务 5.2　润滑系统部件检测维修【实训任务工作表】			
作业要求：1. 正确解体、更换机油泵 　　　　　2. 正确检查、测量机油泵 　　　　　3. 检查、检测或更换机油压力传感器 　　　　　4. 培养观察分析问题的能力 　　　　　5. 养成良好的 7S 工作习惯			
1. 工具、量具准备：			
2. 维修资料准备：			
3. 辅助材料与耗材：			
4. 制订工作计划及组员分工：			
5. 外观目测损坏部件：			
6. 工作现场安全准备、检查：			

续表

作业一：润滑系统部件拆装		
拆卸步骤（安装反序）	拆装技术要求、注意点及标记（顺序方向）	目测检查
油底壳		密封□ 破损□
机油室挡油板		脏污□ 破损□
机油集滤器		密封□ 脏污□
机油泵链条、链板		损坏□ 破损□
机油泵		损坏□ 破损□
作业二：润滑系统部件检测		
查询项目	检测数值	标准数值
机油泵齿轮端面间隙		
机油泵齿轮端面与泵体间隙		

★ 标记重点：油底壳螺钉拆装顺序、正时上端盖螺钉拆装顺序、曲轴通风箱螺钉拆装顺序、曲轴带轮的拆装、机油泵链条的拆装

★ 拆装要点：曲轴带轮位置安装，机油泵链顶的定位，曲轴通风箱、油底壳、正时下端盖的位置装配

7. 零部件基本清洁

（1）需清洗的部件：

（2）清洗剂种类：

（3）清洗要求：

8. 总结本次活动重点和要点：

9. 本次活动存在的问题及解决方法：

任务考核

任务 5.2　润滑系统部件检测维修评分细则

项目 5　润滑系统检测维修		实训日期：	
姓名：	班级：	学号：	指导教师签字：
自评：□ 熟练　□ 不熟练	互评：□ 熟练　□ 不熟练	师评：□ 熟练　□ 不熟练	
日期：	日期：	日期：	

任务 5.2　润滑系统部件检测维修【评分细则】

序号	评分项	得分条件	分值	评分要求	自评	互评	师评
1	安全/7S/态度	□ 1）能进行工位 7S 操作 □ 2）能进行设备和工具安全检查 □ 3）能进行车辆安全防护操作 □ 4）能进行工具清洁校准存放操作 □ 5）能进行三不落地操作	15 分	未完成 1 项扣 3 分，扣分不得超 15 分	□ 熟练 □ 不熟练	□ 熟练 □ 不熟练	□ 合格 □ 不合格
2	专业技能能力	□ 1）能正确拆装机油滤清器 □ 2）能正确拆装机油压力传感器 □ 3）能正确拆装机油散热器 □ 4）能正确拆装油底壳 □ 5）能正确拆装机油泵链条 □ 6）能正确拆装机油泵	50 分	未完成 1 项扣 10 分，扣分不得超 50 分	□ 熟练 □ 不熟练	□ 熟练 □ 不熟练	□ 合格 □ 不合格
3	工具及设备的使用能力	□ 1）能正确使用维修工具 □ 2）能正确使用机油滤清器扳手 □ 3）能正确使用塞尺和刀口形直尺 □ 4）能正确使用专用扭力扳手	10 分	未完成 1 项扣 5 分，扣分不得超 10 分	□ 熟练 □ 不熟练	□ 熟练 □ 不熟练	□ 合格 □ 不合格
4	资料、信息查询能力	□ 1）能正确使用维修手册查询资料 □ 2）能在规定时间内查询所需资料 □ 3）能正确记录所查询资料章节页码 □ 4）能正确记录所需维修信息	10 分	未完成 1 项扣 5 分，扣分不得超 10 分	□ 熟练 □ 不熟练	□ 熟练 □ 不熟练	□ 合格 □ 不合格
5	数据、判读和分析能力	□ 1）能判断机油泵间隙是否正常 □ 2）能判断限压阀是否正常	10 分	未完成 1 项扣 5 分，扣分不得超 10 分	□ 熟练 □ 不熟练	□ 熟练 □ 不熟练	□ 合格 □ 不合格
6	表单填写与报告的撰写能力	□ 1）字迹清晰 □ 2）语句通顺 □ 3）无错别字 □ 4）无涂改 □ 5）无抄袭	5 分	未完成 1 项扣 1 分，扣分不得超 5 分	□ 熟练 □ 不熟练	□ 熟练 □ 不熟练	□ 合格 □ 不合格
总分：100 分							

任务拓展

任务拓展

可变排量机油泵

第三代 EA888 发动机润滑系统可调式机油泵的机构如图 5-2-16 所示，该机油泵的液压调节控制经过进一步优化，对泵的控制更精确了，机油泵的传动比与上一代相比有所减小，现在机油泵运行得更慢了，$i=0.96$。

图 5-2-16　第三代 EA888 发动机润滑系统可调式机油泵的机构

控制活塞由油压控制阀 N428 驱动，如图 5-2-17 所示。由低压段切换到高压段是由负载和/或发动机转速决定的，低于此限值时，机油泵以 1.5bar 的低压运行。当转速达到 4500r/min 时，泵会产生 3.75bar 的高压。车辆行驶里程达到 1000km 之前，润滑油压力一直处在高压段。如果 N428 故障，机油泵也在高压阶段运行。

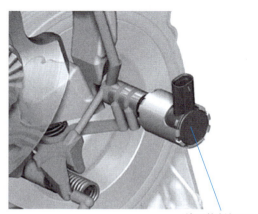

油压控制阀N428

图 5-2-17　油压控制阀 N428

练习与思考

一、单选题

1. 机油泵常用的形式有（　　　）。

A. 齿轮式与膜片式　　　　　　　　　B. 转子式和活塞式

C. 转子式与齿轮式　　　　　　　　　D. 柱塞式与膜片式

2. 转子式机油泵工作时，（　　　）。

A. 外转子转速低于内转子转速　　　　B. 外转子转速高于内转子转速

C. 内、外转子转速相同　　　　　　　D. 内、外转子转速不确定

3. 发动机润滑系统中，润滑油的主要流向是（　　　）。

A. 机油集滤器→机油泵→粗滤器→细滤器→主油道→油底壳

B. 机油集滤器→机油泵→粗滤器→主油道→油底壳

C. 机油集滤器→机油泵→细滤器→主油道→油底壳

D. 机油集滤器→粗滤器→机油泵→主油道→油底壳

4. 正常工作的发动机，其机油泵的限压阀应该是（　　　）。

A. 经常处于关闭状态　　　　　　　　B. 热机时开，冷机时关

C. 经常处于溢流状态　　　　　　　　D. 热机时关，冷机时开

5. 新装的发动机，若曲轴主轴承间隙偏小，将会导致润滑油压力（　　　）。

A. 过高　　　　　　B. 过低　　　　　　C. 略偏高　　　　　　D. 略偏低

6. 润滑油消耗异常，但无外观症状，其故障部位可能在（　　　）。

A. 气缸—活塞配合副　　　　　　　　B. 空气压缩机

C. 机油渗漏　　　　　　　　　　　　D. 曲轴

7. 正常工作的发动机，其机油泵的限压阀应该是（　　　）。

A. 经常处于关闭状态　　　　　　　　B. 热机时开，冷机时关

C. 经常处于溢流状态　　　　　　　　D. 热机时关，冷机时开

8. 检查内齿轮端面间隙，常用的方法是用（　　　）和钢直尺测量。

A. 塞尺　　　　　　B. 千分尺　　　　　　C. 游标卡尺　　　　　　D. 高度尺

9. 润滑油油量不足或润滑油黏度过低会造成（　　　）。

A. 润滑油压力过低　　　　　　　　　B. 润滑油压力过高

C. 润滑油压力不确定　　　　　　　　D. 润滑油压力不一定

10. 若曲轴主轴承、连杆轴承或凸轮轴轴承间隙过大会造成（　　　）。

A. 润滑油压力过大　　　　　　　　　B. 润滑油压力过低

C. 润滑油压力不确定　　　　　　　　D. 润滑油压力不一定

二、判断题

1. 为了既保证各润滑部位的润滑要求，又减少机油泵的功率消耗，机油泵实际供油量一般应与润滑系统需要的循环油量相等。（　　　）

2. 润滑系统的油路是：机油滤清器→机油泵→粗滤器→细滤器→主油道→润滑机件。（　　）

3. 曲轴主轴承与轴径的配合间隙过大，则润滑油压力下降，油膜难以形成。所以，配合间隙越小，油膜越易形成。（　　）

4. 润滑油路中的润滑油压力不能过高，所以润滑油路中用旁通阀来限制油压。（　　）

5. 润滑油路中的油压越高越好。（　　）

6. 更换润滑油时，应同时更换或清洗机油滤清器。（　　）

7. 机油限压阀在润滑系统油道中起保护作用。（　　）

8. 齿轮式机油泵上的卸荷槽是为了防止机油泵输出油压过高。（　　）

9. 润滑系统技术状况的好坏经常用机油压力高低和润滑油的品质来确定。（　　）

10. 机油滤清器旁通阀弹簧过软会造成润滑油压力过低。（　　）

项目6

冷却系统检测维修

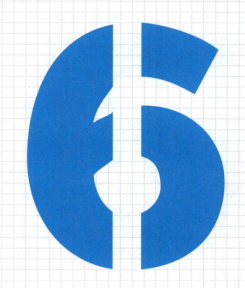

🔔【项目内容】----→

📋【项目概述】----→

本项目融合汽车运用与维修职业技能等级标准冷却系统检测维修（中级）内容，本项目主要阐述了大小循环路线的组成、作用、特点及工作原理；节温器的结构、种类及作用；节温器的工作原理及检修方法；并通过查找相应技术资料正确拆卸节温器，然后结合发动机及相应技术资料能正确检修节温器和大小循环路线，并根据检测结果提出维修和调整方案。

✏️【课前测试】----→

课前可完成在线测试（请扫描下方二维码在线答题）。

 课前测试
项目6 冷却系统检测维修

■ 任务 6.1　冷却系统循环路线检查

任务描述

　　4S 店接到一台帕萨特故障车，发动机冷却液异常减少，技术经理诊断该车有冷却液泄漏问题，按照维修计划安排，需要对帕萨特发动机大小循环路线进行检查。

任务解析

　　首先要掌握发动机冷却系统的组成、结构和工作原理，然后结合发动机冷却系统及相应技术资料能正确检查发动机大小循环路线。

任务目标

　　知识目标：
　　1. 掌握冷却系统的组成与功用。
　　2. 掌握冷却系统加压的测试方法。
　　3. 掌握冷却系统大小循环路线。
　　4. 掌握冷却系统的冷却液、水管、储液罐等部件的更换流程（中级）。
　　能力目标：
　　1. 能正确检查冷却液液位及泄漏情况，确认维修项目。
　　2. 能对冷却系统进行加压测试，确定泄漏位置。
　　3. 能检查散热器、散热器压力盖、冷却液溢流罐、加热器芯和线束插头，确认维修项目。
　　4. 能检查、更换冷却系统的冷却液、水管、储液罐等部件（中级）。
　　素质目标：
　　1. 爱国守法、崇德向善、诚实守信。
　　2. 爱岗敬业、积极进取、团结协作。
　　3. 热爱劳动、沟通流畅、勇于创新。
　　4. 精益求精、工匠精神、7S 管理。

知识准备

6.1.1　冷却系统的作用与类型

　　发动机工作时，可燃混合气在气缸内燃烧，其工作温度高达 2000℃，瞬时温度可达 3000℃ 左右。如果不加以适当冷却，不仅会使发动机过热导致充气效率下降，燃烧不正常（爆燃、早燃等），机油变质和烧损，零件摩擦和磨损加剧，引起内燃机的动力性、经济性、可靠性和耐久性全面恶化，有时甚至造成机件卡死或烧毁等事故性损伤。但是，如果冷却过强，又会由于气缸温度过低使机油黏度增大，燃油雾化不良动力下降，散热损失增加及润滑性能变差，零件的磨损加剧，也会使内燃机工作变坏。因此，必须保证发动机始终处在最适宜的温度状态下工作。

1. 冷却系统的作用

冷却系统的主要工作是将热量散发到空气中，以防止发动机过热，但冷却系统还有其他重要作用。汽车中的发动机在适当的高温状态下运行状况最好。如果发动机变冷，就会加快组件的磨损，从而使发动机效率降低并且排放出更多污染物。因此，冷却系统的另一重要作用是使发动机尽快升温，并使其保持恒温。

2. 冷却系统的类型

冷却系统按照冷却介质的不同可以分为风冷和水冷两种。由于水冷却系统冷却均匀，效果好，而且发动机运转噪声小，目前汽车发动机上广泛采用的是水冷却系统。它是利用冷却液吸收高温机件的热量，再将这些吸收了热量的冷却液送至散热器，通过散热器将热量散发到大气中。

一些柴油机和大部分摩托车发动机采用风冷却系统。风冷却系统是把发动机中高温零件的热量直接散入大气而进行冷却的装置。有些发动机的风冷却系统设有轴流式风扇、导流罩和分流板，以加强冷却效果，并使各缸冷却均匀。

6.1.2 水冷却系统

水冷却系统是以水作为冷却介质，把发动机受热零件吸收的热量散发到大气中。目前汽车发动机上采用的水冷却系统大都是强制循环式水冷却系统，利用水泵强制水在冷却系统中进行循环流动。

1. 组成

水冷却系统主要由水套、电子风扇、水泵、散热器、膨胀水箱、水管、冷却液温度传感器和节温器等组成，如图 6-1-1 所示。

2. 工作原理

强制循环式水冷却系统是用水泵把该系统的冷却液体加压，使之在水套中流动，冷却液从气缸壁吸收热量，温度升高，热水向上流入气缸盖，继而从缸盖流出并进入散热器。由于风扇的强力抽吸，空气从前向后高速流过散热器，不断地将流经散热器的水的热量带走。冷却了的水由水泵从散热器底部重新泵入水套。水在冷却系统中不断循环。为了控制冷却液的温度，冷却系统中设有冷却强度调节装置，如百叶窗、节温器和风扇离合器等。

3. 循环路线

通常冷却液在冷却系统内的循环流动有大小循环两条路线：

1）小循环：当发动机刚刚起动，冷却液温度低于 80℃ 时，水冷却系统的冷却液经水泵→水套→节温器后不经散热器，而直接由水泵压入水套的循环，其水流路线短，散热强度小，如图 6-1-2 所示。由于冷却液不经散热器散热，可使发动机温度迅速提高。

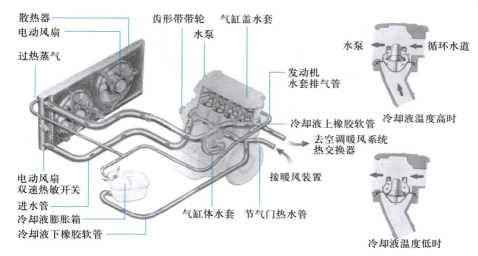

图 6-1-1 发动机水冷却系统的组成示意图

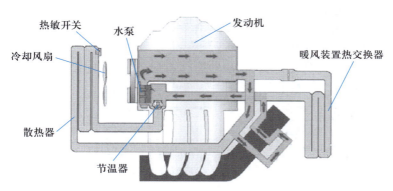

图 6-1-2 冷却液的小循环示意图

2）大循环：当发动机冷却液的温度高于 90℃时（密闭式冷却系统高于 95℃时），节温器将直接通往水泵的小循环通路逐渐关闭，冷却系统的冷却液经水泵→水套→节温器→散热器的循环，其水流路线长，散热强度大，如图 6-1-3 所示。由于经过散热器散热，可使发动机冷却液的温度迅速下降，避免发动机过热。

当发动机冷却液温度在 80～90℃范围内时（密闭式冷却系统在 95～103℃范围内时），节温器使两种循环都存在，这时只有部分冷却液流经散热器散热。

4. 帕萨特 B5 发动机冷却系统

帕萨特 B5 发动机冷却系统主要由散热器、上部冷却液管、节温器、水泵、废气涡轮增压器、缸盖/缸体、暖风热交换器、下部冷却液管、机油冷却器、冷却液膨胀罐和进气歧管等组成，如图 6-1-4 所示。

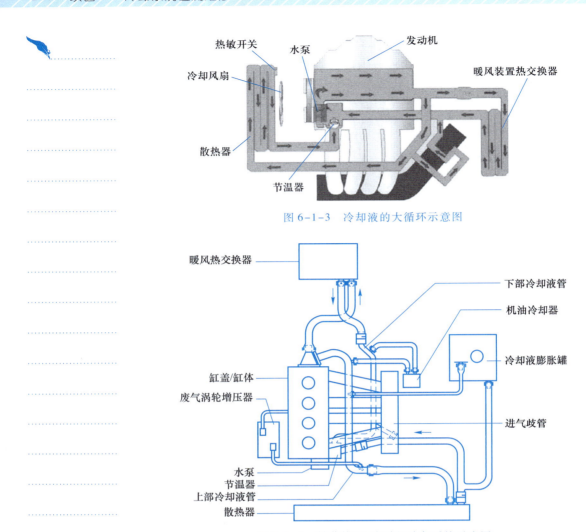

图 6-1-3　冷却液的大循环示意图

图 6-1-4　帕萨特 B5 发动机冷却系统示意图

任务实施

微课

冷却系统部件检查

1. 实训设备及工量具

实训设备：帕萨特 B5 1.8T 发动机台架四台。

工量具：常用与专用工具四套，冷却系统压力测试仪四套。

2. 实训操作步骤及注意事项

1）冷却系统的基本检查。

a. 检查冷却液液位是否正常，如图 6-1-5 所示。

b. 检查冷却系统管路是否老化开裂，如图 6-1-6 所示。

图 6-1-5　冷却液液位检查示意图　　图 6-1-6　冷却系统管路检查示意图

c. 检查管路卡箍是否松动，如图 6-1-7 所示。

d. 检查水泵，如图 6-1-8 所示。

检查泵体、传动带及带轮有无磨损或损伤，必要时应更换。

图 6-1-7　管路卡箍检查示意图　　图 6-1-8　水泵检查示意图

e. 检查散热器、节温器座是否渗漏，如图 6-1-9 所示。

2）使用冷却系统压力测试仪对冷却系统进行检漏。

a. 检查冷却系统的密封性，如图 6-1-10 所示。

检查条件如下：

① 发动机处于工作温度。

注意：打开冷却液膨胀罐盖时会溢出蒸气，应用一抹布盖住罐盖，慢慢打开。

② 打开冷却液膨胀罐盖。

③ 将冷却系统检测设备 SVW 1274（手动泵）

图 6-1-9　节温器座检查示意图

及冷却系统检测设备的适配接头 SVW 1274/8 装到冷却液膨胀罐盖上。

④ 用检测仪的手动泵产生约为 1.0 bar 的压力。

⑤ 如压力下降，查找并排除泄漏处。

b. 检查冷却液膨胀罐盖的安全阀，如图 6-1-11 所示。

① 将冷却系统检测设备 SVW 1274（手动泵）及冷却系统检测设备的适配接头 SVW 1274/9 装到罐盖上。

② 操纵手动泵。

③ 在 1.4 ~ 1.6bar 时，安全阀应打开。

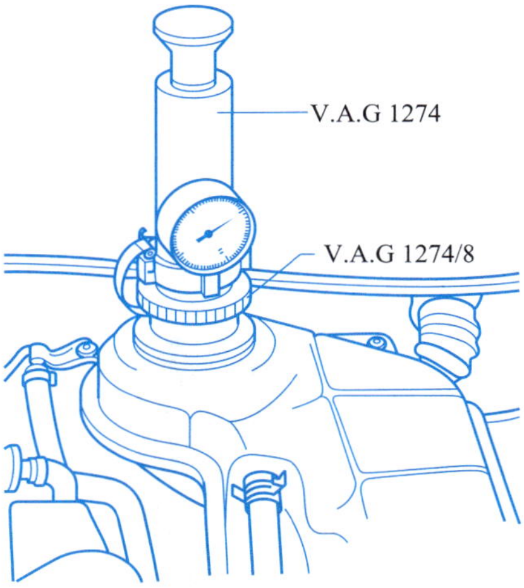

图 6-1-10 检测水冷却系统的密封性 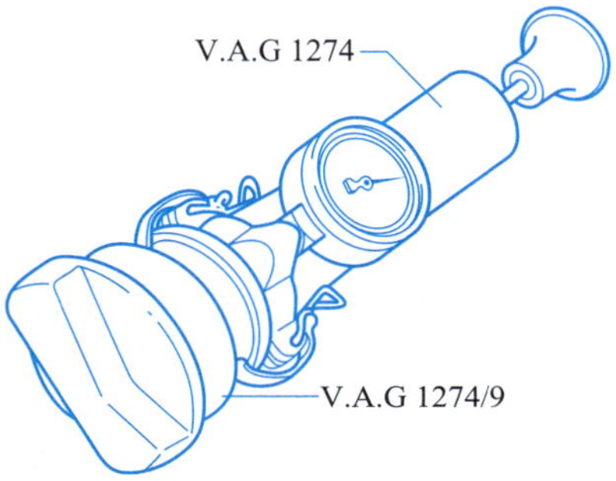 　图 6-1-11 检查冷却液膨胀罐盖的安全阀

任务工单 6.1 冷却系统循环路线检查

项目6 冷却系统检测维修		小组人员：	
班级：	学号：		指导教师签字：
日期：			
任务 6.1 冷却系统循环路线检查【实训任务工作表】			
作业要求：1. 正确掌握冷却液液位检查方法 　　　　　2. 正确掌握冷却液泄漏检查方法 　　　　　3. 正确掌握冷却系统的部件查询 　　　　　4. 培养观察分析问题的能力 　　　　　5. 养成良好的 7S 工作习惯			
1. 工具、量具准备：			
2. 维修资料准备：			
3. 辅助材料与耗材：			

续表

4. 制订工作计划及组员分工:
5. 外观目测损坏部件:
6. 工作现场安全准备、检查:

作业一:冷却系统冷却液查询

(1) 根据维修手册查询冷却液相关知识

查询项目	查询结果
冷却系统容量	
冷却液液位	

作业二:冷却系统密封性能检测

检查项目	测量数值	标准数值
水冷却系统密封检测		
冷却液膨胀罐盖安全阀		

(2) 写出图片中 1~10 的部件名称

1: _____

2: _____

3: _____

4: _____

5: _____

6: _____

7: _____ 8: _____

9: _____ 10: _____

(3) 写出冷却系统大小循环路线

7. 零部件基本清洁
(1) 需清洗的部件:
(2) 清洗剂种类:
(3) 清洗要求:
8. 总结本次活动重点和要点:
9. 本次活动存在的问题及解决方法:

任务考核

任务 6.1　冷却系统循环路线检查评分细则

项目6　冷却系统检测维修		实训日期：	
姓名：	班级：	学号：	指导教师签字：
自评：□ 熟练　□ 不熟练	互评：□ 熟练　□ 不熟练	师评：□ 熟练　□ 不熟练	
日期：	日期：	日期：	

任务 6.1　冷却系统循环路线检查【评分细则】

序号	评分项	得分条件	分值	评分要求	自评	互评	师评
1	安全/7S/态度	□ 1）能进行工位 7S 操作 □ 2）能进行设备和工具安全检查 □ 3）能进行车辆安全防护操作 □ 4）能进行工具清洁校准存放操作 □ 5）能进行三不落地操作	15 分	未完成 1 项扣 3 分，扣分不得超 15 分	□ 熟练 □ 不熟练	□ 熟练 □ 不熟练	□ 合格 □ 不合格
2	专业技能能力	□ 1）能正确鉴别冷却液品质 □ 2）能正确检查冷却系统部件 □ 3）能正确检查冷却液液位 □ 4）能正确检查冷却液冰点 □ 5）能正确写出大小循环路线	50 分	未完成 1 项扣 10 分，扣分不得超 50 分	□ 熟练 □ 不熟练	□ 熟练 □ 不熟练	□ 合格 □ 不合格
3	工具及设备的使用能力	□ 1）能正确使用维修工具 □ 2）能正确使用冰点仪	10 分	未完成 1 项扣 5 分，扣分不得超 10 分	□ 熟练 □ 不熟练	□ 熟练 □ 不熟练	□ 合格 □ 不合格
4	资料、信息查询能力	□ 1）能正确使用维修手册查询资料 □ 2）能在规定时间内查询所需资料 □ 3）能正确记录所查询资料章节页码 □ 4）能正确记录所需维修信息	10 分	未完成 1 项扣 5 分，扣分不得超 10 分	□ 熟练 □ 不熟练	□ 熟练 □ 不熟练	□ 合格 □ 不合格
5	数据、判读和分析能力	□ 1）能判断润滑油是否正常 □ 2）能判断润滑部件名称和位置	10 分	未完成 1 项扣 5 分，扣分不得超 10 分	□ 熟练 □ 不熟练	□ 熟练 □ 不熟练	□ 合格 □ 不合格
6	表单填写与报告的撰写能力	□ 1）字迹清晰 □ 2）语句通顺 □ 3）无错别字 □ 4）无涂改 □ 5）无抄袭	5 分	未完成 1 项扣 1 分，扣分不得超 5 分	□ 熟练 □ 不熟练	□ 熟练 □ 不熟练	□ 合格 □ 不合格
	总分：100 分						

任务拓展

第三代 EA888 发动机冷却系统（ITM）多增加了自动空调冷却液截止阀 N422、冷却液循环泵 V51、变速器冷却液阀 N488、冷却液温度传感器 G62、带有发动机温度调节执行器 N493（旋转滑阀 1 和 2）的冷却液泵等部件，它的原理图如图 6-1-12 所示，实物图如图 6-1-13 所示。

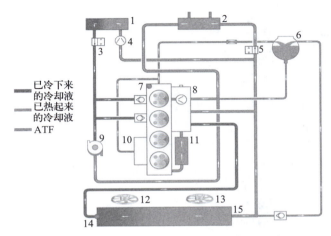

图 6-1-12　EA888 发动机冷却系统原理图

1—暖风热交换器　2—变速器机油冷却器（选装）　3—自动空调冷却液截止阀 N422　4—冷却液循环泵 V51
5—变速器冷却液阀 N488　6—冷却液膨胀罐　7—冷却液温度传感器 G62　8—带有发动机温度调节执行器 N493
（旋转滑阀 1 和 2）的冷却液泵　9—废气涡轮增压器　10—集成式排气歧管（IAGK）　11—机油冷却器
12—散热器风扇 V7　13—散热器风扇 2-V177　14—散热器出口冷却液温度传感器 G83　15—散热器

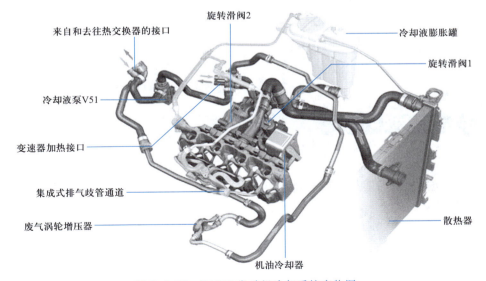

图 6-1-13　EA888 发动机冷却系统实物图

创新型热量管理系统（ITM）是针对发动机和变速器的一项智能冷起动和暖机程序。它可实现全可变发动机温度调节，对冷却液液流进行目标控制。核心元件是发动机温度调节执行器 N493（旋转阀组件）。其通过螺钉固定到气缸盖下方的进气侧曲轴箱上，如图 6-1-14 所示。

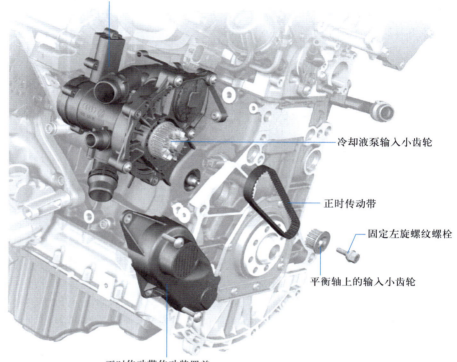

带冷却液泵的发动机温度调节执行器N493

冷却液泵输入小齿轮

正时传动带

固定左旋螺纹螺栓

平衡轴上的输入小齿轮

正时传动带传动装置盖

图 6-1-14　创新型热量管理系统

任务拓展
大众第三代EA888发动机
创新型热能管理系统

 练习与思考

一、单选题

1. 使冷却液在散热器和水套之间进行循环的水泵旋转部件叫作（　　）。

A. 叶轮　　　　　　B. 风扇　　　　　　C. 壳体　　　　　　D. 水封

2. 节温器中使阀门开闭的部件是（　　）。

A. 阀座　　　　　　B. 石蜡感应体　　　C. 支架　　　　　　D. 弹簧

3. 冷却系统中提高冷却液沸点的装置是（　　）。

A. 散热器盖　　　　B. 散热器　　　　　C. 水套　　　　　　D. 水泵

4. 采用自动补偿封闭式散热器结构的目的是为了（　　）。

A. 降低冷却液损耗

B. 提高冷却液沸点

C. 防止冷却液温度过高蒸气从蒸气引入管喷出伤人

D. 加强散热

5. 为了在容积相同的情况下获得较大的散热面积，提高抗裂性能，散热器冷却管应选用（　　）。

A. 圆管　　　　　　B. 扁圆管　　　　　　C. 矩形管　　　　　　D. 三角形管

6. 发动机冷却系统中锈蚀物和水垢积存的后果是（　　）。

A. 发动机温升慢　　　　　　　　B. 热容量减少

C. 发动机过热　　　　　　　　　D. 发动机怠速不稳

7. 小循环中流经节温器的冷却液将流向（　　）。

A. 散热器　　　　B. 气缸体　　　　C. 水泵　　　　D. 膨胀水箱

8. 离心式水泵的进水口位于（　　）。

A. 叶轮边缘　　　B. 叶轮中心　　　C. 任何部位　　　D. 出水口对面

9. 制造散热器芯的材料多用（　　）。

A. 铝　　　　　　B. 铁　　　　　　C. 铅　　　　　　D. 锰

10. （　　）不是冷却液添加剂的作用。

A. 防腐、防垢　　　　　　　　　B. 减小冷却系统压力

C. 提高冷却介质沸点　　　　　　D. 降低冷却介质冰点

11. 水泵泵体上溢水孔的作用是（　　）。

A. 减小水泵出水口工作压力　　　B. 减小水泵进水口工作压力

C. 及时排出向后渗漏的冷却液　　D. 便于检查水封的工作情况

12. 如果节温器阀门打不开，发动机将会出现（　　）的现象。

A. 温升慢　　　B. 热容量减少　　　C. 不能起动　　　D. 怠速不稳定

13. 采用自动补偿封闭式散热器结构的目的是为了（　　）。

A. 降低冷却液损耗

B. 提高冷却液沸点

C. 防止冷却液温度过高蒸气引入管喷出伤人

D. 加强散热

14. 加注冷却液时，最好选择（　　）。

A. 井水　　　　　B. 泉水　　　　　C. 雪雨水　　　　D. 蒸馏水

15. 为了在容积相同的情况下获得较大的散热面积，提高抗裂性能，散热器冷却管应选用（　　）。

A. 圆管　　　　　　B. 扁圆管　　　　　　C. 矩形管　　　　　　D. 三角形管

16. 当发动机机体温度超过 90℃时，冷却液（　　）。

A. 全部进行小循环　　　　　　　B. 全部进行大循环

C. 大、小循环同时进行　　　　　　　D. 不一定

二、判断题

1. 蜡式节温器损坏，则冷却强度变大，使发动机产生过冷现象。（　　）

2. 风扇离合器的功用是自动调节水泵的转速，从而调节泵水量。（　　）

3. 膨胀水箱的作用之一是避免冷却液的消耗，以保持冷却液的水位不变。（　　）

4. 强制式水冷系统的冷却强度不能随发动机负荷和水流大小而变化。（　　）

5. 蜡式节温器失效后无法修复，应按照其安全寿命定期更换。（　　）

6. 发动机在使用时，冷却液的温度越低越好。（　　）

7. 风扇工作时，风是向散热器方向吹的，这样有利于散热。（　　）

8. 任何水都可以直接作为冷却液加注。（　　）

9. 采用具有空气 – 蒸气阀的散热器盖后，冷却液的工作温度可以提高至100℃以上而不"开锅"。（　　）

10. 发动机工作温度过高时，应立即打开散热器盖，加入冷水。（　　）

11. 蜡式节温器失效后，发动机易出现过热现象。（　　）

12. 膨胀水箱中的冷却液面过低时，可直接补充任何牌号的冷却液。（　　）

13. 膨胀水箱的安装位置应高于发动机及散热器。（　　）

■ 任务6.2　冷却系统部件检测维修

🔧 任务描述

4S店接到一台帕萨特故障车，发动机冷却液温度过高，技术经理诊断该车节温器有问题，按照维修计划安排，需要对帕萨特发动机冷却系统部件进行拆检。

⛽ 任务解析

首先要掌握发动机节温器、散热器和水泵等主要部件的组成、结构、工作原理，然后结合发动机循环系统相应技术资料能正确拆装和检修发动机节温器、水泵和散热器。

🎯 任务目标

知识目标：

1. 掌握节温器及垫圈或密封件的检修方法（中级）。

2. 掌握冷却系统排空气的方法。

3. 掌握冷却系统的散热器、节温器、水泵及密封件、加热器的检修流程（中级）。

能力目标：

1. 能检查、拆卸或更换节温器及垫圈或密封件（中级）。

2. 能按照厂家规范的流程排出冷却系统中的空气（初级）。

3. 能对冷却系统的散热器、节温器、水泵及密封件进行检修（中级）。

素质目标：

1. 爱国守法、崇德向善、诚实守信。

2. 爱岗敬业、积极进取、团结协作。

3. 热爱劳动、沟通流畅、勇于创新。

4. 精益求精、工匠精神、7S 管理。

知识准备

6.2.1 散热器

1. 散热器的组成与作用

散热器的作用是将水套出来的热水自上而下或横向分成许多小股并将其热量散给周围的空气，由上水室、下水室和散热器芯等组成，如图 6-2-1 所示。

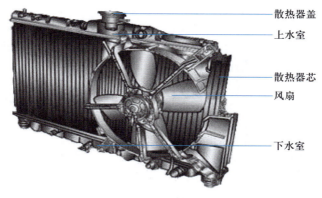

图 6-2-1   散热器

散热器上水室（左）装有散热器的入水管，通过橡胶管与气缸盖出水管连接；上水室上部有加水管，加水管口一般装泄气管。当冷却液沸腾时，水蒸气可以从此管排出。加装冷却液的冷却系统，此管接膨胀水箱。下水室（右）有出水管，用软管与水泵进水口连接，两水室之间焊接散热器芯管。

2. 散热器盖

散热器盖安装在加水口上。对于闭式冷却系统来说，系统与外界大气不直接相通，所以散热器盖上带有蒸汽-空气阀，如图 6-2-2 所示。使冷却系统的压力高于大气压力，冷却液的沸点有所提高。

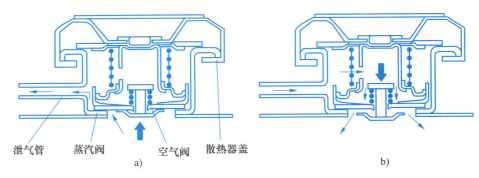

图 6-2-2　蒸汽-空气阀的工作情况

a）空气阀开启　b）蒸汽阀开启

蒸汽阀一般在散热器内压力达到 126～137kPa 时，阀门开启，部分水蒸气经泄气管排入大气，避免损坏散热器。

空气阀在散热器内气压降到 99～87kPa 时，空气阀打开，散热器与大气相通，防止散热器芯管被大气压坏。散热器材料多采用耐腐蚀、导热性好的铜或铝片制成。

3．散热器的检查

可以堵死散热器的进出口，在散热器内充入 50～100kPa 的压缩空气，并将其浸泡在水中，检查有无气泡冒出。如有气泡冒出，则在冒泡部位做好记号，以便焊修。需要注意的是，焊修后切断的冷却管的数量不得超过管数总量的 10%，切断散热片的面积不得大于迎风面总面积的 10%。对弯曲的散热片可以校直，可用压力低于 150kPa 的水或空气冲洗迎风面上的脏物。

按拆卸的相反顺序进行安装，最后加注冷却液并确保冷却系统无泄漏。

6.2.2　水泵

水泵对冷却液加压，使之在冷却系统中循环流动。由于离心式水泵具有尺寸小，出水量大，结构简单，损坏后不妨碍水在冷却系统中自然循环的特点，故为强制循环式冷却系统普遍采用。一般由发动机的曲轴通过 V 带驱动。传动带环绕在曲轴带轮和水泵带轮之间，曲轴一转水泵轴也就跟着运转，水泵轴又带动叶轮转动，从而实现将机械能转化为液压能。也有装在机体内（内藏式）单独驱动的。

1．组成

水泵由壳体、叶轮、泵盖板、水泵轴、支撑轴承和水封等组成。

2．离心式水泵的工作原理

如图 6-2-3 所示，当叶轮旋转时，水泵中的水被叶轮带动一起旋转，由于离心力的作用，水被甩向叶轮边缘，在蜗形壳体内将动能转变为压能，经外壳上与叶轮成切线方向的出水管被压送到发动机水套内。与压水同时，叶轮中心处压力降低，散热器中的水便经进水管被吸进叶轮中心部分。

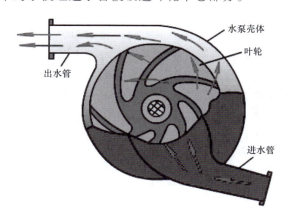

图 6-2-3　离心式水泵工作原理示意图

3. 水泵检修

用手转动水泵是否运转灵活，如有噪声、卡滞、密封面损伤、水泵叶片损坏等缺陷以致不能使用时请更换新件。

小轿车的水泵一般不分解，有缺陷不能使用时直接更换水泵总成。货车（如东风、解放货车）水泵泄水孔漏水或轴承松动时可以分解水泵，更换水封总成或轴承。水泵装复后可采用经验法检查，其操作方法及要求如下：

1）用手转动带轮，水泵轴应转动灵活，叶轮与泵壳应无碰擦声。

2）用手晃动及推拉水泵轴时，允许稍有轴向间隙，但不得有径向松旷感。

3）用手堵住水泵出水口，在水泵泵腔内灌满水，转动水泵轴时，泄水孔应无漏水现象。

装配时，清除干净水泵与气缸盖之间的密封面，并使用新的密封垫，将水泵装到缸盖上，再按拆卸的相反顺序装上其他零件，最后加注冷却液并确保冷却系统无泄漏。

6.2.3　风扇

冷却风扇是车辆冷却系统的重要组成部分，风扇的性能直接影响着发动机的散热效果，进而影响发动机的性能。若风扇选取不当，则会导致发动机冷却不足或冷却过度，造成发动机工作环境恶化，进而影响发动机的性能和使用寿命。此外，风扇消耗的功率约占发动机输出功率的 5%～8%，在追求环保、低能耗的趋势下，风扇也日益引起关注，如图 6-2-4 所示。

6.2.4　节温器

节温器随发动机负荷和冷却液温度的大小而自动改变冷却液的流量和循环路线，保证发动机

图 6-2-4　冷却风扇

在适宜的温度下工作，减少燃料消耗和机件的磨损。

1. 蜡式节温器的组成

蜡式节温器由上支架、下支架、主阀门、旁通阀、感应体、中心杆、橡胶管和弹簧等组成。蜡式节温器的上支架和下支架与阀座铆成一体。中心杆上端固定在上支架的中心，其下部插入橡胶管的中心孔内，中心杆下端呈锥形。橡胶管与感应体外壳之间的空腔里装有石蜡。为了提高导热性，石蜡中常掺有铜粉和铝粉。感应体外壳上下部有联动的主阀门和旁通阀门。主阀门上有通气孔，它的作用是在加水时使水套内的空气经小孔排出，保证能加满水。为了防止通气孔阻塞，有的加装一个摆锤，如图6-2-5所示。

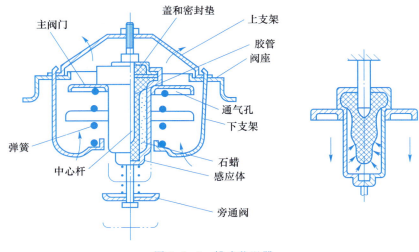

图6-2-5 蜡式节温器

2. 蜡式节温器的工作原理

1）当冷却液温度低于76℃时，主阀门完全关闭，旁通阀完全开启，由气缸盖出来的冷却液经旁通管直接进入水泵，故称为小循环。由于冷却液只是在水泵和水套之间流动，不经过散热器，且流量小，所以冷却强度弱。

2）当冷却液温度在76～86℃范围内时，大小循环同时进行。当发动机冷却液温度达76℃左右时，石蜡逐渐变成液态，体积随之增大，迫使橡胶管收缩，从而对中心杆下部锥面产生向上的推力。由于杆的上端固定，故中心杆对橡胶管及感应体产生向下的反推力，克服弹簧张力使主阀门逐渐打开，旁通阀开度逐渐减小。

3）当发动机内冷却液温度升高到86℃，主阀门完全开启，旁通阀完全关闭，冷却液全部流经散热器，称为大循环。由于此时冷却液流动路线长，流量大，冷却强度强。

3. 蜡式节温器的检查

1）查看节温器的排气口，如有脏物堵塞请清除干净。

2）清除节温器、进气歧管、密封垫和节温器盖各密封面上的污垢。

3）节温器各部位如有裂纹和变形请更换新件。

4）检查节温器的性能：如图6-2-6所示，将节温器浸入水中并逐渐加热，仔细查看节温器开始打开时和全开时的冷却液温度，如果与标准参数［节温器开始打开温度（82±3）℃，节温器全部打开温度（95±3）℃］不一致，请更换新件。

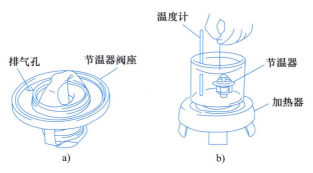

图6-2-6　节温器及其性能检查
a）节温器　b）节温器性能检查

 任务实施

1. 实训设备及工量具

实训设备：帕萨特B5 1.8T发动机台架四台。

工量具：常用与专用工具四套，钢直尺四把，温度计四个，加热器四个，扭力扳手四把。

2. 实训操作步骤及注意事项

（1）水泵拆检

1）水泵拆卸。

① 排放冷却液。

② 拆下多楔带及其张紧器。

③ 用工具固定住风扇带轮，用内六角扳手拧下螺栓，取下硅油风扇，如图6-2-7所示。

④ 拆下发动机盖罩，标出齿形带旋转方向。

⑤ 拆下齿形带上部及中部护罩。扳动曲轴齿形带轮中央螺栓按曲轴方向将曲轴转至1缸上止点。

⑥ 用专用工具将齿形带张紧轮向左侧转

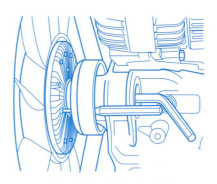

图6-2-7　拆卸硅油风扇

动，直至可以用锁止片固定住活塞。从凸轮轴带轮和水泵上拆下齿形带，如图 6-2-8 所示。将锁止片插入活塞支架的槽中，使其能够固定到活塞的凹槽上，以便固定活塞。

⑦ 拧下水泵紧固螺栓，拆下水泵，如图 6-2-9 所示。

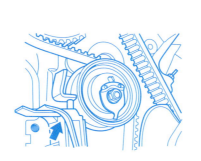
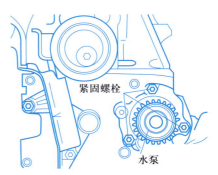

图 6-2-8　拆卸齿形带　　　　图 6-2-9　拆卸水泵

2）水泵检查。

① 检查泵体及带轮有无磨损及损伤，必要时应更换。

② 检查水泵轴有无弯曲、轴颈磨损程度、轴端螺纹有无损坏。

③ 检查叶轮上的叶片有无破碎、轴孔磨损是否严重。

④ 检查水封和胶木垫圈的磨损程度，如超过使用限度应更换新件。

⑤ 检查轴承的磨损情况，可用表测量轴承的间隙，如超过 0.10mm，则应更换新的轴承。

3）水泵安装。

可按与拆卸相反的顺序进行操作。

① 更换密封垫和密封圈。

② 安装水泵，以 15N·m 的力矩拧紧水泵螺栓如图 6-2-10 所示。

③ 装上齿形带（调整配气相位）。

④ 装上多楔带和多楔带张紧器。

⑤ 装上硅油风扇、锁止架。

⑥ 加注冷却液，步骤如下：

安装并紧固下部冷却液软管，如图 6-2-11 所示。

按箭头方向拉下流水槽护板的橡胶密封。向前取下流水槽护板，如图 6-2-12 所示。

拆下热交换器的冷却液软管护板。松开热交换器的冷却液软管，先后拉软管，直到箭头所示气孔不再被封住。

加注冷却液，直到气孔中流出冷却液。

将冷却液软管推到接头上并紧固，盖上膨胀罐盖。

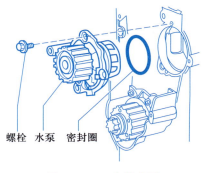

螺栓　水泵　密封圈

图6-2-10　安装水泵

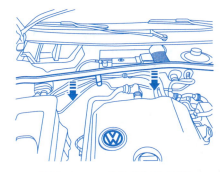

图6-2-11　安装冷却液软管

（2）节温器拆检

1）节温器的拆卸。拧下螺栓，拆下连接管、O形环和节温器。

2）节温器的检查。

① 在车检查。发动机冷车起动后，打开散热器加水口盖，若散热器内冷却液平静，则表明节温器工作正常，否则，则表示节温器工作失常。

② 单独检测。将节温器放在水里面加热，当温度达到82℃时节温器应处于最大开度状态，节温器最大升程约为8mm。若在测试过程中节温器存在不开启、提前开启、推迟开启或开启升程达不到维修手册数据要求的，都要求更换节温器。

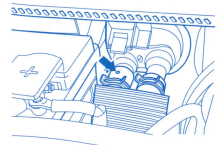

图6-2-12　拆卸流水槽护板

微课

节温器拆检与安装

3）节温器安装。

按与拆卸相反的顺序进行安装。

① 清洁、平整O形环。

② 装上节温器，节温器的环应垂直向下。

③ 依次装上风扇、多楔带及其张紧器。

④ 连接蓄电池后输入收录机防盗码、收录机使用说明。

⑤ 按动电动玻璃升降按钮，将车门玻璃完全关闭，然后操纵所有玻璃开关至少1s（按关闭方向），启动单触功能。

⑥ 调整时钟。

⑦ 加注冷却液。

重要提示：连接管和缸体的拧紧力矩为15N·m。

任务工单6.2　冷却系统部件检测维修

项目6　冷却系统检测维修		小组人员：	
班级：	学号：		指导教师签字：
日期：			

任务 6.2　冷却系统部件检测维修【实训任务工作表】
作业要求：1. 正确掌握节温器及垫圈或密封件的拆装方法
2. 正确掌握排放、加注冷却液的流程
3. 正确掌握冷却系统排空气的方法
4. 培养观察分析问题的能力
5. 养成良好的 7S 工作习惯
1. 工具、量具准备：
2. 维修资料准备：
3. 辅助材料与耗材：
4. 制订拆卸计划及组员分工：
5. 外观目测损坏部件：
6. 工作现场安全准备、检查：

作业一：冷却系统部件拆装

拆卸步骤（装配反序）	拆装技术要求、注意点及标记（顺序方向）	目测检查
冷却水泵传动带护盖		脏污□　损坏□
冷却水泵传动带		损坏□　破损□
冷却水泵		密封□　破损□
节温器		密封□　破损□

作业二：冷却部件维修资料检修

检修项目	检修内容	标准数值
冷却水泵		
节温器		

★ 标记重点：冷却水泵螺钉拆装顺序
★ 拆装要点：冷却水泵位置装配
7. 零部件基本清洁
（1）需清洗的部件：
（2）清洗剂种类：
（3）清洗要求：
8. 总结本次活动重点和要点：
9. 本次活动存在的问题及解决方法：

任务考核

任务 6.2　冷却系统部件检测维修评分细则

项目6　冷却系统检修维修		实训日期：		
姓名：	班级：	学号：		指导教师签字：
自评：□ 熟练　□ 不熟练	互评：□ 熟练　□ 不熟练	师评：□ 熟练　□ 不熟练		
日期：	日期：	日期：		

<table>
<tr><td colspan="8" align="center">任务 6.2　冷却系统部件检测维修【评分细则】</td></tr>
<tr><td>序号</td><td>评分项</td><td>得分条件</td><td>分值</td><td>评分要求</td><td>自评</td><td>互评</td><td>师评</td></tr>
<tr>
<td>1</td>
<td>安全/7S/态度</td>
<td>□ 1）能进行工位 7S 操作
□ 2）能进行设备和工具的安全检查
□ 3）能进行车辆安全防护操作
□ 4）能进行工具清洁校准存放操作
□ 5）能进行三不落地操作</td>
<td>15 分</td>
<td>未完成 1 项扣 3 分，扣分不得超 15 分</td>
<td>□ 熟练
□ 不熟练</td>
<td>□ 熟练
□ 不熟练</td>
<td>□ 合格
□ 不合格</td>
</tr>
<tr>
<td>2</td>
<td>专业技能能力</td>
<td>□ 1）能正确拆装冷却液泵传动带
□ 2）能正确拆装冷却液泵
□ 3）能正确拆装节温器
□ 4）能正确检修水泵
□ 5）能正确检修节温器</td>
<td>50 分</td>
<td>未完成 1 项扣 10 分，扣分不得超 50 分</td>
<td>□ 熟练
□ 不熟练</td>
<td>□ 熟练
□ 不熟练</td>
<td>□ 合格
□ 不合格</td>
</tr>
<tr>
<td>3</td>
<td>工具及设备的使用能力</td>
<td>□ 1）能正确使用维修工具
□ 2）能正确使用钢直尺
□ 3）能正确使用温度计
□ 4）能正确使用扭力扳手</td>
<td>10 分</td>
<td>未完成 1 项扣 5 分，扣分不得超 10 分</td>
<td>□ 熟练
□ 不熟练</td>
<td>□ 熟练
□ 不熟练</td>
<td>□ 合格
□ 不合格</td>
</tr>
<tr>
<td>4</td>
<td>资料、信息查询能力</td>
<td>□ 1）能正确使用维修手册查询资料
□ 2）能在规定时间内查询所需资料
□ 3）能正确记录所查询资料章节页码
□ 4）能正确记录所需维修信息</td>
<td>10 分</td>
<td>未完成 1 项扣 5 分，扣分不得超 10 分</td>
<td>□ 熟练
□ 不熟练</td>
<td>□ 熟练
□ 不熟练</td>
<td>□ 合格
□ 不合格</td>
</tr>
<tr>
<td>5</td>
<td>数据、判读和分析能力</td>
<td>□ 1）能判断水泵是否正常
□ 2）能判断节温器是否正常</td>
<td>10 分</td>
<td>未完成 1 项扣 5 分，扣分不得超 10 分</td>
<td>□ 熟练
□ 不熟练</td>
<td>□ 熟练
□ 不熟练</td>
<td>□ 合格
□ 不合格</td>
</tr>
<tr>
<td>6</td>
<td>表单填写与报告的撰写能力</td>
<td>□ 1）字迹清晰
□ 2）语句通顺
□ 3）无错别字
□ 4）无涂改
□ 5）无抄袭</td>
<td>5 分</td>
<td>未完成 1 项扣 1 分，扣分不得超 5 分</td>
<td>□ 熟练
□ 不熟练</td>
<td>□ 熟练
□ 不熟练</td>
<td>□ 合格
□ 不合格</td>
</tr>
<tr><td colspan="8" align="center">总分：100 分</td></tr>
</table>

任务拓展

第三代 EA888 发动机冷却系统中发动机温度调节执行器（旋转阀组件）由冷却液泵、两个旋转阀、恒温器、用于控制冷却液液流的发动机温度调节执行器 N493 和带转向角度传感器的齿轮组成，如图 6-2-13 所示。

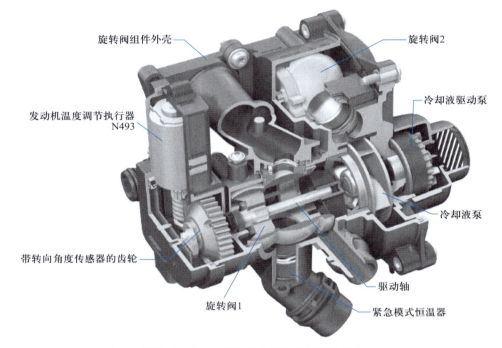

图 6-2-13　EA888 发动机温度调节执行器

旋转阀组件的运行原理图如图 6-2-14 所示，执行器电机通过一个齿轮驱动旋转阀 1。它控制冷却液在机油冷却器、发动机和主水冷却器之间流动。旋转阀 2 通过一个中间齿轮由旋转阀 1 上的齿形门驱动。控制板上的转向角传感器（霍尔传感器）将旋转阀位置发送至发动机控制单元。

执行器是通过图谱由发动机控制单元驱动的，通过驱动相应的旋转阀，可实现不同的开关位置，从而让暖机较快，并将发动机温度保持在 86 ~ 107℃ 范围内。两个旋转阀位置在各个阶段是不同的，且每个阶段无缝连接。

1. 温度控制范围

创新型热量管理系统以无缝方式从暖机范围过渡到温度控制范围。旋转阀组件调节是动态的，而且根据发动机负荷而定。为了释放余热，接自旋转阀组件的主水冷却器连接件打开。为此，发动机温度调节执行器 N493 根据需要释放热量的多少，将旋转阀 1 置于 0° ~ 85° 的角度位置。当旋转阀 1 处于 0° 位置时，接至主水冷却器的连接件完全开启，如图 6-2-15 所示。

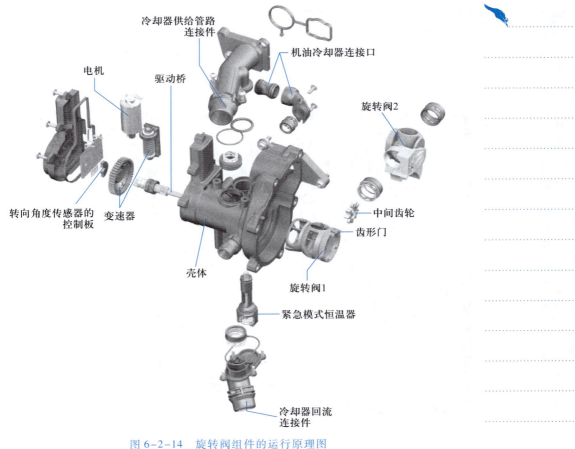

图 6-2-14   旋转阀组件的运行原理图

2. 部分负荷

如果发动机在较低的负荷和转速下（部分负载范围）运行，热量管理系统会将冷却液温度调节至 107℃。因为不需要全部的冷却能力，旋转阀 1 暂时关闭接至主水冷却器的连接装置。如果温度上升到门限值以上，接至主水冷却器的连接装置再次开启。需要稳定地保持在开启和关闭状态，从而将温度尽可能恒定地保持在 107℃。当负荷和发动机转速提升时，通过完全打开接至主水冷却器的连接装置，冷却液温度减至 85℃（满负荷范围），如图 6-2-16所示。

3. 关机后接续运行模式范围

为了防止冷却液在发动机停机时在涡轮增压器和气缸盖中沸腾，发动机控制单元通过图谱启动接续运行功能。在发动机停机后，此功能可运行多达 15min。在接续运行模式中，发动机温度调节执行器 N493 的旋转阀 1 处于 160°～255° 的位置。接续运行模式中对冷却程度的需求越高，则阀处于越高的角度位置。在255°时，接至主水冷却器回流管路的连接装置完全打开，因此能传递最大的热量。旋转阀 2 处于接续运行模式位置，并未结合到旋转阀 1 中。冷却液再循环泵

V51 供给的冷却液分为两股支流，流入冷却液回路。一条支流流过气缸盖，然后流回冷却液继续循环泵 V51。第二条支流通过旋转阀 1 流经涡轮增压器，流至主水冷却器，同样流回冷却液继续循环泵 V51。当处于接续运行模式位置时，不会向气缸体供给冷却液，如图 6-2-17 所示。

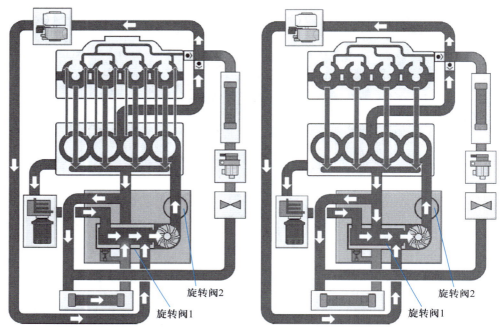

图 6-2-15　温度控制范围　　　　　　　　图 6-2-16　部分负荷

4. 紧急模式

如果旋转阀组件的温度超过 113℃，紧急恒温器打开通向主水冷却器的旁通阀。如果旋转阀组件发生故障，这一设计使车辆能够继续行驶有限的距离。如果发动机控制单元没有从发动机温度调节执行器 N493 接收到任何位置反馈，则它会驱动旋转阀，这样，无论当前的发动机负荷和运行温度如何，可确保最佳的发动机冷却效果。在旋转阀组件发生故障的情况下（如电机发生故障或旋转阀驱动装置卡住），可采取进一步措施：

1）组合仪表上显示故障信息，同时发动机转速限制在 4000r/min。警告音和亮起的 EPC 灯也会让驾驶人了解到相关情况。

2）以摄氏度为单位的实际冷却液温度以数字形式显示在组合仪表内。

3）冷却液切断阀 N422 打开，冷却液再循环泵 V51 启动，以确保气缸盖冷却。发动机控制单元的故障存储器中储存一条故障记录。如果来自转向角度传感器的位置信号发生故障，发动机控制单元会驱动旋转阀到安全侧，以便达到最大的冷却功效，如图 6-2-18 所示。

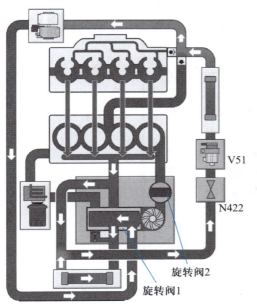

图 6-2-17　关机后接续运行模式范围

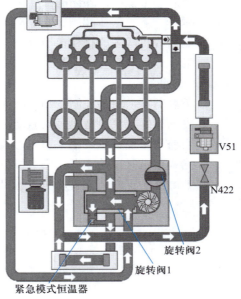

图 6-2-18　紧急模式

 练习与思考

一、单选题

1. 水泵泵体上溢水孔的作用（　　　）。

A. 减小水泵出水口工作压力 　　　　　B. 减小水泵进水口工作压力

C. 及时排出向后渗漏的冷却液 　　　　D. 便于检查水封的工作情况

2. 发动机水冷却系统的分水道，其出水孔离水泵越远则（　　　）。

A. 越小 　　　　B. 不变 　　　　C. 越大 　　　　D. 不一定

3. 目前汽车发动机上采用的冷却水泵主要是（　　　）。

A. 轴流式 　　　　B. 离心式 　　　　C. 可变容积式 　　　　D. 都正确

4. 蜡式节温器中的蜡泄漏时，会使（　　　）。

A. 水流只能进行大循环 　　　　　　　B. 水流只能进行小循环

C. 大、小循环都不能进行 　　　　　　D. 大、小循环都能进行

5. 离心式水泵的进水口位于（　　　）。

A. 叶轮边缘 　　　　B. 叶轮中心 　　　　C. 任何部位 　　　　D. 出水口对面

6. 节温器通过改变流经散热器的（　　　）来调节发动机的冷却强度。

A. 冷却液的流量 　　　　　　　　　　B. 冷却液的流速

C. 冷却液的流向 　　　　　　　　　　D. 冷却液的温度

7. 使冷却液在散热器和水套之间进行循环的水泵旋转部件叫作（　　　）。

A. 叶轮 　　　　B. 风扇 　　　　C. 壳体 　　　　D. 水封

8. 节温器中使阀门开闭的部件是（　　　）。

A. 阀座　　　　　　B. 石蜡感应体　　　C. 支架　　　　　　D. 弹簧

9. 制造散热器芯的材料多用（　　　）。

A. 铝　　　　　　　B. 铁　　　　　　　C. 铅　　　　　　　D. 锰

二、判断题

1. 节温器可以自动控制冷却液的大循环和小循环。（　　　）

2. 发动机的水泵由凸轮轴来驱动。（　　　）

3. 目前汽车发动机广泛采用离心式水泵。（　　　）

4. 蜡式节温器目前在发动机上很少使用。（　　　）

5. 节温器一定安装在发动机出水口处。（　　　）

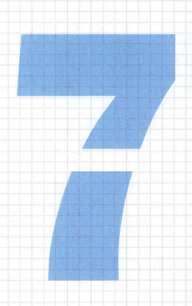

项目7

发动机总装调试

🔔【项目内容】

📋【项目概述】

本项目融合汽车运用与维修职业技能等级标准发动机总装调试（中级）内容，主要介绍了发动机装配的技术要求和程序，发动机竣工验收的标准。发动机大修后经装配、调试，技术部门根据有关标准验收后发合格证明，给予质量保证。

✏️【课前测试】

课前可完成在线测试（请扫描下方二维码在线答题）。

课前测试
项目7　发动机总装调试

■ 任务 7.1　发动机装配

任务描述

4S 店接到一台交通事故车，保险公司要求对该车进行大修恢复其性能，需要对汽车发动机进行总成装配。

任务解析

首先要了解发动机装配的技术要求和程序，并熟悉发动机装配步骤及主要零部件的检验方法；通过对实物的观察、分析、讨论、综合检验与装配，使学生进一步熟悉和巩固汽车发动机中所学的构造、检测与维修等知识。

任务目标

知识目标：
1. 掌握发动机装配的技术要求（中级）。
2. 掌握发动机装配的技术流程。
3. 掌握发动机竣工验收的标准（中级）。

能力目标：
1. 能正确按照发动机装配的技术要求完成作业（中级）。
2. 能讲述发动机竣工验收的标准。
3. 能正确装配发动机（中级）。

素质目标：
1. 爱国守法、崇德向善、诚实守信。
2. 爱岗敬业、积极进取、团结协作。
3. 热爱劳动、沟通流畅、勇于创新。
4. 精益求精、工匠精神、7S 管理。

知识准备

发动机装配在整个发动机修理过程中是一项重要工作，它是按一定程序和技术要求把组成发动机总成的零件和部件连接在一起的过程。

为了使配合副的配合特性达到装配技术条件的要求，在组装时必须按装配技术条件的要求对配合件进行选配，包括按尺寸进行选配和按重量进行选配（如活塞和气缸的选配、曲轴轴承和曲轴轴颈的选配等）。维修中，发动机装配质量的好坏直接影响修复后的发动机性能。按装配技术要求完成装配后的发动机还需经过磨合、调试和竣工验收，这样才能保证为汽车提供高质量符合技术标准要求的发动机。

7.1.1　发动机装配的基本要求

1. 发动机总成装配的技术标准

1）对已经选配校合的零件和组合件再次进行清洗、吹干、擦净，确保清洁，润滑油道必须清洁畅通。

2）曲轴轴承和连杆轴承的垫片不能错装或漏装。

3）曲轴轴承盖和连杆轴承盖的螺栓和螺母应按规定力矩拧紧。

4）各种锁止装置应齐全、完整、贴合、可靠。

5）正确选配活塞裙部同气缸壁间的间隙。

6）正时齿轮应啮合正常。

7）正确检查配气相位和气门间隙。

8）拧紧气缸盖螺栓和螺母，必须从气缸盖中央起，按顺序彼此交叉，逐渐向外，分次进行，最后一次应按规定力矩拧紧。

2. 发动机总成装配的操作步骤与要点

1）以气缸体为装配基础，由内到外分段装配。

2）准备装配用的零部件、组合件及总成，装用前均应经过检（试）验，保证质量合格，符合技术标准要求。

3）对不能互换或有装配规定的部件，应按原位装合，不得错乱，对相对位置有装配记号的零部件，必须按方向、部位正确安装，并对准装配标记。

4）主要部件的螺栓和螺母应按规定扭矩，逐渐均衡地拧紧。气缸盖紧固螺栓（螺母）拧紧时，应按从中间到两侧、两端的顺序，逐渐交叉进行，最后一次的拧紧力矩应符合规定。

5）各种螺栓（螺母）的锁止件应按规定装配完整齐全，服帖可靠，不得遗漏和损伤，大修时应全部换新件。

6）主要部位的配合间隙应符合技术标准要求。

7）装配过程中应尽量采用专用工具，防止损坏零件。

8）相对运动的零部件的摩擦表面在装配时均匀涂抹洁净机油。

9）在装配过程中应严格检查各活动零部件之间有无运动不协调的现象。

10）对有特殊要求或规定的部位（机构），应严格按特定工艺或原厂规定进行。

3. 对发动机装配场所的要求

1）发动机的装配应在专用车间或清洁场地进行。在装配过程中应防尘和保持较为稳定的室内温度。

2）发动机在装配过程中，要做到工件不落地、工量具不落地和油渍不落地，并保持工作台、工件盘和工量具的清洁。

4. 对待装合零部件的要求

1）准备装合的零部件及总成都要经过检验及试验，必须保证质量合格。

2）易损零件、紧固锁止件应全部换新，如气缸垫及其他衬垫、开口销、自锁螺母、弹簧垫圈等。

3）严格保持零件、润滑油道清洁。零件清洗洁净后应用压缩空气吹干，并在光洁面上涂一层机油，以防生锈。气缸体上安装缸盖螺栓的盲螺孔中不得积存油液和污物，以免旋入缸盖螺栓时，挤压孔中积液而形成极高的液压，致使螺孔周围的缸体平面向上凸起或开裂。

4）不许互换的零件（如气门等），应做好装配标记，以防错装。全部零件清洁、清点后应分类摆放整齐。

5）装配时，应在零件的配合表面（过盈配合、过渡配合、动配合表面）和摩擦表面（如凸轮、齿轮、摇臂头部、螺纹等）上涂抹发动机用机油，做好预润滑。

5. 装配中的注意事项

1）装配中所用的工、量具应齐全、合格，尽量使用专用器具装配。装配过程中不得直接用锤子击打零件，必要时应垫上铜棒等。

2）有关部件间的正时关系正确，工作协调，如配气相位、供油提前角和点火时刻等。

3）确保各密封部位的密封，重要密封部位应涂密封胶。安装橡胶自紧油封时，应在唇口和外圆涂抹机油后，再用压具压入油封承孔中。

4）各部紧固螺栓、螺母应按规定紧固力矩、拧紧顺序和方法拧紧。

5）严格按照装配工艺进行装配，各部位的配合性质均应符合技术要求。

7.1.2　发动机详细的装配顺序

1）缸体的装配。

2）曲轴的装配。

3）活塞连杆的装配。

4）安装后油封盖、封水端盖。

5）机油泵的装配。

6）水泵总成、发电机支架的装配。

7）油底壳的装配。

8）安装进水管总成、压缩机托架。

9）安装油位计导管、机油压力报警器。

10）安装飞轮齿圈总成、机油滤清器。

11）安装离合器从动盘总成。

12）气缸盖的装配。

13）气缸盖总成装配至曲轴箱上。

14）安装燃油导轨总成、后罩壳焊接总成。

15）安装氧传感器，凸轮轴、曲轴正时传动部件。

16）安装前罩壳总成。

17）调整气门间隙。

18）安装气缸盖罩总成，安装火花塞。

19）安装水泵传动带，紧固支架、发电机相关螺栓。

20）安装起动机、变速器总成、曲轴位置传感器。

21）安装高压线圈、安装发动机线束，连接发动机运行台架或汽车。

任务实施

1. 实训设备及工量具

实训设备：帕萨特 B5 发动机四台，帕萨特 B5 发动机运行台架一台，维修手册一本。

工量具：世达拆装工具箱四套（121 件套），专用拆装工具四套，指针式扭力扳手四把，活塞环拆装钳四把，活塞环卡箍四个，木柄槌四把。

2. 发动机装配步骤

1）用 HW6 内六角安装四个活塞冷却喷嘴，拧紧力矩为 27N·m，如图 7-1-1 所示。

2）安装主轴承盖、轴瓦，用 17 号套筒加扭力扳手按中间向两边的顺序依次拧紧曲轴主轴承盖 10 颗紧固螺栓，拧紧力矩为 65N·m+90°，如图 7-1-2 所示。

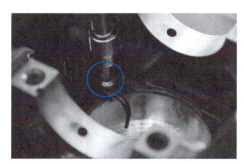

图 7-1-1　安装四个活塞冷却喷嘴

图 7-1-2　安装主轴承盖

3）摇转曲轴到 1、4 缸上止点，向气缸、连杆轴承工作面涂抹机油，用活塞环卡箍、橡胶槌装配活塞连杆组，注意活塞和连杆序号及朝前记号，如图 7-1-3 所示。

4）用同样的方法装入 2、3 缸活塞连杆组，并紧固连杆盖螺栓，拧紧力矩为 30N·m+90°。

5）安装曲轴前、后油封（大修时，需要更换前后油封）用 10 号套筒紧固

前油封三颗紧固螺栓和后油封六颗紧固螺栓，拧紧力矩为 15 N·m，如图 7-1-4
所示。

图 7-1-3　连杆轴承工作面涂抹机油及装配活塞连杆组

6）用 13 号套筒和扭力扳手拧紧机油泵两颗紧固螺栓，并向集滤器加注少量
机油，拧紧力矩为 16N·m。

7）在缸体底部打密封胶，安装油底壳，用 HW5（世达）或 10 号套筒依次
拧紧油底壳 16 颗紧固螺栓，拧紧力矩为 10N·m，用 16 号套筒拧紧四颗油底壳
紧固螺栓，拧紧力矩为 40N·m。

8）用 HW5（世达）紧固油底壳油面传感器三颗紧固螺栓，安装油面传感
器，拧紧力矩为 10N·m。

9）安装飞轮总成，用 17 号套筒和棘轮扳手从中间往两边对角交叉紧固飞轮
六颗紧固螺栓，螺栓装入前要打密封胶，用 17 号套筒加指针扭力扳手紧固六颗
飞轮紧固螺栓，拧紧力矩为 60N·m+180°，如图 7-1-5 所示。

图 7-1-4　安装曲轴前油封　　　　　图 7-1-5　安装飞轮总成螺栓

10）安装气缸盖。放上气缸垫，装上气缸盖，用带接杆 M10（世达）按中
间向两边的顺序分 2～3 次拧紧 10 颗缸盖螺栓，取下气缸盖总成，拧紧力矩为
29N·m+90°，如图 7-1-6 所示。

11）按标记用磁力棒依次装入排气侧 8 个液压挺柱、进气侧的 12 个液压挺柱。

12）装配凸轮轴。

a. 在液压挺柱、进排气凸轮轴上涂抹机油，将进排气凸轮轴、链条和配气
相位器，凸轮轴上缺口 A 和 B 之间的距离为 16 个链辊，缺口 A 现对于链辊 1 略
向里安装。

图 7-1-6   安装气缸盖

b. 用 T30 依次拧紧相位调整器的四颗紧固螺栓，拧紧力矩为 10N·m，取出相位调整器专用工具。

c. 用 T30 按中间向两边的顺序依次紧固进、排气凸轮轴各 5 个轴承盖的 10 颗螺栓，拧紧力矩为 10N·m，并用同样的方法安排进气凸轮轴、轴承盖及 16 颗紧固螺栓，拧紧力矩为 10N·m，如图 7-1-7 所示。

13）安装凸轮轴油封及转速传感器，如图 7-1-8 所示。

图 7-1-7   紧固进、排气凸轮轴螺栓   图 7-1-8   安装凸轮轴油封

14）用 T30 紧固凸轮轴双轴承盖四颗紧固螺栓，拧紧力矩为 10N·m。

15）用 10 号套筒安装霍尔传感器（凸轮轴）两颗紧固螺栓，安装霍尔传感器，拧紧力矩为 10N·m。

16）安装气缸盖罩密封垫及火花塞孔密封垫（大修时需要更换）。

17）安装进气凸轮轴上一个机油挡板，如图 7-1-9 所示。

18）安装正时带。

a. 安装张紧轮限位器及张紧轮，用 13 号套筒拧紧张紧轮一颗螺栓，如图 7-1-10 所示。

b. 安装正时带，注意传动带方向，安装传动带前，必须先将凸轮轴带轮和曲轴带轮的正时标记对齐。

c. 用 10 号套筒和 HW5 拧紧限位器两颗螺栓，拧紧力矩为 10N·m，用 13 号套筒拧紧张紧轮一颗螺栓，拧紧力矩为 25N·m。

图 7-1-9　安装进气凸轮轴机油挡板

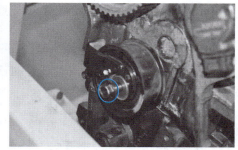

图 7-1-10　安装张紧轮

19）用 HW6 紧固 3 号正时罩一颗紧固螺栓，拧紧力矩为 10N·m。

20）用 HW5 紧固 2 号正时罩两颗紧固螺栓，拧紧力矩为 10N·m。

21）安装曲轴带轮。用专用工具固定飞轮齿圈，用 HW6 紧固曲轴带轮四颗紧固螺栓，拧紧力矩为 40N·m，用 19 号梅花套筒（12 边）紧固曲轴，拧紧力矩为 90+90°。

22）安装飞轮壳。用 19 号套筒紧固飞轮壳三颗紧固螺栓，拧紧力矩为 60N·m，如图 7-1-11 所示。

图 7-1-11　安装飞轮壳

23）安装气缸罩盖。用 10 号套筒紧固气缸罩盖九个固定螺母，拧紧力矩为 10N·m，如图 7-1-12 所示。

24）安装 1 号正时罩。用手将 1 号正时罩卡箍装入。

25）安装排气歧管总成。

a. 安装排气歧管垫片，如图 7-1-13 所示。

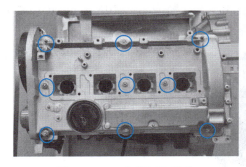

图 7-1-12　安装气缸罩盖

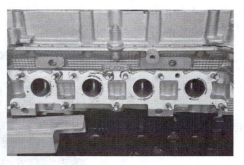

图 7-1-13　安装排气歧管垫片

b. 用12号套筒紧固排气歧管总成13个固定螺母，拧紧力矩为25N·m，如图7-1-14所示。

26）装上涡轮增压器总成。

a. 用17号套筒拧紧与排气歧管的三颗紧固螺栓，拧紧力矩为35N·m，如图7-1-15所示。

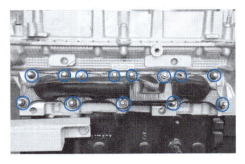

图7-1-14　紧固排气歧管总成固定螺母　　　图7-1-15　拧紧排气歧管上螺栓

b. 用一字螺钉旋具拧紧涡轮增压器与气缸体之间冷却水管卡箍，如图7-1-16所示。

c. 用10号套筒拧紧涡轮增压器与油底壳之间润滑油管的两颗紧固螺栓，拧紧力矩为10N·m，如图7-1-17所示。

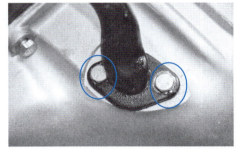

图7-1-16　安装涡轮增压器冷却水管卡箍　　图7-1-17　拧紧涡轮增压器回油管紧固螺栓

d. 装上增压器至机油滤清器油管，用14号套筒、17号呆扳手分别拧紧油管的螺母A和两颗油管在缸盖上的紧固螺栓B。A拧紧力矩为20N·m，B拧紧力矩为25N·m，如图7-1-18所示。

图7-1-18　装上增压器至机油滤清器油管

27）用 HW5（世达）拧紧曲轴位置传感器一颗紧固螺栓，拧紧力矩为 10N·m，如图 7-1-19 所示 。

28）用 HW6（世达）拧紧曲轴通风阀四颗紧固螺栓，拧紧力矩为 10N·m，如图 7-1-20 所示 。

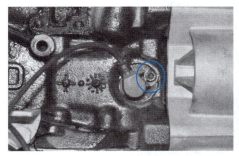

图 7-1-19　安装曲轴位置传感器　　　图 7-1-20　安装曲轴通风阀

29）用 HW6（世达）拧紧机油滤清器底座三颗紧固螺栓，拧紧力矩为 16N·m +90°，如图 7-1-21 所示。

30）用 27 号套筒拧紧机油滤清器螺杆固定螺母，拧紧力矩为 25N·m ，如图 7-1-22 所示。

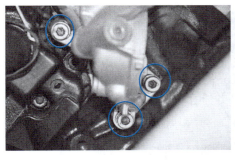

图 7-1-21　安装机油滤清器底座　　　图 7-1-22　安装机油滤清器螺杆固定螺母

31）用机油格扳手安装机油滤清器。

32）用 13 号套筒拧紧两颗爆燃传感器的紧固螺栓，拧紧力矩为 10N·m ，如图 7-1-23 所示。

33）装上进气歧管，用 10 号套筒从中间向两边拧紧进气歧管总成八颗螺栓 A 和两颗螺母 B，拧紧力矩为 10N·m，如图 7-1-24 所示 。

34）用 HW5（世达）拧紧油轨及喷油器总成两颗螺栓，拧紧力矩为 10N·m，如图 7-1-25 所示。

35）连接涡轮增压器与出水管（进气歧管上）连接的橡胶软管，用 10 号套筒拧紧下出水管（进气歧管上）三颗紧固螺栓，拧紧力矩为 10N·m，如图 7-1-26 所示。

图 7-1-23 拧紧两颗爆燃传感器的紧固螺栓

图 7-1-24 安装进气歧管总成

36）依次装上水泵与转向助力泵传动带、水泵、转向助力泵总成及支架；用 13 号套筒和 HW6（世达）拧紧水泵、转向助力泵总成及支架的六颗紧固螺栓，拧紧力矩为 45N·m 。

37）装上发电机总成，用 17 号、13 号呆扳手拧紧发电机总成紧固螺栓 A 和 B，A 拧紧力矩为 46N·m，B 拧紧力矩为 23N·m。

图 7-1-25 安装油轨及喷油器总成

图 7-1-26 安装水管及橡胶软管

38）装上多楔带，用 17 号呆扳手逆时针方向转动多楔带张紧器，张紧多楔带。

39）用手装上四个点火线圈总成，如图 7-1-27 所示。

40）装上起动机总成，用 17 号套筒和 17 号呆扳手拧紧起动机总成两颗紧固螺栓，拧紧力矩为 65N·m。

图 7-1-27 安装点火线圈总成

任务工单 7.1 发动机装配

项目7 发动机总装调试		小组人员：	
班级：	学号：		指导教师签字：
日期：			

任务7.1 发动机装配【实训任务工作表】

作业要求：1. 正确掌握发动机拆卸与装配的技术要求和程序

          2. 正确掌握发动机竣工验收的标准

          3. 正确装配发动机

          4. 培养观察分析问题的能力

          5. 养成良好的 7S 工作习惯

1. 工具、量具准备：

2. 维修资料准备：

3. 辅助材料与耗材：

4. 制订工作计划及组员分工：

5. 外观目测损坏部件：

6. 工作现场安全准备、检查：

作业内容：记录发动机装配要点

7. 零部件基本清洁

（1）需清洗的部件：

（2）清洗剂种类：

（3）清洗要求：

8. 总结本次活动重点和要点：

9. 本次活动存在的问题及解决方法：

任务考核

任务 7.1 发动机装配评分细则

项目 7 发动机总装调试			实训日期：		
姓名：	班级：		学号：		指导教师签字：
自评：□ 熟练 □ 不熟练	互评：□ 熟练 □ 不熟练		师评：□ 熟练 □ 不熟练		
日期：	日期：		日期：		

任务 7.1 发动机装配【评分细则】

序号	评分项	得分条件	分值	评分要求	自评	互评	师评
1	安全/7S/态度	□ 1）能进行工位 7S 操作 □ 2）能进行设备和工具安全检查 □ 3）能进行车辆安全防护操作 □ 4）能进行工具清洁校准存放操作 □ 5）能进行三不落地操作	15 分	未完成 1 项扣 3 分，扣分不得超 15 分	□ 熟练 □ 不熟练	□ 熟练 □ 不熟练	□ 合格 □ 不合格
2	专业技能能力	□ 1）能正确描述发动机装配的技术要求 □ 2）能正确描述发动机装配的程序 □ 3）能正确描述发动机竣工验收的标准 □ 4）能正确描述发动机装配后的磨合规范 □ 5）能正确装配发动机	50 分	未完成 1 项扣 10 分，扣分不得超 50 分	□ 熟练 □ 不熟练	□ 熟练 □ 不熟练	□ 合格 □ 不合格
3	工具及设备的使用能力	□ 1）能正确使用维修工具 □ 2）能正确使用装配工具	10 分	未完成 1 项扣 5 分，扣分不得超 10 分	□ 熟练 □ 不熟练	□ 熟练 □ 不熟练	□ 合格 □ 不合格
4	资料、信息查询能力	□ 1）能正确使用维修手册查询资料 □ 2）能在规定时间内查询所需资料 □ 3）能正确记录所查询资料章节页码 □ 4）能正确记录所需维修信息	10 分	未完成 1 项扣 5 分，扣分不得超 10 分	□ 熟练 □ 不熟练	□ 熟练 □ 不熟练	□ 合格 □ 不合格
5	数据、判读和分析能力	□ 1）能判断发动机竣工后是否正常 □ 2）能判断发动机装配的程序是否正常 □ 3）能判断发动机部件名称和位置	10 分	未完成 1 项扣 5 分，扣分不得超 10 分	□ 熟练 □ 不熟练	□ 熟练 □ 不熟练	□ 合格 □ 不合格
6	表单填写与报告的撰写能力	□ 1）字迹清晰 □ 2）语句通顺 □ 3）无错别字 □ 4）无涂改 □ 5）无抄袭	5 分	未完成 1 项扣 1 分，扣分不得超 5 分	□ 熟练 □ 不熟练	□ 熟练 □ 不熟练	□ 合格 □ 不合格
总分 100 分							

任务拓展

如果感兴趣，扫描下方二维码学习宝马 1280 马力的 F1 赛车发动机装配全过程。

任务拓展
宝马1280马力的F1赛车发动机
装配全过程

练习与思考

一、单选题

1. 组装活塞连杆时，活塞上的箭头标记和连杆上的浇注标记（　　）。

A. 要朝一个方向　　B. 要朝相反方向　　C. 没有关系　　　　D. 垂直方向

2. 活塞安装时，活塞顶面向前标记（　　）。

A. 必须转到气缸体的前端　　　　　　B. 必须转到气缸体的后端

C. 可以转到任何位置　　　　　　　　D. 垂直方向

3. 安装活塞环装配顺序是依次装（　　）。

A. 油环、第二道气环、第一道气环

B. 油环、第一道气环、第二道气环

C. 第一道气环、第二道气环、油环

D. 第二道气环、油环、第一道气环

4. 装入机油泵时，应将第一缸活塞置于压缩行程的（　　）。

A. 下止点　　　　　B. 中间位置　　　　C. 上止点　　　　D. 任何位置

5. 湿式缸套与安装孔的配合一般为（　　）。

A. 过盈配合　　　　B. 间隙配合　　　　C. 过渡配合　　　　D. 都不正确

6. 安装活塞环时，要装上第一道气环、第二道气环和油环，三道活塞环的端口互错（　　）。

A. 120°　　　　　B. 90°　　　　　C. 60°　　　　　D. 180°

7. 安装凸轮轴时，第一步应先（　　）。

A. 装入凸轮轴把凸轮轴放在轴承孔上

B. 先装挺杆

C. 先装上轴承盖并检查其安装位置

D. 都不正确

8. 装入凸轮轴时，第一气缸的凸轮（　　）。

A. 必须朝上　　　　B. 必须朝下　　　　C. 任何位置　　　　D. 都不正确

9. 安装发动机曲轴时，轴向间隙过小或过大时，应（　　）。

A. 更换止推片进行调整　　　　　　　B. 更换曲轴

C. 不影响　　　　　　　　　　　　D. 更换曲轴轴承盖

10. 安装后的缸套上平面高度应比缸体上平面（　　　）。

A. 略高　　　　　　B. 略低　　　　　　C. 相平　　　　　　D. 都正确

二、判断题

1. 在安装活塞环前应首先检查环在气缸中的开口间隙及环的侧隙。（　　　）

2. 安装气门时，将气门导管压装于气门油封上。（　　　）

3. 相配表面在配合或连接前，一般都需要加润滑剂。（　　　）

4. 装配工作中每装完一部分都应检查是否符合要求。（　　　）

5. 装配中应对主要零件进行自检互检，严格按照作业指导书进行操作。（　　　）

6. 安装曲轴时，间隙过大，会给活塞连杆组机件带来不正常磨损。（　　　）

7. 安装活塞时，如果需要更换活塞，则活塞环也应同时更换。（　　　）

8 组装活塞连杆后，活塞销在销孔中可灵活转动。（　　　）

9. 装配缸盖前，应检查气缸盖是否损伤，如裂纹、磨损和变形。（　　　）

10. 安装活塞环时，应采用专用工具，以免将环折断。（　　　）

■ 任务 7.2　发动机运行调试

任务描述

　　4S 店接到一台帕萨特交通事故车，保险公司要求对该车进行大修恢复其性能，需要对装配好的发动机进行调试。

任务解析

　　首先要了解发动机装配竣工检验项目；熟悉发动机运行调试方法和技术要求，巩固汽车发动机中所学的构造与运行原理等知识。

任务目标

知识目标：

1. 掌握发动机运行调试方法和技术要求（中级）。

2. 掌握发动机大修竣工验收技术条件（中级）。

能力目标：

1. 能描述发动机运行调试方法和技术要求（中级）。

2. 能正确进行发动机运行调试（中级）。

素质目标：

1. 爱国守法、崇德向善、诚实守信。
2. 爱岗敬业、积极进取、团结协作。
3. 热爱劳动、沟通流畅、勇于创新。
4. 精益求精、工匠精神、7S 管理。

知识准备

7.2.1　发动机运行条件

据《汽车发动机大修竣工技术条件》的规定，发动机大修竣工验收技术条件如下：

1）发动机的零部件和附件应符合经规定程序批准的制造或修理技术条件，且装备应齐全。

2）发动机不应有漏油、漏水、漏气和漏电的现象。

3）发动机在正常工作温度下，5s 内能起动，柴油机在环境温度不低于 5℃，汽油机在环境温度不低于−5℃时，应能顺利起动。

4）发动机怠速应符合原设计规定，怠速运转稳定，并且排放限值应符合国家有关规定。

5）发动机在各种转速下运转稳定，在正常工况下不得有过热现象；改变转速时，过渡圆滑；急加速或减速时，不得有爆燃声和"回火、放炮"的现象。

6）发动机应按原设计规定加装限速片，或对限速装置做相应的调整，并加铅封。

7）发动机外表应按规定涂漆，涂层应牢固，不得有起泡、剥落和漏涂现象。

7.2.2　发动机运行参数

发动机主要性能参数应符合有关规定。

1）进气歧管真空度。四冲程汽油机转速在 500 ~ 600r/min 时，真空度应在 57.3 ~ 70.7kPa 范围内，其波动范围，六缸汽油机一般不超过 3.3kPa，四缸汽油机一般不超过 5kPa。

2）机油压力。在规定转速下，机油压力应符合原设计规定。

3）气缸压缩压力。应符合原设计规定，各缸压力差，汽油机应不超过各缸平均压力的 8%，柴油机应不超过 10%。

4）发动机最大功率和最大转矩均不得低于原设计标定值的 90%，最低燃料消耗率不得高于原设计规定。

任务实施

1. 实训设备及工量具

实训设备：帕萨特 B5 发动机四台，帕萨特 B5 发动机运行台架一台，维修手册一本。

　　工量具：世达拆装工具箱四套（121 件套），KT600，万用表，正时枪，真空表，气缸压力表，燃油压力表，冰点测试仪或机油压力表等检查工具。

　　2. 发动机运行调试步骤

　　1）检查场地安全（现场、台架）。

　　检查冷却液液位是否正常，检查机油油位是否正常，检查电路连接和各插接器连接情况是否正常，检查燃油箱安装完好连接是否正常，检查蓄电池电压是否正常。

　　a. 检测起动前蓄电池电压。

　　注意事项及要点如下：

　　① 使用万用表测量起动前蓄电池电压。

　　② 测量前万用表需调整到直流挡，并进行校零操作。

　　③ 测量时红色表笔放在蓄电池的"＋"极，黑色表笔放在蓄电池的"－"极。

　　④ 起动前蓄电池标准电压应为 12V，如果低于 12V 时则较难起动车辆，检测如图 7-2-1 所示。

　　b. 检测起动时蓄电池电压。

　　注意事项及要点如下：

　　① 使用万用表测量起动时蓄电池电压。

　　② 测量前对万用表进行校零操作。

　　③ 测试中起动机运转时间不可过长，避免起动机损坏。

　　④ 起动时蓄电池标准电压应不低于 10V，电压偏低则可能出现车辆起动困难或无法起动的现象，检测如图 7-2-2 所示。

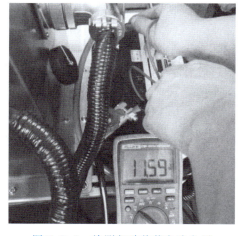
　图 7-2-1　检测起动前蓄电池电压

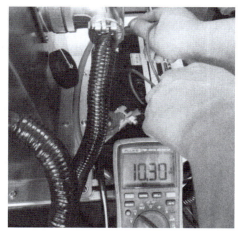
　图 7-2-2　检测起动时蓄电池电压

　　c. 检测起动后蓄电池电压。

　　注意事项及要点如下：

　　① 使用万用表测量起动后蓄电池电压。

② 测量前对万用表进行校零操作。

③ 测量时切勿把手伸进发动机舱内。

④ 起动后蓄电池标准电压应在 14 V 左右，检测如图 7-2-3 所示。

2）连接诊断仪 KT600。

3）连接点火钥匙（要检查点火钥匙的真伪），打开点火开关。

4）打开 KT600 选择对应车系，与发动机 ECU 连接，读取发动机 ECU 版本号，读取故障码，系统显示正常；读取冷却液温度在 20℃ 时，怠速转速、喷油脉宽、点火正时、进气温度、进气量等数据流。

5）检查发动机运行状况。

冷机时发动机有无异响，暖机时发动机有无异响，油、气、水、电有无泄漏，是否有其他异常状况。

图 7-2-3　检测起动后蓄电池电压

6）测量气缸压力。

a. 拆卸点火线圈。

注意事项及要点如下：

① 拆卸点火线圈前，需清除点火线圈处的杂物和灰尘，防止气缸内进入异物。

② 拆卸时禁止生拉硬拽，避免点火线圈损坏，如图 7-2-4 所示。

b. 拆卸火花塞。

注意事项及要点如下：

① 拆卸火花塞前，需清除火花塞孔处的杂物和灰尘，防止气缸内进入异物。

② 使用 16 号专用套筒进行拆卸，如图 7-2-5 所示。

图 7-2-4　拆卸点火线圈

图 7-2-5　拆卸火花塞

c. 检测1缸气缸压力。

注意事项及要点如下：

① 检测前需断开燃油熔丝，进行燃油泄压。

② 由于大气与温度等因素的影响，测量时需发动机达到正常温度。

③ 测试时起动机运转时间不能过长。

④ 一般汽油机气缸压力在1000kPa左右，少数高压缩比发动机气缸压力在1700kPa左右，如图7-2-6所示。

d. 安装火花塞。

注意事项及要点如下：

① 安装前需清理火花塞附近的异物，防止这些异物影响火花塞工作。

② 安装时需稳拿稳放，预防火花塞磕碰，导致火花塞损坏。

③ 保持规定的拧紧扭矩，并安装点火线圈，如图7-2-7所示。

图7-2-6　检测1缸气缸压力

图7-2-7　安装火花塞

7）检测燃油压力。

a. 检测怠速工况燃油压力（低压）。

注意事项及要点如下：

① 检测前需断开燃油熔丝，进行燃油泄压。

② 使用燃油表进行检测。

③ 检测前检查连接管路是否密封无泄漏。

④ 检测燃油压力时发动机为怠速运转。

⑤ 怠速时燃油压力一般为0.25MPa左右，如图7-2-8所示。

图7-2-8　检测怠速工况燃油压力

b. 检测加速工况燃油压力（低压）。

注意事项及要点如下：

① 检测前需断开燃油熔丝，进行燃油泄压。

② 使用燃油表进行检测。

③ 检测前检查连接管路是否密封无泄漏。

④ 检测时需起动车辆并模拟加速工况。

⑤ 一般急加速时油压应迅速由怠速工作时的 0.25MPa 上升至 0.3MPa，或符合车型技术规定。

8）检测进气系统密封性。

注意事项及要点如下：

a. 使用十字螺钉旋具拆下进气软管卡箍。

b. 使用专用工具"烟雾测漏仪"对其进行排气侧漏检测，如图 7-2-9 所示。

c. 在使用"烟雾测漏仪"时，应该在通风性较好的位置使用，打开窗户，做好通风。

d. 应注意"烟雾测漏仪"的合理组装与正确使用，在搭接蓄电池时，应该遵循"先正后负"的原则，以免损坏仪器。

9）检查冷却液的冰点。

准备冰点测试仪，打开冷却液加注盖，排放压力，取下加注盖，检查冷却液的冰点。

10）检查冷却系统密封性。

11）7S 工作。

注意事项及要点如下：

a. 整理好万用表、查询资料及维修工具。

b. 检查及整理好真空表、燃油表等专用设备。

c. 清扫场地卫生。

d. 检查台架，并进行复位工作。

e. 对蓄电池进行断电操作（针对此台架），如图 7-2-10 所示。

图 7-2-9　检测进气系统密封性　　　　图 7-2-10　7S 工作

任务工单7.2 发动机运行调试

项目7 发动机总装调试		小组人员：	
班级：	学号：	指导教师签字：	
日期：			

任务7.2 发动机运行调试【实训任务工作表】

作业要求：1. 正确掌握发动机装配竣工检验项目

2. 正确掌握发动机运行调试方法和技术要求

3. 正确进行发动机运行调试

4. 培养观察分析问题的能力

5. 养成良好的7S工作习惯

1. 工具、量具准备：

2. 维修资料准备：

3. 辅助材料与耗材：

4. 制订工作计划及组员分工：

5. 外观目测损坏部件：

6. 工作现场安全准备、检查：

作业内容：发动机运行性能参数检测

记录检测过程

检测内容	检测步骤	注意事项
气缸压力		
燃油压力		
进气系统密封性		
冷却液的冰点		

7. 零部件基本清洁

（1）需清洗的部件：

（2）清洗剂种类：

（3）清洗要求：

8. 总结本次活动重点和要点：

9. 本次活动存在的问题及解决方法：

任务考核

任务 7.2　发动机运行调试评分细则

项目 7　发动机总装调试			实训日期：		
姓名：	班级：		学号：		指导教师签字：
自评：□ 熟练　□ 不熟练	互评：□ 熟练　□ 不熟练		师评：□ 熟练　□ 不熟练		
日期：	日期：		日期：		

任务 7.2　发动机运行调试【评分细则】

序号	评分项	得分条件	分值	评分要求	自评	互评	师评
1	安全/7S/态度	□ 1）能进行工位 7S 操作 □ 2）能进行设备和工具安全检查 □ 3）能进行车辆安全防护操作 □ 4）能进行工具清洁校准存放操作 □ 5）能进行三不落地操作	15 分	未完成 1 项扣 3 分，扣分不得超 15 分	□ 熟练 □ 不熟练	□ 熟练 □ 不熟练	□ 合格 □ 不合格
2	专业技能能力	□ 1）能正确描述发动机装配竣工检验项目 □ 2）能正确描述发动机运行调试方法 □ 3）能正确描述发动机大修竣工验收技术条件 □ 4）能正确描述发动机运行调试技术要求 □ 5）能正确进行发动机运行调试	50 分	未完成 1 项扣 10 分，扣分不得超 50 分	□ 熟练 □ 不熟练	□ 熟练 □ 不熟练	□ 合格 □ 不合格
3	工具及设备的使用能力	□ 1）能正确使用维修工具 □ 2）能正确使用诊断仪 □ 3）能正确使用万用表 □ 4）能正确使用真空表 □ 5）能正确使用气缸压力表 □ 6）能正确使用燃油压力表 □ 7）能正确使用冰点测试仪	10 分	未完成 1 项扣 5 分，扣分不得超 10 分	□ 熟练 □ 不熟练	□ 熟练 □ 不熟练	□ 合格 □ 不合格
4	资料、信息查询能力	□ 1）能正确使用维修手册查询资料 □ 2）能在规定时间内查询所需资料 □ 3）能正确记录所查询资料章节页码 □ 4）能正确记录所需维修信息	10 分	未完成 1 项扣 5 分，扣分不得超 10 分	□ 熟练 □ 不熟练	□ 熟练 □ 不熟练	□ 合格 □ 不合格
5	数据、判读和分析能力	□ 1）能判断气缸压力是否正常 □ 2）能判断燃油压力是否正常 □ 3）能判断进气系统密封性是否正常 □ 4）能判断冷却液的冰点是否正常 □ 5）能判断发动机部件名称和位置	10 分	未完成 1 项扣 5 分，扣分不得超 10 分	□ 熟练 □ 不熟练	□ 熟练 □ 不熟练	□ 合格 □ 不合格
6	表单填写与报告的撰写能力	□ 1）字迹清晰 □ 2）语句通顺 □ 3）无错别字 □ 4）无涂改 □ 5）无抄袭	5 分	未完成 1 项扣 1 分，扣分不得超 5 分	□ 熟练 □ 不熟练	□ 熟练 □ 不熟练	□ 合格 □ 不合格
		总分 100 分					

任务拓展

如果感兴趣，扫描下方二维码学习保时捷底盘测功。

 任务拓展
保时捷底盘测功

练习与思考

一、单选题

1. 汽油机发动机装配后各缸气缸压缩压力差，应不超过各缸平均压力的（　　）。

A. 8%　　　　　　　B. 5%　　　　　　　C. 10%　　　　　　　D. 12%

2. 用手触摸散热器和发动机，若发动机温度过高而散热器温度低，说明（　　）。

A. 冷却系统漏水　　　　　　　　　　B. 车辆超载

C. 节温器工作不正常　　　　　　　　D. 水泵轴与叶轮松脱

3. 汽车发动机在进行二级维护前，应对发动机功率进行检测，要求功率不小于额定值的（　　）。

A. 60%　　　　　　　B. 70%　　　　　　　C. 80%　　　　　　　D. 90%

4. 在汽车发动机二级维护前检测项目中的气缸漏气量，要求气缸漏气量检验仪指示的气压值应不大于（　　）。

A. 0.20MPa　　　B. 0.25MPa　　　C. 0.30MPa　　　D. 0.35MPa

5. 当发动机二级维护竣工检测项目进气歧管真空度的检测结果不符合规定时，其附加作业项目为（　　）。

A. 调整配气正时　　B. 更换气门　　　C. 更换活塞环　　D. 研磨气门

6. 在发动机二级维护竣工检测时，如果发动机异响，则确定的附加作业项目为（　　）。

A. 更换磨损零件　　　　　　　　　　B. 更换气门

C. 研磨气门　　　　　　　　　　　　D. 调整配气正时

7. 下列对于燃油系统的卸压方法叙述不正确的是（　　）。

A. 松开油箱上的加油盖，释放油箱中的蒸气压力

B. 将三通油压表一端软管连接到燃油压力检测头上，将另一端软管装入准许的容器中

C. 打开三通油压表的切断阀，系统中燃油从燃油压力检测通过三通软管流入准许的容器中

D. 将燃油压力表中残留的燃油倒入垃圾中

8. 在发动机二级维护附加竣工检测项目确定时气缸压力检测结果为压力低于规定值的 85%、各缸压力差大于各缸规定值的 10% 时，其附加作业项目不包括 (　　)。

A. 研磨气门　　　　　　　　　　　B. 视情况镗缸或更换活塞

C. 更换磨损零件或调整配气正时　　D. 更换油泵

9. 在测功机上测量发动机功率，能直接测量到的是 (　　)。

A. 功率　　　　　B. 功率和转速　　　C. 转矩和转速　　　D. 负荷

10. 一般汽油机气缸压力是 (　　)。

A. 7 ~ 8 bar　　　　B. 8 ~ 11 bar　　　C. 12 ~ 17 bar　　　D. 15 ~ 20 bar

二、判断题

1. 发动机工作时的冷却越冷越好。(　　)

2. 发动机验收时，必须保证发动机动力性能良好，怠速运转稳定，燃料消耗经济，附件工作正常。(　　)

3. 发动机大修竣工后不应有漏油、漏水、漏气和漏电现象。(　　)

4. 在发动机运行测试中起动机运转时间不可过长，避免起动机损坏。(　　)

5. 检测气缸燃油压力前不需要断开燃油熔丝，进行燃油泄压。(　　)

6. 同一发动机的标定功率值可能会不同。(　　)

7. 发动机转速增高，其单位时间的耗油盘也增高。(　　)

8. "烟雾测漏仪" 可以检测进气系统密封性。(　　)

9. 测量气缸压力可以不进行燃油泄压。(　　)

10. 可以用真空表检测燃油压力。(　　)

参 考 文 献

[1] 林振清，吴正乾. 汽车发动机机械系统检修 [M]. 北京：机械工业出版社，2017.

[2] 北京中车行高新技术有限公司职业教育培训评价组织. 汽车运用与维修（含智能新能源汽车）1+X 证书制度–职业技能等级标准 [M]. 北京：高等教育出版社，2019.

[3] 仇雅莉. 汽车发动机构造与维修 [M]. 3 版. 北京：机械工业出版社，2015.

[4] 陈家瑞. 汽车构造 [M]. 5 版. 北京：人民交通出版社，2019.